GUIDO KNOPP

Die Machtergreifung

Buch

30. Januar 1933 – dieses Datum markiert den Beginn des düstersten Kapitels deutscher Geschichte im 20. Jahrhundert: das Ende der Weimarer Republik und den Auftakt zu einer zwölfjährigen NS-Diktatur, die in Krieg, Zerstörung und beispiellosen Menschheitsverbrechen gipfelte. Diese »Machtergreifung« war jedoch keine zwangsläufige Folge eines deutschen Sonderweges, sondern eine »Machterschleichung« – ein staatliches Komplott. Wie es dazu kam, dies dokumentiert Guido Knopp minutiös anhand bislang zum Teil unveröffentlichten Archivmaterials und der begleitenden Aussagen der letzten Zeitzeugen. Vor den Augen des Lesers entsteht ein gleichermaßen faszinierendes wie erschreckendes Szenario, das heutigen Generationen unvorstellbar erscheint und doch der Mehrheit der Deutschen zu damaliger Zeit, vor allem nach dem aus ihrer Sicht schmählichen Ende des Ersten Weltkriegs mit dem »Friedensdiktat von Versaille«, als das kleinere Übel erschien.

Autor

Prof. Dr. Guido Knopp, Jahrgang 1948, leitet seit 1984 die ZDF-Redaktion Zeitgeschichte und seit 2004 den Programmbereich Zeitgeschichte und Zeitgeschehen. Für seine Fernsehdokumentationen, die auch in Buchform erschienen, hat er zahlreiche Auszeichnungen erhalten, u.a. den Jakob-Kaiser-Preis, das Bundesverdienstkreuz und den »Lifetime Achievement Award« der »History Makers«.

Im Goldmann Verlag ist von Guido Knopp außerdem erschienen:

Top-Spione (12725); Hitler. Eine Bilanz (12742); Hitlers Helfer Bd. I (12762); Hitlers Helfer Bd. II (15017); Vatikan (15007); Die Saat des Krieges (15037); Unser Jahrhundert (15044); Hitlers Krieger (15045); Kanzler (15067); Hitlers Kinder (15121); Holokaust (15152); Hitlers Frauen (15212); Die SS (15252); Die Gefangenen (15323); Sie wollten Hitler töten (15340); Hitler. Eine Bilanz (15352); Stalingrad (15372); Hitlers Manager (15423); Göring (15470); Hitlers nützliche Idole (15500); Die Königshäuser (15534); Die Königskinder (15535); Die Wehrmacht (15561); Die Deutschen (15580)

Guido Knopp

Die Machtergreifung

In Zusammenarbeit
mit Rudolf Gültner, Peter Hartl
und Mario Sporn

Gesamtredaktion: Mario Sporn

GOLDMANN

Umwelthinweis:
Dieses Buch wurde auf
chlor- und säurefreiem Papier gedruckt.

1. Auflage
Taschenbuchausgabe Juni 2010
Wilhelm Goldmann Verlag, München,
in der Verlagsgruppe Random House GmbH

www.shop.zdf.de
Umschlaggestaltung: UNO Werbeagentur, München
Umschlagfoto: Corbis/ Bettmann (F11999)
Bildredaktion: Elisabeth Franz
GJ · Herstellung: Str.
Druck und Bindung: CPI Clausen & Bosse, Leck
Printed in Germany
ISBN: 978-3-442-15619-1

www.goldmann-verlag.de

Inhalt

Machtergreifung

Der Titel dieses Buches, »Die Machtergreifung«, bezeichnet den gesamten Prozess vom Neujahrstag 1933 bis zum Reichsparteitag im September 1934. Erst dann war Hitlers »Machtergreifung« abgeschlossen.

Hat es dazu kommen müssen? Eher nicht. Hitlers Reich war keine zwangsläufige Folge eines deutschen Sonderweges. Einen schicksalhaft vorherbestimmten Todespfad von Leuthen über Langemarck nach Auschwitz gibt es nicht. So automatisch funktioniert in der Geschichte gar nichts. Das gilt auch für Hitlers »Machtergreifung«, die, zumindest zu Beginn, eher eine »Machterschleichung« war – ein staatliches Komplott. Obwohl es immer eher möglich war, dass es so kommen konnte, hat es nicht so kommen müssen. Denn zwangsläufig scheitern musste Weimar nicht. Eine andere internationale Lage, eine andere ökonomische Entwicklung hätten es der Republik erleichtert, ihre Bürden zu ertragen und sie nach und nach ganz abzuwerfen. Versailles war objektiv nicht jenes Schanddiktat, als das es im geschlagenen Deutschen Reich empfunden wurde: Der geschmähte Friede von Versailles war eigentlich sogar ein eher milder Friede angesichts der radikalen deutschen Kriegszielpläne 1914/1918 und des rabiaten Zwangsfriedens von Brest-Litowsk.

Heute sagt sich das natürlich leicht. Doch für die Deutschen damals wirkten die Bedingungen der Sieger wie ein Schock. Sie maßen Versailles an den klassischen, maßvollen Friedensschlüssen des 19. Jahrhunderts und an den 14 Punkten des amerikanischen Präsidenten Wilson – und empfanden diesen Frieden als Verrat, ja als verletzendes Diktat. Es waren weniger die materiellen Konditionen, die die Emotionen hochpeitschten, als die moralischen.

Am Ende aber waren es, entgegen einer weitverbreiteten Legende, nicht »die Frauen« und auch nicht die Arbeitslosen, die den Durchbruch

Hitlers erst ermöglicht haben. Deren Stimmen gingen eher an die Linksparteien, insbesondere an die KPD. Dennoch war es die von Arbeitslosigkeit geprägte depressive Grundstimmung der Zeit, die Hitler nutzte.

Hätte er verhindert werden können? Jene, die ihn 1933 möglich machten, trieben keine wirtschaftlichen Zwänge oder ominösen dunklen Mächte, sondern nur die eigene Schwäche, eigener Ehrgeiz, eigene Illusionen.

Alles Aufpeitschen der Massen, aller rednerischer Aufruhr hätten Hitler nicht zur Macht verhelfen können. Die erhielt der Agitator erst durch das Intrigenspiel um einen altersmüden Präsidenten und durch das Versagen jener Kräfte, welche die kranke Republik beschützen sollten. Denn trotz aller inneren Verzagtheit wären Weimars Machteliten stark genug gewesen, um die Diktatur zu stoppen. Die geschrumpften, aber noch vitalen demokratischen Parteien durch ein »Nein« zum Ermächtigungsgesetz; die Gewerkschaften durch eine Neuauflage jenes Generalstreiks, welcher den Kapp-Putsch 1920 rasch im Keim erstickte; die Industrie durch finanzielle Renitenz. Die Reichswehr durch die Drohung, ihre Macht auch anzuwenden.

Miteinander hätte es gelingen können. Aber eine solche Anti-Hitler-Kommunikation fand niemals statt. Sie nahmen Hitler hin wie ein Verhängnis.

Bezeichnend für das Ausmaß der Verblendung war der Satz des Vizekanzlers Franz von Papen: »In sechs Wochen haben wir den Kerl so in die Ecke gedrückt, dass er quietscht.« Es war die tödliche Illusion der deutschnationalen Zauberlehrlinge. Die Hugenbergs und Papens hielten diesen »Kerl« so lange für den Trommler, den sie vor den Karren ihrer Herrschaft spannen konnten, bis er sie entmachtete.

Die Armee besaß die Mittel, um dem Spuk ein Ende zu bereiten. Blieben sie nur deshalb in den Arsenalen, weil der Kanzler Hitler auf legalem Weg ernannt wurde? Das wollten manche Generäle später gern glauben machen. Hitler wusste, wie er sie zu korrumpieren hatte: Er verhieß verstärkte Rüstung und die Renaissance der alten Herrlichkeit. Natürlich war es schon ein starkes Stück, dem hergelaufenen Parvenü das Steuer Bismarcks in die Hand zu geben! Doch Putsch kam nie infrage: nicht, weil preußisch-deutsche Generäle prinzipiell nicht meutern, sondern weil die jungen Offiziere, Unteroffiziere, Mannschaften der Reichswehr weithin »hitlerhörig« waren.

Natürlich trug der General von Hammerstein als Chef der Heeresleitung seinem greisen Obersten Befehlshaber die gravierendsten Bedenken gegen die Berufung Hitlers zum Regierungschef vor. Doch Hindenburg ließ die Demarche dankend zu den Akten nehmen. Vierzehn Tage später spielte Hammerstein den Gastgeber für Hitler. Just in dessen Wohnung offenbarte der Gekürte seine Ziele vor den Generälen, die sie ohne Widerspruch zur Kenntnis nahmen: zuerst im Inneren »rücksichtslose Ausrottung« von Pazifismus und Marxismus, dann die Schaffung einer »breiten Kampf- und Wehrbereitschaft« unter »straffster Staatsführung« nach außen, vorsichtig agierend, zuerst nur Kampf gegen »das Unrecht von Versailles«, dann »mit gesammelter Kraft Eroberung von neuem Lebensraum im Osten und dessen rücksichtslose Germanisierung«. Sage niemand, Hitler hätte seine Ziele vor den Generälen zu verheimlichen versucht!

Und die demokratischen Parteien? Alle unterwarfen sich der Diktatur und dankten ab, meist sang- und klanglos. Niemand zwang das Zentrum, die Partei der deutschen Katholiken, dem Ermächtigungsgesetz die notwendige Mehrheit zu verschaffen. Hitler führte sie auf nahezu groteske Weise hinters Licht. In den ersten Wochen nach der Machterschleichung war die Front der deutschen Katholiken noch intakt. In Schlesien, Bayern und im Rheinland hatten ganze Regionen nicht Hitler gewählt, sondern die Zentrums- oder die Bayerische Volkspartei. Die deutschen Bischöfe hatten den Nationalsozialismus verurteilt. Dass diese geschlossene Front so plötzlich zerfiel, hatte mehrere Gründe: die merkwürdige Aufbruchstimmung, die das Land erfasst hatte und national Gestimmte an das »Augusterlebnis« von 1914 erinnerte; die korrumpierende Wirkung des »Tages von Potsdam«; ein ominöser Brief, den Hitler dem Prälaten Kaas versprochen hatte und der niemals eintraf. Und vor allem auch die Rücksicht auf das Konkordat des Reiches mit dem Vatikan. Naiver waren Katholiken nie als 1933.

Und die SPD? Das mutige Nein der Reichstagsfraktion zum Ermächtigungsgesetz bleibt stets ein Ruhmesblatt der deutschen Sozialdemokratie. Doch warum musste die Fraktion am 17. Mai 1933 Hitlers heuchlerischer

Friedensbotschaft an die Westmächte zustimmen – zu diesem Zeitpunkt, als schon Tausende von SPD-Mitgliedern in den Lagern festgehalten wurden? Hitler hat der SPD-Fraktion in dieser Sitzung höhnisch applaudiert. Hätte es nicht gerade für die SPD noch Bündnismöglichkeiten zur Verteidigung der Weimarer Verfassung geben können? Etwa ein Aktionsbündnis aller demokratischen Kräfte, über die Parteigrenzen hinweg? Eine Kooperation mit der Reichswehr, wie sie Hitlers Amtsvorgänger Schleicher in den letzten Tagen seiner Kanzlerschaft anstrebte? Oder gar, horribile dictu, die »Einheitsfront der Arbeiterbewegung«, das Bündnis mit der schon verfolgten KPD, gewiss dem kleineren Übel?

Für die Handelnden von damals gab es viele Gründe, nicht zu handeln. »Wir dachten ja, es werde alles nicht so schlimm. Vielleicht dauert ja der ganze Spuk nur ein paar Monate. Die Zeit muss eben überstanden werden. Und wenn irgendwas passiert – dann ist ja noch die Reichswehr da.« Doch für die Reichswehr war die Republik schon längst kein Thema mehr.

Hitler täuschte alle, und sie täuschten sich in ihm. Die Kommunisten sahen in ihm den Popanz der Konzerne, und an seiner Statt bekämpften sie mit Inbrunst die »Sozialfaschisten« von der SPD. Diese wiederum dachten, wer die Sozialistenhetze unter Bismarck überstanden habe, brauche Hitler nicht zu fürchten. Katholiken waren dankbar für das Konkordat, Protestanten für die Wiedereinführung des Schulgebets, und überzeugte Preußen wähnten nach dem »Tag von Potsdam«, dass der Glockenklang der Garnisonkirche naturgemäß des neuen Kanzlers Wahlspruch sei: »Üb' immer Treu und Redlichkeit!« Der aber dachte nicht daran. Mit Preußen hatte Hitler nichts im Sinn.

Kaum einer hat sein Buch gelesen, in dem alles stand. Wir kennen keinen Deutschen, der es damals ernst nahm. Die Geschichte Hitlers ist auch die Geschichte seiner Unterschätzung. *Mein Kampf* blieb bis zu Hitlers Ende der ungelesenste Bestseller der deutschen Geschichte. Während die als Feindbild ausgemachten Opfer starben, verstaubte die verräterische Schrift in den Regalen der Nation.

1939 hat ein kritischer Historiker aus Oxford jenes autobiografische Pamphlet nach Kräften durchgeackert. Das Ergebnis seiner Analyse legte er in einem dünnen Bändchen dar, das sieben Wochen vor Beginn des

Zweiten Weltkriegs erschien: »Herr Hitler wird versuchen, die Juden in ihrer Gesamtheit loszuwerden und einen Eroberungskrieg gegen Russland zu führen.« Zwei Jahre später war es soweit. Der Mann hieß E.C.K. Ensor und hatte nichts anderes getan, als *Mein Kampf* gründlich zu lesen.

LER

Komplott

> **Das Jahr 1932 hat Hitlers Glück ein Ende gebracht. Am 31. Juli hatte sein Aufstieg den Höhepunkt erreicht, am 13. August begann der Niedergang, als der Reichspräsident den Stuhl, den er ihm nicht zum Sitzen anbot, vor die Tür stellte. Seitdem ist das Hitlertum in einem Zusammenbruch, dessen Ausmaß und Tempo dem seines eigenen Aufstiegs vergleichbar ist. Das Hitlertum stirbt an seinem eigenen Lebensgesetz.**
>
> Gustav Stolper, liberaler Publizist, Weihnachten 1932

Es war ein Lichtblick für demokratisch gesinnte Deutsche, was Hitlers Propagandachef Joseph Goebbels Anfang Januar 1933 in seinem Tagebuch so formulierte: »Das neue Jahr! Sehr böse sieht es aus.«

Zu Beginn des deutschen Schicksalsjahres 1933 schöpften die verbliebenen Verfechter der Weimarer Republik neue Hoffnung. »Der gewaltige nationalsozialistische Angriff auf den demokratischen Staat ist abgeschlagen«, schrieb die liberale *Frankfurter Zeitung* in ihrem Leitartikel zum Jahreswechsel. »Hitlers Aufstieg und Untergang« titelte der sozialdemokratische *Vorwärts* in seiner Neujahrsausgabe. »Und es bleibt als Resultat der / ›Volksbewegung‹ uns gewiss / nur ein schmerzhaft-schwerer Kater / und im Volk ein tiefer Riss«, reimte das Satireblatt *Simplicissimus* am 1. Januar 1933 und fügte spöttisch hinzu: »Eins nur lässt sich sicher sagen – / und das freut uns rundherum: / Hitlern geht es an den Kragen, / dieses ›Führers‹ Zeit ist um!«

Tatsächlich sprachen aus Sicht der Zeitgenossen viele Anzeichen dafür, dass der braune Spuk wie ein Irrlicht der Krisenjahre nun wieder verschwinden, die aus der Bahn geratene Republik wieder in ihre intakte Verfassung zurückfinden würde. Die immer noch stärkste Fraktion des Parlaments im Reichstag hatte alles darangesetzt, diese Volksvertretung zu zerstören. Nun hatte sie zum ersten Mal seit langer Zeit deutliche Einbußen hinnehmen müssen. Bei der Reichstagswahl vom 6. November 1932 hatte Hitlers NSDAP gegenüber der Vorwahl im Juli gut zwei Millionen Stimmen verloren und war um über vier auf 33,1 Prozent abge-

Der ewige Trommler (Olaf Gulbransson)

„Immer rein, meine Herrschaften, gleich beginnt zum unwiderruflich letztenmal das Dritte Reich!" — „Mensch, wenn wir jetzt nicht bald wirklich anfangen, läuft uns das ganze Publikum davon!"

»Dieses Führers Zeit ist um«: Die Karikatur aus dem *Simplicissimus* vom 22. Januar 1933 war typisch für den Jahreswechsel 1932/1933

Oben: »Kompromissloser Machtpoker«: Die NSDAP-Spitze mit Gregor Strasser, Hitler und Wilhelm Frick (v. r. n. l.)
Unten: Die französische Journalistin Stéphane Roussel (hier auf einem Foto aus der Nachkriegszeit) lebte als Korrespondentin der Zeitung *Le Matin* in Berlin

sackt. Ihr schier unaufhaltsamer Aufstieg, in dessen Verlauf sie binnen vier Jahren ihren Wählerzuspruch versiebzehnfachen konnte, schien deutlich gebremst. Der Nimbus der Unbesiegbarkeit war dahin.

Hinzu kam, dass sich innerhalb der Partei vorsichtiger Widerstand gegen den kompromisslosen Machtpoker ihres Anführers regte. Manche Strategen hofften auf eine Spaltung der heterogenen Hitler-Truppe. Außerdem war nach dem Wahlmarathon des Jahres 1932 die Parteikasse reichlich leer. Gläubiger forderten ihr Geld zurück, frierende SA-Männer zogen mit Sammelbüchsen durch die Straßen. »Dieses Jahr 1932 ist eine einzige Pechsträhne. Man muss es zu Scherben schlagen«, resümierte Goebbels denn auch missmutig im Tagebuch.

Der Niedergang der Hitler-Partei erschien durchaus folgerichtig. Denn sie hatte ihre Konjunktur in der Krise. Zusammen mit den Arbeitslosenzahlen war auch ihr Stimmenanteil steil angestiegen. Je düsterer die Wirtschaftslage, desto günstiger erschienen die Wahlchancen für die NSDAP und andere extremistische Parteien. »Alles, was dazu dient, die Katastrophe zu beschleunigen«, hatte NS-»Reichsorganisationsleiter« Gregor Strasser einst unverblümt vermerkt, »jeder Streit, jede Regierungskrise, jede Beeinträchtigung der Staatsmacht, jede Schwächung des Systems – ist gut, sehr gut für uns.«

Doch dieser Nährboden drohte nun allmählich wieder auszutrocknen. Erste Silberstreifen am Konjunkturhimmel zeigten sich zum Jahresbeginn 1933: Seit dem Frühjahr 1932 war der Wert von Aktien und Pfandbriefen an der Frankfurter Börse um mehr als dreißig Prozent gestiegen. Die Konkurse hatten sich dagegen im Vergleich zum Frühjahr um ein Drittel verringert. Mit Beschäftigungsprogrammen sorgte ein eigens von der Regierung berufener Reichskommissar für neue Arbeitsplätze. »Land« übertitelte die *Frankfurter Zeitung* den Wirtschaftsbericht in ihrer Neujahrsausgabe lapidar.

Es war sehr niederschmetternd, dass wir nach den Jahren des Erfolges auf einmal rückwärts gingen. Es hat uns angespornt, nun noch mehr zu tun, noch mehr zu werben, noch mehr Propaganda zu machen, um diesen Tiefpunkt wieder zu überwinden.

Bruno Hähnel, damals NSDAP-Mitglied

Die üblichen Zeitungskommentare zum Jahreswechsel waren in Deutschland und im Ausland darauf abgestimmt: Diese Gefahr ist nun vorüber, Hitler hat verloren.

Eberhard Jäckel, Historiker

»Die nationalsozialistische Partei hatte Stimmen verloren«, erinnert sich Stéphane Roussel, die als junge Journalistin die Ereignisse in Berlin für die französische Zeitung *Le Matin* mitver-

»Dieses Jahr gehört uns«: Hitlers Prophezeiung gegenüber seinem Auslandspressechef Ernst Hanfstaengl (links) erschien zu Beginn des Jahres 1933 wie blanke Utopie

folgte. »Die Wirtschaftslage hatte sich verbessert, und Hitler, seine Partei lebten ja eigentlich davon, dass es in Deutschland schlecht zuging. Es war an der Zeit für die Partei zu entscheiden, ob sie nun weiter so existieren konnte oder gewissermaßen zur Tat übergehen müsste.«

Einen der Handlungsträger indes schienen trübe Prognosen und höhnische Nachrufe nicht weiter zu beirren: Hitler verbrachte den Neujahrsabend 1933 in der Münchener Villa seines Auslandspressechefs Ernst Hanfstaengl, nachdem man zuvor gemeinsam im Nationaltheater der Wagner-Oper »Die Meistersinger von Nürnberg« gelauscht hatte. Als der Gastgeber Hitler das Gästebuch reichte, soll dieser, so berichtete Hanfstaengl später, seinen Eintrag mit den Worten garniert haben: »Dieses Jahr gehört uns. Das gebe ich Ihnen schriftlich.«

Und die weitere Entwicklung sollte diese Prophezeiung schließlich bestätigen. Nicht einmal einen Monat später hatte Hitler das Amt des Reichskanzlers inne, in einem Vierteljahr die politische Konkurrenz ausgeschaltet, im Jahr darauf die alleinige Herrschaftsgewalt über den gesamten Staat in seiner Hand. Was wie ein zielgerichteter Eroberungszug anmutet und mit dem später ersonnenen Schlagwort von der »Machtergreifung« gern suggeriert wurde, war allerdings keineswegs eine unumkehrbare Einbahnstraße in die Katastrophe. Dass Hitler in wenig aussichtsreicher Lage und in so kurzer Frist an die Macht geriet, verdankte er nicht zuletzt einem bizarren Dramenspiel aus Intrigen, Hilfestellungen und Fehleinschätzungen. An dessen Tiefpunkt musste der politische Aufsteiger in der Tat nur noch die Macht ergreifen, die ihm so bereitwillig dargeboten wurde. Und die Repräsentanten des damaligen Staatsapparats, welche die Regie führten, gaben nicht unbedingt eine glorreiche Figur dabei ab – auch wenn manche von ihnen im Rückblick ihre Rolle beschönigten.

Der entscheidende Akt der politischen Tragödie begann mit einem Täuschungsmanöver. Am Morgen des 4. Januar 1933 nahm Hitler mit seiner Entourage auf dem Weg in den Wahlkampf das Frühstück im Salon des Bad Godesberger Rheinhotels »Dreesen« ein. Jeder, der es wissen wollte, konnte seinen sechssitzigen Mercedes-Kompressor an der Auffahrt ankommen und später wieder wegfahren sehen. Für Außenstehende nicht erkennbar, saß bei der Abfahrt aber nicht mehr Hitler, sondern sein Chauffeur Julius Schreck, dessen Gesicht ein »Hitler-Bärtchen« zierte, auf dem Beifahrersitz, während Pressesprecher Otto Dietrich das Fahrzeug steuerte. Der leibhaftige »Führer« fuhr unterdessen hinter zugezogenen Vorhängen in einer anderen Limousine von dannen. Von Schaulustigen und Reportern unbemerkt, ließ er sich am Rhein entlang nach Köln kutschieren. Ziel der geheimen Tour war die Villa des Bankiers Baron Kurt von Schröder am Stadtwaldgürtel der Domstadt.

Das konspirative Versteckspiel sollte vor der Öffentlichkeit verbergen, dass an dieser noblen Adresse nichts Geringeres eingefädelt werden sollte als die künftige Machtübernahme in Deutschland. Und es sollte die Anonymität des geheimnisvollen Verhandlungspartners wahren, der kurz nach Hitler den Schauplatz betrat: Franz von Papen, konservativer Politiker, Strippenzieher hinter den Kulissen der Macht.

Erst sieben Wochen zuvor hatte er als Reichskanzler seinen Rücktritt einreichen müssen. Nun strebte er mit Macht auf die politische Bühne zurück. »Es war bei Papen«, hatte die Journalistin Stéphane Roussel aus der Nahsicht registriert, »ich glaube, eine Art Charaktersache, eine Rolle spielen zu wollen. Er hatte es sein Leben lang getan.« Und in diesem Bestreben setzte er auf heimliche Verhandlungen mit der braunen Massenbewegung, die über ein Drittel der Reichstagssitze besetzte. Gerade in einer Phase der Schwäche, so Papens Kalkül, würde sie für sein Planspiel eines Regierungsbündnisses empfänglich sein. Aus diesem Grund traf sich der Grandseigneur mit dem selbst ernannten Volkstribun in Köln.

Bei dem Kölner Gespräch vom 4. Januar 1933 handelte es sich um eine Initiative Papens und des ihm befreundeten Bankiers von Schröder, der seinerseits auch Kontakte zur Führung der Nationalsozialisten hatte. Papen ging es darum, seine persönliche Niederlage wettzumachen, das heißt seine Entlassung, die er Schleicher in die Schuhe schob.

Heinrich August Winkler, Historiker

Papen war ein gefährlicher Intrigant.

Josef Felder, SPD-Reichstagsabgeordneter

Dass eine graue Eminenz wie Franz von Papen, weder durch politische Funktionen noch durch den Rückhalt einer Partei legitimiert, sich überhaupt anmaßen konnte, hinter dem Rücken der amtierenden Regierung deren Nachfolgekabinett auszuschachern, war bezeichnend für den Zustand der Demokratie in Deutschland zu Beginn der dreißiger Jahre. Im politischen Ränkespiel konnte Franz von Papen nämlich vor allem auf eine Trumpfkarte setzen: das Wohlwollen des Reichspräsidenten Paul von Hindenburg.

Längst hatte sich die Weimarer Republik von den Grundwerten der parlamentarischen Demokratie verabschiedet, sie war unmerklich zum autoritären Präsidialstaat mutiert. Immer weniger beschränkt durch demokratische Kontrolle, entschied der oberste Repräsentant des Staates in eigener Machtvollkommenheit, welcher Kanzler von seinen Gnaden die Regierung anführte.

Die bittere Ironie der Geschichte wollte es, dass Hindenburg gerade von vielen Wählern aus sozialdemokratischem, liberalem oder katholischem Milieu vor allem deswegen in seine zweite Amtszeit befördert worden war, weil sie hofften, dass er die Republik vor der nationalsozialistischen Eroberung bewahren würde. Bei der Präsidentenwahl im April 1932 war der Weltkriegsgeneral, dem der Nimbus eines untadeligen, preußisch-korrekten Ersatzkaisers anhaftete, manchem zermürbten Demokraten als »kleineres Übel« erschienen gegenüber seinem Gegenkandidaten Hitler, der sich an keine Verfassung gebunden fühlte.

Doch der oberste Repräsentant der Weimarer Demokratie war beileibe kein Demokrat – im Gegenteil: »Parlamentsrummel« und »Parteiengezänk« widerstrebten Hindenburg von Herzen – in Übereinstimmung übrigens mit der Mehrheit seiner Landsleute. Nach Auswertung der verfügbaren Überlieferungen kommt Hindenburgs Biograf Wolfram Pyta zu dem Schluss: »Seine Vorstellung lief darauf hinaus, das Parlament als verfassungsmäßig vorgesehenes Forum, auf dem sich die verschiedenen politischen Gruppen austauschen konnten, auszuschalten. Die Parteien und damit auch die Nationalversammlung im Reichstag waren für ihn potenzielle Störenfriede einer von ihm herbeigewünschten nationalen Harmonie.«

Gerade die republikfreundlichen Parteien, die seine Wiederwahl unterstützt hatten, waren ihm wesensfremd, und es war ihm geradezu widerwärtig, auf ihre Stimmen angewiesen gewesen zu sein. Der fünfundachtzigjährige Feldmarschall, nostalgisch verklärter Armeeführer aus dem Ersten Weltkrieg, sah den ihm gemäßen Platz ohnehin längst nicht mehr im politischen Tagesgeschäft, sondern im Ruhmestempel der Geschichte.

Es ist rückblickend kaum noch zu begreifen, dass meine Fraktion in der Annahme, dass es sich um die letzte Position zur Wahrung der Verfassung handele, für Hindenburg gestimmt hat. Das war eine Fehlentscheidung ganz besonderer Art.

Josef Felder, SPD-Reichstagsabgeordneter

Bis heute indes wird Hindenburgs Nachruhm vorwiegend vom Bild des realitätsfernen Greises bestimmt, der nicht mehr Herr der politischen Lage und somit vielfältigen Einflüssen seiner Umgebung unterworfen war. Nach dem aktuellen Stand der Geschichtsforschung darf diese verharmlosende Sichtweise bezweifelt werden. »Lange Zeit hat man behauptet, Hindenburg sei Wachs in den Händen seiner Umgebung gewesen. Ihm sei gewissermaßen die Feder geführt worden, wenn er eine politische Entscheidung getroffen habe«, urteilt Hindenburg-Biograf Pyta. »Allerdings gab es für diese Behauptungen nie überzeugende Dokumente. Wenn man sich vor Augen führt, dass Hindenburg Führungsstärke besaß, dass er schon im Ersten Weltkrieg ein herrschaftsbewusster General gewesen war, der gewohnt war, auch harte Entscheidungen zu treffen, dann ist es schlichtweg undenkbar, dass sich Hindenburg ausgerechnet in einer so wichtigen Frage wie der Entscheidung über die Ernennung des Kanzlers das Heft des Handelns aus der Hand hätte nehmen lassen wollen.«

Auch im biblischen Alter behielt der Staatenlenker die Zügel fest im

»Wachs in den Händen seiner Umgebung«? Reichspräsident Paul von Hindenburg (mit Autobrille) mit seinem Sohn Oskar während eines Manövers der Reichswehr im Herbst 1932

Griff. Nach dem vorliegenden Untersuchungsbericht seines behandelnden Arztes verfügte der passionierte Jäger noch im neunten Lebensjahrzehnt über ausreichendes körperliches wie geistiges Rüstzeug. Der mächtigste Mann des Staates blieb Herr des Verfahrens.

Nur war seine Zielvorgabe nach rückwärts gerichtet. In Hindenburgs reaktionärem Weltbild war kein Platz für Parteien links der Mitte. Die »nationalen Kräfte«, so seine Vision, seien dazu bestimmt, nach Überwindung der internen Zwistigkeiten die Nation vereint zu neuer Größe zu führen. Kommunisten, Sozialdemokraten und Liberale galten ihm als Störfaktoren, da sie die Bevölkerung und besonders die Arbeiter dem Patriotismus entfremdeten. Daher strebte der ranghöchste Verfassungsträger langfristig danach, die politische Linke von der Teilhabe am Staat fernzuhalten.

Gleichwohl war der Feldherr im Ruhestand seit seinem Amtsantritt 1925 sorgsam darauf bedacht, die von ihm nicht sonderlich geschätzte Verfassung der Republik »wie eine preußische Felddienstordnung« korrekt einzuhalten. Doch diese Konstitution gab ihm ein gefährliches Werkzeug in die Hand. Auf der Grundlage des Artikels 48, der ursprünglich für den Ausnahmezustand des Staatsnotstands, etwa bei inneren Unruhen, vorgesehen war, konnte der Präsident Grundrechte außer Kraft setzen oder bewaffnete Gewalt anordnen. Angesichts einer Mehrheit im Reichstag, die das demokratische System der Republik sabotierte, statt es zu stützen, nutzte Hindenburg seinen quasidiktatorischen Spielraum zunehmend als Parlamentsersatz. Formal gab die Verfassung dem Staatschef die Macht dazu, er aber machte den Notbehelf zum Normalfall. Statt Gesetze auf parlamentarischer Basis unterzeichnete der Präsident unter Berufung auf die Staatskrise Notverordnungen, anstelle mehrheitsfähiger Regierungen ernannte er Kanzler weitgehend nach eigenem Gutdünken. Ihre Berufung verdankten sie somit in erster Linie seiner Gunst.

Dies hatten die Verfassungsväter gewiss nicht im Sinn gehabt, als sie nach den Turbulenzen des Ersten Weltkriegs 1919 im Weimarer Nationaltheater die erste funktionsfähige Republik auf deutschem Boden ins Leben riefen. Zwar verfügte der Reichspräsident von Beginn an über weitreichende Machtbefugnisse: Als eine Art Ersatzkaiser war er für jeweils sieben Jahre direkt vom Volk gewählt, hatte den Oberbefehl über die Reichswehr inne und das letzte Wort bei der Ernennung oder Entlassung der Regierung sowie bei der Auflösung des Reichstags. Doch im Unterschied zur Monarchie war dieses Parlament, das, wie heute wieder, im Berliner Reichstagsgebäude tagte, als zentrales Entscheidungsgremium konzipiert. Nicht einmal der Staatschef sollte sich über die Volksvertretung hinwegsetzen können, wenngleich diese, etwa im Vergleich zum heutigen Bundestag, geringere Kompetenzen besaß.

Nach spannungsreichen Geburtswehen war die Demokratie in der zweiten Hälfte der zwanziger Jahre vordergründig gut gediehen, getragen von einer Koalition aus Sozialdemokraten, Liberalen und Katholiken, welche die Republik befürworteten. Dem Sturm der Weltwirtschaftskrise aber, den der New Yorker Börsenkrach 1929 auslöste, war das zarte Pflänzchen der Volkssouveränität in Deutschland nicht gewachsen. Schon vorher hatten aufgrund hausgemachter Konjunktureinbrüche Betriebe und Landwirtschaftsgüter schließen müssen. Nun aber, nach dem Absturz der Aktienkurse, fegte ein regelrechter Kahlschlag durchs Land. Ganze Industriezweige mussten die Produktion einstellen, das Riesenheer der Arbeitslosen wurde täglich größer: Von 1,3 Millionen im Jahr 1928 vermehrte es sich auf beinahe sechs Millionen Ende 1932. Hinzu kamen noch eine Million Erwerbslose, die von der Statistik nicht erfasst waren. Für die meisten von ihnen bedeutete die Existenz ohne Lohn blanke Not. Gerade einmal jeder Zehnte konnte Anspruch auf staatliche Stütze geltend machen – und das auch nur für sechs Wochen. Danach waren die aus dem Erwerbsleben Verstoßenen auf Suppenküchen der Wohlfahrtsverbände angewiesen. Viele hungerten, verpfändeten ihr Hab und Gut.

Salzhering mit Kartoffeln, oft aus dem eigenen Pachtgrund, geriet zu einer Art »Nationalgericht«. Bernhard Lubosch, Sohn eines Angestellten aus dem damals wirtschaftlich schwer getroffenen oberschlesischen Industriegebiet, hat diese Hungerjahre nicht vergessen. Auch Luboschs Vater musste stempeln gehen. »Wenn die Not zu groß wurde«, schildert er, »dann blieb nichts anderes übrig, als dass die Mutter sagte: ›Junge, ich weiß, dass du schon wieder ein Loch in den Zaun gebuddelt hast. Hol doch bitte vom Acker eine Feldrübe, damit wir etwas zum Beißen haben.‹ Mir sträubte sich dabei das Gefieder, da das doch Diebstahl war. ›Junge‹, entgegnete Mutter, ›entweder stehlen oder hungern und sterben.‹ Dieser Zwiespalt zwischen dem knabenhaften Gewissen, das uns die Mutter beigebracht hat, und der Aufforderung der verzweifelten Mutter zum Diebstahl, das hat mich damals umgetrieben.

Einmal erwischte mich dann prompt ein Gutsinspektor auf meinem Beutezug, kurz vor dem Zaun packte er mich. Ich war wie erstarrt und rechnete nun mit dem Schlimmsten. Aber er ließ mich laufen, sagte nur: ›Jetzt schau, dass du nach Hause kommst!‹, und warf mir die Rübe noch nach.« Nicht alle konnten sich im Überlebenskampf behaupten. Allein 1932 nahmen sich 17 000 Menschen das Leben. Kaum eine Zahl veranschaulicht die Misere deutlicher.

Arbeitslosigkeit, Hunger, Kriegsinvaliden, die nicht richtig versorgt wurden. Es war eine düstere Stimmung. Am Sendlinger-Tor-Platz haben die Arbeitslosen für ein, zwei, drei Pfennig Karten gespielt, um die Zeit zu vertun.

Otto Gritschneder, damals München

Die sogenannte staatliche Unterstützung bestand für diese jungen Arbeitslosen aus fünf Mark pro Woche. Davon sollte man sich ernähren, Miete zahlen, Kleidung in Ordnung halten und unter Umständen noch ein Glas Bier sich genehmigen.

Emil Carlebach, damals KPD-Mitglied

»Es genügte, den Berliner Tiergartenpark zu durchqueren«, berichtete die Journalistin Stéphane Roussel, »um auf den Bänken junge Männer, seltener Mädchen, sitzen zu sehen, die von einem Baum irgendeinen Ast abgerissen hatten und damit in den Kies zeichneten, um sich die Zeit zu vertreiben. Sie saßen lange, und auf ihren Gesichtern war keine Hoffnung. Sie waren unglücklich, sie waren einsam und böse auf ihre Eltern, die ihnen keine Arbeit bringen konnten. Und sie waren böse auf den Staat. Das waren gefundene Opfer für die Nationalsozialisten.«

Dabei waren es gar nicht in erster Linie Arbeitslose, die der NSDAP ihren immensen Stimmenzuwachs bescherten. Aber sehr viele Menschen aus dem städtischen Kleinbürgertum, aus dem Milieu der Angestellten und niederen Beamten oder in protestantisch geprägten ländlichen Gebieten hegten große Angst, einmal selbst in die allseits sichtbare Armut abzurutschen.

Zulauf erhielten insbesondere jene demagogischen Parteien, welche der demokratischen Republik den Kampf angesagt hatten. Denn dieser Staat, dessen Geldvorräte durch Reparationen und Subventionen aufgezehrt waren, hatte durch eiserne Sparpolitik und wechselvolle Kabinettstückchen auch politisch jeden Kredit verspielt. Noch immer wirkte das Trauma nach, als die Inflation mit ihrer rotierenden Notenpresse über Nacht ganze Sparvermögen vernichtet hatte.

Im kollektiven Bewusstsein gegenwärtig waren auch die Folgen des Ersten Weltkriegs. Nie zuvor hatten die Menschen eine derartige Katastrophe so unmittelbar durchlebt. Mit einem weitverbreiteten Begeisterungsrausch hatte sie begonnen, über gigantische Leichenfelder geführt, um schließlich in der demütigenden Erfahrung der Niederlage zu enden. »Wir hat-

Oben: »Allseits sichtbare Armut«: Arbeitslose suchen in den Abfällen vor einer Berliner Markthalle nach Verwertbarem
Unten: »In den Gesichtern keine Hoffnung«: So wie diese beiden Männer in Hannover fristeten Millionen Erwerbslose ein kümmerliches Dasein

ten es so erlebt, dass unsere Soldaten erfolgreich verhindert hatten, dass unsere Heimat besetzt wurde«, berichtet Bernhard Lubosch. »Und dann nach dem Ende des Krieges diese Demütigung, nun als Verlierer dazustehen, die Gebietsverluste, die Angst, wie wir die Reparationen bezahlen sollten; das war schon sehr prägend.«

In meinen Kreisen, also in den bürgerlichen Kreisen, hat die tiefe Verletzung unseres Nationalstolzes durch den Versailler Vertrag, durch das Wort von der alleinigen Kriegsschuld Deutschlands eine große Rolle gespielt. Wenn da einer daherkam und sagte, wir werden dafür sorgen, dass die deutsche Ehre wiederhergestellt wird, dann hatte er natürlich die Leute weitgehend für sich.

Albrecht Schönherr, damals Theologiestudent in Berlin

»Ich hatte oft das Gefühl«, diagnostizierte die französische Korrespondentin Stéphane Roussel, »dass sich Deutschland von diesem Krieg, von dieser unklaren, als schäbig empfundenen Niederlage niemals erholt hat. Ich hatte oft das Gefühl, hier ist ein krankes Volk, und dieses kranke Volk findet nun einen Wunderarzt, einen Mann, der sagt: ›Ich mache aus euch ein Volk, das wieder Erfolg hat. Ihr werdet euch sehen lassen können!‹ Hitler ist es gelungen, in seinen unzähligen Reden Hoffnung zu geben, das Gefühl zu vermitteln: ›Jetzt wird alles anders.‹«

In diesem Bestreben zehrte der Wanderprediger von seinem Nimbus als Aufsteiger. Als Abkömmling der untersten sozialen Schicht, der aus der trostlosen Randexistenz in Wiener Obdachlosenasylen mit Beharrlichkeit und Härte den Weg ins politische Rampenlicht gefunden hatte, verkörperte er glaubwürdig den Volkstribun, der sich die Sorgen und Nöte der Benachteiligten zu eigen zu machen schien. Im Gegensatz zu vielen aristokratischen und akademischen Vorzeigefiguren des Staates verstand es dieser Agitator überzeugend, sich zur Identifikationsfigur für breite Bevölkerungsschichten zu stilisieren, zur Projektionsfläche für Erwartungen und Sehnsüchte. »Hitler ist es gelungen«, beobachtete Stéphane Roussel, »in seinen unzähligen Reden Hoffnung zu geben. Es ist ihm gelungen, die Sprache zu finden, die am Platz ist. Er sprach nicht zu den Deutschen herunter, er stellte sich an ihre Seite.« Nach den Erfahrungen des Weltkriegs, den Verwerfungen des Bürgerkriegs und dem Versagen der Sozialsysteme wuchs die Bereitschaft, segensreichen Versprechungen Glauben zu schenken.

Zu Selbstbewusstsein und Wohlstand könne die Nation nur finden,

»Wiedereröffnung im 3. Reich«: Ein wegen der Wirtschaftskrise zur Geschäftsaufgabe gezwungener Ladenbesitzer in Berlin vertröstet seine Kundschaft auf vermeintlich bessere Zeiten, Herbst 1932

so verkündete der selbst ernannte Heilsbringer, wenn sie die »inneren Feinde«, vornehmlich »Marxisten« und Juden, mit autoritärer Härte besiege, um dann gerüstet zu sein, neuen Lebensraum außerhalb der eigenen Grenzen zu erobern. Hitler konnte dabei auch auf einer in national gesinnten Kreisen vorherrschenden antisemitischen Grundeinstellung aufbauen, die schon in den zwanziger Jahren in pogromartigen Ausschreitungen ihre radikalsten Blüten trieb.

Im äußeren Erscheinungsbild ließen sich die braunen Wahlkämpfer ungeniert vom politischen Feind inspirieren. Das schreiende Rot der Plakate, die überdimensionalen Fahnen, Uniformen und paramilitärischen Parteiformationen, aber auch die handfeste Gewalt der politischen Auseinandersetzung – das gesamte Arsenal der politischen Propaganda hatte ein Ziel im Visier: Aufmerksamkeit zu erregen in einer unübersichtlichen Zeit. Verbreitet wurden die archaisch anmutenden Botschaften mit den damals modernsten Mitteln: Grelle Flugblätter, ungewöhnliche Plakatgrafiken, Radioübertragungen, Schallplatten, Kinofilmchen, Marschkolonnen, Lastwagenkonvois und nicht zuletzt Hitlers Flugzeugtournee unter der doppelsinnigen Losung »Hitler über Deutschland« suggerierten das Image einer dynamischen Bewegung, das durch das verhältnismäßig niedrige Alter der meisten Parteiredner Bestätigung fand.

Aber nicht nur mit Hasstiraden und Heilsversprechungen machte die neuartige Volkspartei von sich reden. Straßen und Wirtshaussäle wurden zum Schauplatz für einen schlagkräftigen Wahl-Kampf im Wortsinn. Wie die meisten anderen Parteien auch, rekrutierte die NSDAP mit der uniformierten »Schutzabteilung« (SA) eine eigene Schlägertruppe, die Parteiveranstaltungen absicherte und sich dabei in zunehmendem Maß blutige Prügeleien mit politischen Gegnern lieferte. Hemmungslose Gewalt – auch eine Spätfolge der Brutalisierung auf den Schlachtfeldern des Weltkriegs – etablierte sich als Mittel der politischen Auseinandersetzung. Ihr Plansoll war größtmöglicher Krawall: »Bei Tumulten tritt bei über 400 Mark Sachschaden das Tumultschädengesetz in Kraft«, instruierte Rädelsführer Goebbels seine Mitstreiter in Berlin süffisant. »Das sage ich natürlich nur nebenbei.«

Je immenser die Wirtschaftskrise das Heer der Arbeitslosen und Entwurzelten anwachsen ließ, desto stärker eskalierten die Auseinandersetzungen der politisch verfeindeten Kampfgruppen. Regelmäßig wurde das Mobiliar der Veranstaltungssäle zerlegt, Straßenschlachten gehörten längst zur Alltagsordnung. »Und willst du nicht mein Bruder sein, so schlag ich dir den Schädel ein«, kursierte damals als geflügeltes Wort unter politischen Rabauken.

Die Nazis zogen ihre uniformierten und bewaffneten Truppen zusammen und marschierten dann mit 500 oder 1000 Mann in Bürgerkriegsformation in Arbeiterviertel ein, brachen in Wohnungen ein, schlugen die Leute zusammen oder zerstörten Gewerkschaftshäuser.

Emil Carlebach, damals KPD-Mitglied

Die SA sollte Angst einflößen. Die SPD und die KPD mussten sich immer darauf einstellen, dass in ihren Versammlungen SA-Schläger auftauchten.

Otto Gritschneder, Rechtsanwalt und Publizist

Auch ein kurzzeitiges Verbot der SA von April bis Juni 1932, das die ausufernde Gewalt eindämmen sollte, zeitigte keinen Frieden. Statt in Uniform zogen die Parteisoldaten nun eben in weißen Hemden, getarnt als Sportlerbund oder Wanderverein, weiter über die Straßen. Die Polizei, sofern sie nicht ohnehin parteiisch die Schläger gewähren ließ, stand bei den Prügeleien meist auf verlorenem Posten. Zurück blieben immer häufiger Verwundete, sogar Tote. Der schlimmste Exzess politischer Gewalt geschah am sogenannten »Altonaer Blutsonntag«, als am 17. Juli 1932 nach einem provozierenden Marsch rund 7000 braune Haudegen durch ein Arbeiterviertel in Altona bei Hamburg stürmten und im Straßenkampf an einem einzigen Tag 18 Menschen ums Leben kamen. Geradezu zynisch wurden die eigenen Opfer von Straßenkämpfen und Saalschlachten propagandawirksam zu Märtyrern erhoben. Dramatisch

Wenn ich an die Versammlungen denke, die wir in Bochum, in Essen, in Gelsenkirchen, in Dortmund hatten, da gab es eigentlich immer Auseinandersetzungen und dabei in erster Linie mit den Kommunisten. Nicht so sehr mit den Sozialdemokraten, die erst ja sehr spät mit ihrem »Reichsbanner« anfingen, einen Gegenpol zu haben, während die KPD mit ihren Rotfrontkämpferbund auf der Straße sehr sichtbar war und eigentlich immer versucht hat, unsere Versammlungen zu stören. Das brachte zwangsläufig handgreifliche Auseinandersetzungen mit sich, von denen wir in Bochum eine ganze Reihe hatten, die zum Teil im Krankenhaus und zum Teil im Gefängnis endeten.

Bruno Hähnel, damals NSDAP-Mitglied

»Hier Heil Hitler, da Heil Moskau«: Wahlwerbung zur Reichstagswahl im November 1932 in einem Hamburger Arbeiterviertel

Oben: »Archaische Botschaften mit modernsten Mitteln«: Hitler sprach während seiner »Deutschlandflüge« 1932 vielfach an einem Tag in mehreren Städten
Unten: »Projektionsfläche für Erwartungen und Sehnsüchte«: Der NSDAP-Führer während eines Wahlkampfauftritts in einem Münchner Bierzelt

Einige Kommunisten kamen mit Farbtöpfen an und schrieben an die Mauer Parolen wie »Wer Faschismus wählt, wählt den Tod« und »Hitler ist unser Untergang« und so weiter. Es dauerte gar nicht lange, da kamen Nazis in Uniform, es fing ein Geschrei an, und es gab Schläge und Schüsse. Dann kam ein großes Polizeiauto vorgefahren, und die Schläger flohen. Am Ende blieben nur die Toten zurück.

Gerda Lorenz, lebte damals in Berlin-Kreuzberg

bandagierte Prügelknaben dienten als Dekor von Parteiveranstaltungen, Beerdigungen gerieten zu pathetischen Großkundgebungen. »Zu leben verstehen wir Deutschen vielleicht nicht, aber sterben, das können wir fabelhaft«, verkündete Goebbels am Grab eines Parteimannes in unfreiwilligem Sarkasmus.

Alles, was Aufsehen erregte, eignete sich als Werbemunition. Besonders im Dauerwahlkampf des Jahres 1932 hämmerte die von Goebbels gesteuerte Propagandamaschinerie in noch nie dagewesener Form das Bild von Hitler als Retter eines vom Untergang bedrohten Volkes in das Bewusstsein der Deutschen.

Dabei wäre Hitlers Siegeszug zu dieser Zeit beinahe noch an dessen Herkunft gescheitert. Nur die Pro-forma-Ernennung zum Regierungsrat im Braunschweiger »Landeskultur- und Vermessungsamt« sicherte dem Immigranten, der seinen österreichischen Pass längst abgegeben hatte, Anfang 1932 die deutsche Staatsbürgerschaft, die er für die Bewerbung um ein Staatsamt dringend benötigte. Über das Vorstrafenregister des Neubürgers mit Migrationshintergrund, der sein Beamtendasein danach nicht einen Tag wahrnahm, sahen die Braunschweiger Parteifreunde großzügig und vorschriftswidrig hinweg.

Neben Hitlers Nationalsozialisten profitierten besonders auch die stalintreuen Kommunisten von der grassierenden Krisenstimmung. Der Vormarsch der Roten schürte wiederum im bürgerlichen Lager die Angst vor einem Bürgerkrieg, dessen Schreckenswirkung noch aus der Nachkriegszeit präsent war. Die gezielt geschürte Panik bescherte den radikalen Nationalisten weiteren Zulauf.

So geschah es, dass im Reichstag und vielen Landtagen Parteien die Oberhand bekamen, die, von links wie von rechts, jene demokratische

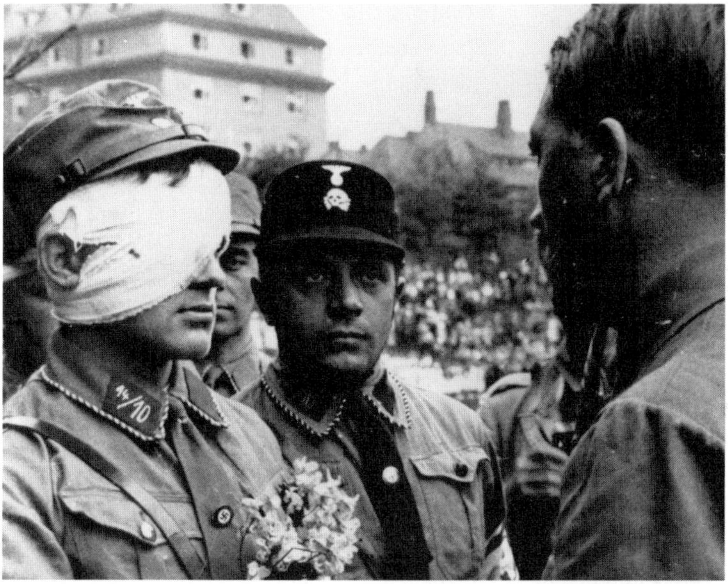

Oben: »Plansoll größtmöglicher Krawall«: Bei Straßenschlachten und Wirtshausschlägereien getötete oder verletzte Nationalsozialisten wurden zu »Märtyrern der Bewegung« verklärt
Unten: »Auf der Straße sehr sichtbar«: Die Wahlerfolge der moskautreuen KPD und das Auftreten des kommunistischen Rotfrontkämpferbunds schürten im Bürgertum Ängste vor einem Umsturz

Das Attraktive der NSDAP waren die Verbindung von Nationalismus und Sozialismus und das Versprechen von sozialem Frieden, von ausgewogenen Verhältnissen im Inneren der Nation.
Götz Aly, Historiker

An die Demokratie haben leider die wenigsten Deutschen geglaubt.
Fritz Stern, Historiker, lebte damals in Breslau

Ordnung rigoros bekämpften, welcher sie ihre Existenzgrundlage verdankten. Dass seine Partei das demokratische Forum lediglich als Arena im Kampf gegen die Demokratie betrachtete, verkündete der Reichstagsabgeordnete Goebbels reichlich unverblümt in seinem Kampfblatt *Der Angriff*: »Wir sind gegen den Reichstag gewählt worden, und wir werden auch unser Mandat im Sinne unserer Auftraggeber ausüben. ... Wir gehen in den Reichstag hinein, um uns im Waffenarsenal der Demokratie mit deren eigenen Waffen zu versorgen. ... Wir kommen nicht als Freunde, nicht als Neutrale. Wir kommen als Feinde! Wie der Wolf in die Schafherde einbricht, so kommen wir.«

Bei der Reichstagswahl Ende Juli 1932 erhielten allein die entschiedensten Gegner der rechtsstaatlichen Ordnung, NSDAP und KPD, zusammengerechnet weit mehr als die Hälfte der Wählerstimmen. Noch vor allen politischen Repräsentanten war es somit der Souverän dieses Verfassungsstaates, der ihn seinen Feinden auslieferte: das deutsche Wahlvolk. Der Demokratie kamen die Demokraten abhanden.

Was diese Abkehr vom Wesenskern der Weimarer Republik nach sich zog, hatte sich schon seit dem Frühjahr 1930 angedeutet. Als mit der großen Koalition unter dem sozialdemokratischen Kanzler Hermann Müller eine der stabilsten Regierungen von Weimar zerbrach, gab es für keinen Parteienbund mehr eine konstruktive Mehrheit im Parlament. Müllers Nachfolger als Kanzler, der Zentrumpolitiker Heinrich Brüning, konnte sich nur noch auf wechselnde Tolerierungsmehrheiten im Reichstag und vor allem auf das Machtwort des Reichspräsidenten stützen. Der machtpolitische Balanceakt wurde nochmals heikler, als Mitte 1932 an Brünings Stelle Hindenburgs Günstling Franz von Papen trat. Der passionierte Herrenreiter konnte sich zwar auf so gut wie keine parlamentarische Hausmacht, nicht einmal in seiner eigenen Zentrumspartei, stützen. Dies hinderte ihn jedoch keineswegs daran, unverhohlen Interessenpolitik für Großagrarier und Großindustrielle zu betreiben.

Wie gering der Rückhalt für Papens Kabinett im entmachteten Parlament nur noch war, offenbarte sich unmissverständlich durch einen Faux-

»Parlamentarische Farce«: Reichstagspräsident Hermann Göring übersieht am 12. September 1932 absichtlich eine Wortmeldung von Papens. Die folgende Abstimmung brachte eine verheerende Niederlage für den Kanzler

pas: Am 12. September 1932 nutzte die Volksvertretung, die vorwiegend zum Zweck ihrer neuerlichen Auflösung zusammengerufen worden war, eine Unaufmerksamkeit des Kanzlers zu einem Misstrauensantrag gegen ihn, der mit der breiten Mehrheit von 512 gegen gerade einmal 42 Stimmen angenommen wurde. In einer halbwegs funktionsfähigen Demokratie hätten schon glimpflichere Abstimmungsniederlagen den sofortigen Rücktritt bedeutet. Doch Franz von Papen zeigte sich unbeirrt durch dieses Abstimmungsdebakel fest entschlossen, seine Regierungsarbeit von Hindenburgs Gnaden fortzusetzen, und schickte die Abgeordneten per präsidialer Verfügung wieder nach Hause.

Der Reichspräsident seinerseits war dem ausgedienten Offizier von adliger Herkunft und eleganten Umgangsformen weiterhin gewogen und schätzte auch dessen wirtschaftsfreundlichen Kurs. Selbst als Papens eigenes Kabinett dem Kanzler die Gefolgschaft aufkündigte, ließ ihn der alte Herr nicht fallen. Erst als Reichswehrminister General Kurt von Schleicher offen damit drohte, dass angesichts der zu erwartenden Proteste ge-

»Keine Kompromisse«: Gregor Strasser wagte im entscheidenden Moment nicht den Aufstand gegen Hitler und zog sich stattdessen von seinen Funktionen in der NSDAP zurück

gen Papens Kampfansage an das gewählte Parlament die Armee die Sicherheit des Landes nicht mehr garantieren könne, sah sich der Präsident gezwungen, seinem Kandidaten den Rücktritt nahezulegen. Die Gunst aber entzog er Franz von Papen nicht.

»Der politischen Flickschusterei überdrüssig«: Hindenburg war das Regieren mithilfe von Notverordnungen leid. Sein Ziel war eine starke Regierung mit autoritären Vollmachten

Widerwillig musste Hindenburg nun dem Putschisten Kurt von Schleicher das Regierungsamt übertragen. Dabei hatte der Feldmarschall den Offiziersausbildungskameraden seines Sohnes Oskar ursprünglich durchaus zu schätzen gewusst. Nun allerdings empfand er dessen Amtsanmaßung

Das Kabinett Papen hat viele Leute deswegen zum Widerspruch gereizt, weil es von Aristokraten und Leuten besetzt war, die man als reaktionär empfunden hat.

Wilhelm Grewe, damals Student in Hamburg

Als mein Vater nach einem halben Jahr ganz gute Erfolge hatte, hat Schleicher gemeint, wenn Papen noch einen Winter übersteht, dann sitzt der so fest im Sattel, dann kann man den nicht mehr rausbugsieren, und er hat angefangen, hinter seinem Rücken zu intrigieren.

Isabel von Papen, Tochter

als Unbotmäßigkeit des Generals gegenüber dem ranghöheren Feldmarschall. Diese Insubordination würde der alte Armeeführer seinem Untergebenen niemals nachsehen.

Auch war Hindenburg nicht mehr, wie noch bei den Vorgängern, bereit, sie mit Notverordnungen bis an den Rand des Verfassungsbruchs zu unterstützen und abzusichern. Schleichers einzige Chance, im Amt zu bleiben, war sein Bemühen um Rückhalt im Parlament. Und dies bedeutete notwendigerweise ein Arrangement mit der größten Fraktion im Reichstag, Hitlers NSDAP. Die Kanzler Papen und Brüning waren mit diesem Versuch schon mehrmals gescheitert. Nur kurz zuvor hatte sogar Hindenburg selbst Hitler unter etlichen Auflagen die Regierungsbildung angetragen.

Doch stets hatte der politische Hasardeur auf ungeteilter Macht für sich selbst und Unabhängigkeit vom Präsidenten beharrt. »Mit Hitler lange beraten. Er ist ganz auf Kampf eingestellt. Keine Versöhnung«, hatte Goebbels am 9. November 1932 die Strategie in seinem Tagebuch kommentiert. »Kompromisse gibt's nicht. Die Reaktion wird sich wundern. Wir machen nichts halb.« In seiner Neujahrsbotschaft an die Parteigenossen hatte auch der Chef selbst seinen Alles-oder-nichts-Kurs nachträglich bekräftigt: »Ich tat es in der innersten Überzeugung, dass man mit diesem Gegner keine Vergleiche und keine Kompromisse schließen dürfe, weil ich wusste, dass jeder Kompromiss hier den Keim der Vernichtung der Partei und damit der deutschen Zukunft in sich trägt.« Doch nun barg dieses sture Verweigern jeglicher Verhandlungslösung die Gefahr, die Partei auf Dauer zu marginalisieren. Daher sammelten sich unzufriedene Mitstreiter, die das Dauerdasein in der Opposition langfristig als Sackgasse für die Partei betrachteten, um den einflussreichen Parteigeschäftsführer Gregor Strasser.

Und dies war der taktische Ansatzpunkt des frisch berufenen Kanzlers Kurt von Schleicher. Im Bunde mit dem konzilianteren Flügel der NSDAP um Strasser sah er seine Chance gekommen, Hitlers rigorose Verweigerungshaltung zu unterlaufen und damit zugleich die NSDAP zu spalten. Doch damit hatte Schleicher das eherne »Führer«-Prinzip bei den Nationalsozialisten unterschätzt. Strasser wagte im entscheidenden Moment den Aufstand gegen den Parteiführer nicht und zog sich resigniert aus seinen Ämtern zurück. Damit war auch dieser Versuch gescheitert, zumindest einen Flügel des Hakenkreuzes zur Stützung einer konservativen Regierung heranzuziehen. Schleicher war ein Kanzler auf Abruf, noch bevor er richtig mit dem Regieren begann.

Präsident Hindenburg war der politischen Flickschusterei ohnehin überdrüssig. Er wollte vor der Nachwelt nicht als Konkursverwalter des Reiches dastehen oder gar einen Bürgerkrieg heraufbeschwören. Nach seiner Überzeugung war das Dilemma nur dadurch zu lösen, dass eine starke Regierung sich von der Volksvertretung ein »Ermächtigungsgesetz« ausstellen ließ. Ausgestattet mit dieser Blankovollmacht, würde sie autoritär ihre Vorhaben zum vermeintlichen Wohl der Nation durchsetzen, ohne von politischen Tagesscharmützeln – oder anders ausgedrückt: von wirksamer demokratischer Kontrolle – beeinträchtigt zu sein. Nur: Welcher der Kanzler, die ja meist selbst von einer einfachen Mehrheit meilenweit entfernt waren, sollte dieses Husarenstück vollbringen? Auch in diesem Fall konnte angesichts der bestehenden Mehrheitsverhältnisse die Antwort nur lauten: Adolf Hitler. Der Taktiker selbst hatte dem Reichspräsidenten, als er ihm am 9. November 1932 gegenüberstand, hochgemut entgegengehalten: »Eine solche Ermächtigung wird im Reichstag niemand anderes als ich bekommen.«

Hindenburg wollte weg vom präsidialen Regieren, er wollte weg von einem Stil des Regierens, bei dem der Reichspräsident die Reichsregierung mit seinen präsidialen Vollmachten ausstattete, weil die Regierung nicht imstande war, sich im Parlament für ihre Regierungsarbeit eine auskömmliche Mehrheit zu sichern.
Wolfram Pyta, Historiker und Hindenburg-Biograf

Aber war dieser Emporkömmling dem alten Adelsmann nicht zutiefst zuwider? Hatte er ihn nicht als »böhmischen Gefreiten« geschmäht (und dabei offenbar Hitlers österreichischen Herkunftsort Braunau am Inn mit dem tschechischen Städtchen gleichen Namens verwechselt)? Auch diese häufig kolportierte abgrundtiefe Verachtung des Präsidenten für den Kanzleraspiranten hält einer Überprüfung durch belegte Quellen nicht stand. Hindenburg mochte in der Tat einen gewissen Vorbehalt gegen Hitlers österreichische Herkunft gehegt haben, da er dessen Landsleuten seit dem Ersten Weltkrieg notorische Unzuverlässigkeit unterstellte.

Hindenburgs Äußerungen über Hitler sind bis Ende 1932 ganz überwiegend negativ. Er sah wohl in ihm auch den Kriegskameraden und hat das bei dem Gespräch im August 1932 auch so ausgedrückt. Aber was ihn in Furcht und Sorge versetzte, das war Hitlers Drängen auf eine starke Stellung seiner Partei im Reichskabinett.

Heinrich August Winkler, Historiker

Hindenburg hat ja jahrelang erklärt, niemals wird er diesen böhmischen Gefreiten zum Reichskanzler machen. Diesem Vorsatz ist er untreu geworden.

Otto Gritschneder, Rechtsanwalt und Publizist

Und auch die Tatsache, dass der einfache Soldat zeit des Krieges über den Rang eines Gefreiten nicht hinausgekommen war, mochte dem Feldmarschall suspekt erschienen sein. Außerdem widerstrebte Hindenburg mit Sicherheit das berüchtigt rüpelhafte Auftreten der SA-Parteisoldaten.

Doch diese Einwände schmälerten nicht den Respekt, den der alte Herr dem jungen Nationalisten zollte. Hindenburg wusste es durchaus zu schätzen, dass Hitler sich als Kriegsfreiwilliger bewährt hatte. Vor allem aber beeindruckten ihn dessen unbedingte Entschlossenheit und sein radikalnationales Programm. Als »patriotischen und famosen Kerl« lobte er ihn gegenüber Admiral Erich Raeder nach der ersten Begegnung. Mit Sicherheit hatte er sich gegenüber dem Agitator, der einem so gänzlich anderen Milieu entstammte, eine gewisse Reserve bewahrt. Aber die Annahme, dass Hindenburg tief greifende Bedenken gehegt hätte, Hitler das Regierungsamt anzuvertrauen, dürfte doch eher auf die beschönigende Denkmalspflege aus der Nachkriegszeit zurückzuführen sein.

Präsidiale Bedingung war allerdings, dass keiner der rechten Kameraden den Alleinbesitzanspruch auf den Staat anmelden durfte. Hindenburg drang darauf, auch im Hinblick auf ein angestrebtes Ermächtigungsgesetz, die widerstreitenden, mitunter widerstrebenden Führer der national gesinnten Parteien an einen gemeinsamen Kabinettstisch zusammenzubringen. Und für dieses komplizierte Unterfangen, in dessen Winkelzüge er selbst gar nicht verwickelt sein wollte, schien ihm niemand so prädestiniert wie sein getreuer Mittelsmann Franz von Papen. Der geschasste Kanzler brannte seinerseits darauf, dem Nachfolger und Rivalen Kurt von Schleicher seine erzwungene Abdankung heimzuzahlen. Möglicherweise hoffte er dabei auch unterschwellig, von der Funktion des Dramaturgen am Ende doch noch in die Hauptrolle überzuwechseln.

Doch als der Ränkeschmied am Mittag des 4. Januar 1933 im Salon der Kölner Bankiersvilla die Sondierungsgespräche mit Hitler und dessen Gefolgsleuten aufnahm, war von Beginn an erkennbar, dass der Umworbene keinesfalls als Almosensammler aufzutreten gedachte. Hitler nutzte die Gelegenheit zunächst einmal, um sich in scharfen Worten über den Umgang Papens mit der NSDAP zu seinen Kanzlerzeiten zu mokieren. Als Papen ihm nach dieser Gardinenpredigt die Möglichkeit einer gemeinsamen Regierung von Konservativen und Nationalsozialisten nahelegte, begründete Hitler weitschweifig sein Vorrecht auf die Kanzlerschaft, so wie er es wenige Tage zuvor in seiner Neujahrsbotschaft reklamiert hatte: »Wenn jemals, dann bin ich gerade heute aufs Äußerste entschlossen, das Recht der Erstgeburt unserer Bewegung nicht für das Linsengericht der Beteiligung an einer Regierung ohne Macht zu verkaufen.« Als Grund für seine Enthaltsamkeit hatte er hinzugefügt: »Denn wenn unsere Gegner uns einladen, in solcher Art an einer Regierung teilzunehmen, dann tun sie es nicht in der Meinung, uns damit langsam und allmählich die Macht zu geben, sondern in der Überzeugung, sie uns damit für immer zu entwinden!«

Papen war der Ansicht, dass nun endlich etwas geschehen müsse, und was immer geschah, es konnte nur damit beginnen, dass man mit Hitler sprach.

Stéphane Roussel, damals französische Journalistin in Berlin

Er hat gedacht, Hitler ist ein Mann, der die Massen hinter sich hat. Und wenn man so viel Macht hinter sich hat, dann kann man auch was leisten, dann kann man etwas voranbringen.

Isabel von Papen, Tochter

So kehrte Hitler nach dem Bericht des gastgebenden Barons einfach den Spieß um und bot seinerseits seinem Gegenüber und dessen politischen Freunden die Mitwirkung in einem Kabinett Hitler an, unter der Bedingung, dass diese bereit seien, die »Ausschaltung der Sozialdemokraten, Kommunisten und Juden aus den führenden Stellen in Deutschland« sowie die »Wiederherstellung der Ordnung im öffentlichen Leben«, wie er es nannte, mitzutragen.

Immerhin lockerte Hitler in diesem Gespräch seine strikte Blockadehaltung. Zumindest verbal schien er im Verlauf des Gesprächs die Möglichkeit eines »Duumvirats«, eines Zweierbündnisses, zumindest in Erwägung gezogen zu haben und ließ sich auf weitere künftige Verhandlungen ein. Angesichts dieser Annäherung mochte sich Papen in seinen Ambitionen bestätigt gesehen und gewähnt haben, Hitler nun an der Angel zu haben. In Wirklichkeit war es sein Gesprächspartner, der als Gewinner den Kölner Ring verließ: Ohne eigenes Betreiben hatte sich für Hitler in einer Phase seines politischen Niedergangs die Tür zum Kanzleramt einen Spalt weit aufgetan. Von nun an war er entschlossen, seinen Fuß nicht wieder zurückzuziehen, bis er als Hausherr dort einziehen würde. »Hitler an die Macht! Keine Kompromisse. Durchstehen!«, gab Goebbels die nationalsozialistische Lesart in seinem Tagebuch wieder. »Papen will Schleicher stürzen. Bravo! Da können wir ihn gebrauchen.«

Die kommunistische Presse hat sich natürlich furchtbar aufgeregt. Meinem Vater wurde alles in die Schuhe geschoben, die ganze Organisation des Treffens und die Absicht, Hitler an die Macht zu bringen.
Editha von Lüdinghausen, Tochter des Bankiers Schröder

Zunächst aber stand Papen ein anderes Problem ins Haus. Berichte von seinem so konspirativ eingefädelten Geheimtreffen prangten schon am nächsten Tag auf den Titelblättern der Zeitungen. Alle Geheimniskrämerei war vergebens gewesen. Ein vor der Villa postierter Fotograf hatte bei der Ankunft der beiden Verschwörer auf den Auslöser gedrückt. Offenbar hatte es eine undichte Stelle gegeben. Auch der militärische Geheimdienst des Kanzler-Generals Kurt von Schleicher hatte wohl im Vorfeld des Treffens Telefongespräche abgehört und die Presse mit einem gezielten Hinweis nach Köln gelotst. Jedenfalls war nun publik, dass der Kanzler a. D. hinter dem Rücken des amtierenden Regierungschefs dessen Ablösung betrieb. Dabei hatte Papen seinem früheren Lehrgangskameraden Kurt von Schleicher zuvor schon einmal theatralisch sein Offiziersehrenwort gegeben, keine Intrigen gegen diesen zu betreiben. Daher bemühte er sich denn auch umgehend, die Bedeutung seiner Zusammenkunft mit Hitler auf einen unverbindlichen Meinungsaustausch herunterzuspielen. Von seinem Plan abbringen ließ er sich durch die Enthüllungen indes nicht. Schließlich hielt der mächtigste Mann im Staat, Reichspräsident von Hindenburg, seine schützende Hand über ihn. Und Kanzler Schleicher hatte keine Macht mehr, sich gegen die eigene Entmachtung zu wehren.

Nachdem Hitler an diesem 4. Januar die Kölner Begegnungsstätte verlassen hatte, verwandelte sich der gesprächsbereite Verhandlungspartner umgehend wieder in einen kompromisslosen Demagogen. Der Dauerwahlkampf des Jahres 1932 ging in die nächste Runde. Direkt von Köln aus ließ sich der politische Wanderprediger zu seinem nächtlichen Auftritt chauffieren – nach Bösingfeld. Dieses Städtchen bei Hameln im Weserbergland zählte gerade einmal 2000 Seelen. Doch als Hitler mit zweistündiger Verspätung gegen 22 Uhr im Festzelt einzog, drängten sich dort trotz des miserablen Wetters knapp 8000 Zuhörer. Anschließend fuhr der Agitator weiter ins nahe gelegene Detmold, wo selbst nach Mitternacht noch 5000 Schaulustige ausharrten. Auch die weiteren 16 Wahlkampfstationen, die Hitler in den folgenden zehn Tagen absolvierte, lagen nicht unbedingt in einwohnerstarken oder landesgeschichtlich bedeutsamen Ortschaften. Manches Festzelt, in dem Hitler in diesen Januartagen seine beschwörenden Botschaften verbreitete, zierte den Dorfplatz von Landgemeinden, die kaum eine Schule oder ein Wirtshaus aufweisen konnten. Dem Zulauf tat das keinen Abbruch.

Hitler stand als Wortführer keineswegs allein auf entlegener Flur. Göring, Goebbels, Frick, Rosenberg oder Prinz August Wilhelm von Preußen: Was die NSDAP an Rednern aufzubieten hatte, wurde in der ersten Januarhälfte in den Landstrich um Detmold gekarrt. Jedes Dorf wurde mit NS-Plakaten zugekleistert. Lautsprecherwagen kurvten über abgelegene Feldwege. Mehr als 48 000 Broschüren verteilten die braunen Wahlkämpfer. Ihre Zeitung konnte die Auflage auf 30 000 Exemplare verzehnfachen. Zu Hitlers Abschlusskundgebung am 14. Januar in Bad Salzuflen pilgerten allein knapp 9000 Zuhörer. Allerdings kamen zu diesem Anlass tausende SA-Leute und Claqueure eigens aus dem benachbarten Westfalen angeradelt, von denen manche in der Folge grippekrank im Kurstädtchen zurückbleiben mussten.

Wozu der ganze Aufwand? Schließlich stand Mitte Januar lediglich der Landtag des Freistaats Lippe, des kleinsten deutschen Flächenstaats, zur Wahl, der mit seinen 21 Abgeordneten kaum einen durchschnittlichen Kreistag überragte. Der Wettstreit tobte um insgesamt gerade einmal rund 100 000 Wählerstimmen. Rein rechnerisch dürfte allein der Hauptredner in knapp zwei Wochen zwei Drittel seiner gesamten potenziellen Wählerschaft persönlich angesprochen haben.

Doch es war nicht wilder Aktionismus oder Größenwahn, der die Lenker der verschuldeten Partei veranlasste, den Zwergstaat mit ihrer Propagandamaschinerie zu überrollen. Es war kühle und durchaus raffinierte Berechnung. »Ich hoffe, dass es in Lippe gut geht«, notierte Goebbels am 5. Januar 1933 in sein Tagebuch. »Jedenfalls tun

Die Wahl von Lippe wurde von den Nationalsozialisten aufgezogen als Testwahl. Es galt den verheerenden Eindruck der Wahlniederlage vom 6. November 1932 wettzumachen.
Heinrich August Winkler, Historiker

»Aufgezogen als Testwahl«: Hitler spricht am 11. Januar 1933 im lippischen Städtchen Lemgo

wir, was wir können.« Drei Wochen zuvor hatte der NS-Propagandachef die Devise ausgegeben: »Das muss ein Prestigeerfolg werden.« Mit sicherem Gespür für die Mechanismen moderner Meinungsmache hatten die Parteistrategen erkannt, dass es hier nicht um reichsweit unbedeutende Landtagsmandate oder ein paar tausend Wählerstimmen ging, sondern um ein Symbol. Würde es, wie in Goebbels' Tagebuch prophezeit, der NSDAP in dieser Entscheidungsphase gelingen, bei der Regionalwahl eine Trendwende herbeizupropagieren, so wäre die Botschaft im ganzen Reich unübersehbar: Die Abwärtsbewegung ist aufgehalten, Hitlers Partei wieder im Kommen.

Mit anderen Worten: Niemand interessierte sich ernsthaft für die Zusammensetzung des Landtags in Detmold. Diese Wahl bezog ihre Bedeutung für die Nationalsozialisten allein aus ihrem günstig gelegenen Termin. Daher bündelten sie sämtliche Kräfte, um mit allen verfügbaren Mitteln zwei Wochen lang die Lipper Landbevölkerung in ihrem Sinne zu bearbeiten. Auch den Mythos um Hermann den Cheruskerfürsten, des-

»Hitler, der neue Hermann«: Mit ihren Wahlplakaten versuchte die NSDAP, den Mythos um den sagenhaften Cheruskerfürsten für die eigene Propaganda zu nutzen

sen Nationaldenkmal überlebensgroß den Landstrich überragt, wussten sie dabei zu nutzen: »Macht frei das Hermannsland!«, lautete die Wahlkampfparole.

Sie blieb nicht unerhört. Die Rechnung ging auf. Mit einem Zuwachs von 6000 Stimmen sicherte sich die NSDAP am Wahlsonntag eine einfache Mehrheit im Lipper Landtag von knapp 40 Prozent. Dies lag zwar erkennbar unter dem Zusprach, den die Partei noch ein halbes Jahr zuvor bei der Reichstagswahl erhalten hatte. Auch die Tatsache, dass die Sozialdemokraten trotz massiver Behinderungen am 15. Januar ebenfalls deutlich zulegen konnten, ging im nationalistischen Jubel unter.

Denn Hitler hatte sein eigentliches Ziel erreicht: den Anschein, dass es mit seiner Bewegung unter seiner Führung wieder aufwärts gehe. Die

Das war ein erheblicher Auftrieb für uns, wenn es auch nur ein kleines Land war. Aber dass es überhaupt Menschen gab, die den Nationalsozialismus mit ihren Wahlen so vorantrieben, das war für uns schon ein großer Auftrieb.

Bruno Hähnel, damals NSDAP-Mitglied

zum Entscheidungskampf hochstilisierte Regionalwahl war zu seinen Gunsten ausgegangen. Dies war die Botschaft, die von der Partei allerorten hinausposaunt und reichsweit auch so verstanden wurde. »Hitlersieg! Das Volksurteil von Lippe«, titelte der *Angriff*, und Goebbels freute sich im Tagebuch: »Partei wieder auf dem Vormarsch. Es hat sich also doch gelohnt«, um gleich darauf die kommende Marschrichtung vorzuzeichnen: »Nun aber heranhalten. Und die Defätisten heraus!«

Wie ein Triumphator zog Hitler am 17. Januar im Berliner Hotel »Kaiserhof« ein, wo er für sich und seine Gefolgschaft wie üblich eine komplette Etage zu einem Wochentarif von 10 000 Reichsmark angemietet hatte. Nun konnte der politische Pokerspieler die Verhandlungen um die Macht mit einem deutlich höheren Einsatz wieder aufnehmen.

Als Erstes restaurierte der Parteiführer die autokratische Herrschaft in seiner Partei. Unerbittlich kanzelte er die internen Abweichler um Gregor Strasser ab und drohte unverhohlen, den »Parteidefätisten das Genick zu brechen«. Niemand wagte gegen dieses Verdikt aufzubegehren. »Hitler hat einen vollen Sieg errungen. Der Fall Strasser ist ausgestanden«, kommentierte Goebbels im Tagebuch. »Uns geht's wieder gut.« Jede Hoffnung, die politische Rivalen auf eine Spaltung der braunen Bewegung gerichtet haben mochten, war damit zunichte.

Solchermaßen gestärkt, ging Hitler noch am selben Tag zum Stelldichein mit seinem ärgsten Widersacher im nationalen Lager, Alfred Hugenberg. Denn anders als Papen und andere Verfechter einer nationalen Allianz hegte der Geheimrat einen instinktsicheren Argwohn, dass Hitler den Schulterschluss mit den führenden Vaterlandsverfechtern rasch in einen Würgegriff umwandeln könnte. Als unangefochtener Anführer der Deutschnationalen Volkspartei (DNVP) bekam Hugenberg die Konkurrenz der braunen Massenbewegung am härtesten zu spüren, die sei-

Strasser war in den ersten Jahren für uns junge Nationalsozialisten eine Leitfigur. Er stand mit seinen sozialistischen Gedanken sehr stark im Vordergrund. Darum hatte er bei späteren Auseinandersetzungen, zum Beispiel auch in der Frage Kanzler oder Vizekanzler, Beteiligung oder Nichtbeteiligung, viele Anhänger.

Bruno Hähnel, damals NSDAP-Mitglied

ner Partei seit 1928 kontinuierlich Stimmen gekostet hatte, bis sich der Trend mit dem Einbruch der NSDAP in der Novemberwahl 1932 wieder umkehrte. Zahlreichen Kritikern, besonders aus dem linken Spektrum, galt der Wirtschaftsmann, mehr noch als der vielfach spöttisch belächelte Volkstribun aus Braunau, ohnehin als der eigentlich starke Mann im rechten Lager. Denn der frühere Vorstandsvorsitzende der Krupp-Stahlwerke stand mit seiner Partei nicht nur für die Interessen der Großagrarier und »Schlotbarone« aus der Schwerindustrie. Mit seinem Imperium aus Zeitungen, Nachrichtendiensten, Werbeagenturen und Verlagen, dem er 1927 noch die aufblühende Filmfabrik Ufa samt ihrer Wochenschau hinzufügte, beherrschte Hugenberg wie kein anderer Monopolist die veröffentlichte Meinung im Reich.

Doch auch der Medienmogul war sich dessen bewusst, dass angesichts des Bedeutungsverlusts seiner Partei hinsichtlich der Regierungsbeteiligung kein Weg an Hitler vorbeiführen würde. Nach außen sträubte sich der stets steif und ungelenk auftretende Parteiführer weiterhin, dem ungleich populäreren Agitator den Vortritt zu lassen. Für den Vermittler Franz von Papen stellte sich somit als größte Herausforderung dar, Hugenberg an einen gemeinsamen Regierungstisch mit Hitler zu drängen. Die Unterredung der beiden Rivalen am 17. Januar war somit als erster Schritt in diese Richtung zu verstehen. Hitler reklamierte zwar auch in dieser Runde, gestärkt durch den Rückenwind aus Lippe, selbstbewusst das Amt des Regierungschefs für sich. Gönnerhaft bot er Hugenberg jedoch eine Zusammenarbeit im Kabinett an, falls seine Regierung freie Hand erhalte, die linken Parteien zu zerschlagen – eine Bedingung, die den Konservativen gewiss kein gewaltiges Zugeständnis abverlangte. Hugenberg schien aus diesem Treffen indes unbeirrt den Eindruck mitgenommen zu haben, Hitler im Falle eines politischen Bündnisses durchaus zähmen zu können. »Wenn Hitler im Sattel sitzt«, notierte jedenfalls ein Vertrauter an diesem Tag, »dann bekommt Hugenberg die Peitsche.«

Auch gegenüber dem weiterhin emsig antichambrierenden Unterhändler Franz von Papen sah Hitler sich jetzt zu keinem Abweichen von seinem unerbittlichen Kurs mehr genötigt. Die Symbolwahl von Lippe hatte Hitler nach eigener Auslegung endgültig in die Position gehievt, die es ihm erlaubte, die Bedingungen zu diktieren. In das nächste Sondierungsgespräch mit Papen am 18. Januar ging er als Fordernder, nicht als Bittsteller. »Hitler besteht auf Kanzlerschaft«, notierte der Mittelsmann, der diesmal als Gastgeber fungierte: Joachim von Ribbentrop.

Der in Berlin ansässige Parteifreund war durch drei Vorzüge zum Quartiergeber prädestiniert: Er verfügte im vornehmen Wohnbezirk Dahlem über eine repräsentative Behausung, die sich als diskreter Verhandlungsort anbot; er hatte in die Sektdynastie Henkell eingeheiratet und damit neben der Erringung eines ansehnlichen Vermögens auch beste Verbindungen im Gesellschaftsleben der Hauptstadt geknüpft; und er war ein ausgesucht loyaler Gefolgsmann Hitlers, wofür er in späteren Jahren mit dem Außenministerium entlohnt werden sollte.

Ribbentrops Aufzeichnungen zufolge gestaltete sich die zweite Verhandlungsrunde zunächst nicht besonders aussichtsreich. Hitlers Forderung nach der Kanzlerschaft habe Papen als »unmöglich« zurückgewiesen: »Das durchzusetzen übersteige seinen Einfluss bei Hindenburg.« Es ist jedoch anzunehmen, dass Papen in erster Linie pokerte, um sich noch Manövriermasse für die kommenden Verhandlungen zu bewahren. Auch Hitlers theatralisch vorgetragene Verweigerung weiterer Gespräche war wohl eher taktischer Natur. Sie änderte nichts daran, dass das Zweckbündnis unverkennbar Formen annahm. Das gemeinsame Ziel der Regierungsübernahme stand kaum noch zur Disposition. Die Diskussion drehte sich eher darum, wer welchen Anteil an der künftigen Macht erhalten würde.

Um seiner Position Gewicht zu verleihen, setzte Hitler augenscheinlich auf ein Druckmittel, das ihm mehr als allen Rivalen zur Verfügung stand: die Macht der Straße. Am 22. Januar inszenierte die Berliner Parteileitung auf dem Nikolaifriedhof der Reichshauptstadt eine Gedenkfeier für den unter dubiosen Umständen ums Leben gekommenen, gleichwohl zum Märtyrer erkorenen SA-Mann Horst Wessel. Größenordnung und Marschroute der Demonstration wiesen indes darauf hin, welchem Zweck der Aufmarsch in Wirklichkeit dienen sollte. Jahrelang hatte die von Gauleiter Goebbels angeführte Truppe keinen Fuß auf das Pflaster der »roten« Hauptstadt bekommen, knapp fünf Jahre zuvor war sie mit 2,6 Prozent der Wählerstimmen zur Splitterpartei deklassiert worden. Und nun marschierten an diesem Januartag rund 15 000 SA-Männer auf dem Bülowplatz auf – ausgerechnet dort, wo die traditionell anhängerstarken Berliner Kommunisten

Oben: »Die Reihen fest geschlossen«: Am 22. Januar 1933 inszenierte die NSDAP-Spitze eine Gedenkfeier für den mutmaßlich von Kommunisten ermordeten SA-Führer Horst Wessel
Unten: »Der Bülowplatz gehört uns«: Eine Woche vor der Machtergreifung konnte die Berliner SA ungehindert vor der KPD-Zentrale aufmarschieren

im »Karl-Liebknecht-Haus« ihr Stammquartier hatten. Ebenso viele Polizeibeamte riegelten mit gepanzerten Fahrzeugen und Maschinengewehren den Platz hermetisch ab. Zuvor hatte eine Polizeieinheit die kommunistische Parteizentrale besetzt und geräumt. Hilflos mussten die vertriebenen Funktionäre nun mit ansehen, wie ihre erklärten Feinde vor ihrer Haustür die Straße beherrschten – sorgsam behütet von einem Riesenaufgebot der Polizei, die ohnehin in weiten Teilen eher mit den Braununiformierten sympathisierte. »Bülowplatz ein Heerlager. Kommune tobt in den Seitenstraßen«, jubilierte Goebbels im Tagebuch. »SA marschiert. Furchtbarer Prestigeverlust für die K.P.D. Bülowplatz gehört uns.«

Eine Kundgebung *gegen* die Machtdemonstration der NSDAP hatte ausgerechnet Kanzler Kurt von Schleicher verbieten lassen, an dessen Stuhl die Führung dieser Partei eifrig sägte. Doch wie viele Entscheidungsträger wollte der konservative Kanzler jeden Zündstoff aus dem Weg räumen, der die Furcht im Bürgertum vor der drohenden »roten Gefahr« weiter schüren konnte. Was zugleich mit dem staatlich beschützten SA-Großaufgebot offenbar wurde, waren Unwilligkeit und Unfähigkeit der Republik, dem braunen Vormarsch noch etwas entgegenzusetzen.

Am Abend desselben Sonntags traf sich die feine Berliner Gesellschaft zu einer anderen Aufführung. In der »Staatsoper Unter den Linden« dirigierte Erich Kleiber Richard Wagners Oper »Das Liebesverbot«. Unter den Gästen befanden sich zwei Herren, die Kennern des Politikbetriebs durchaus geläufig waren, wenngleich sie sich von jeglicher Parteipolitik fernhielten. In einer Loge der Oper hatten Oberst Oskar von Hindenburg, Sohn des Staatspräsidenten, und Staatssekretär Otto Meißner, der Leiter der Präsidialkanzlei, nebst ihren Ehefrauen Platz genommen. In der Pause plauderten die beiden Ehepaare im Foyer auffallend angeregt mit Bekannten. Die beiden Funktionsträger aus Hindenburgs engstem Umfeld wollten auf jeden Fall in der Öffentlichkeit gesehen werden, um sich so ein Alibi zu beschaffen für den nächsten Programmpunkt des Abends.

Der allerdings fand im Verborgenen statt. Während des zweiten Akts verließen Meißner und Hindenburg junior unauffällig ihre Loge und stahlen sich im Schutz der Dunkelheit durch den Seitenausgang aus dem Opernhaus. Im dichten Schneetreiben ließen sie sich von einem Taxi nach Dahlem kutschieren. Vorsichtshalber hielt die Droschke in einiger

Entfernung zu Ribbentrops Villa. Das letzte Stück legte das Duo zu Fuß zurück. Zu ihrer Beruhigung lauerte diesmal kein Fotograf vor dem Eingang. Denn immerhin stand auch an diesem Abend nichts weniger auf der Tagesordnung als der Sturz der amtierenden Regierung. Und diesmal hatte der Präsident seine engsten Berater entsandt.

Als die beiden Besucher um zehn Uhr abends ihre schneenassen Mäntel dem livrierten Diener am Eingang überreichten, warteten die übrigen Teilnehmer des Geheimtreffens bereits im Empfangssalon. Der Hausherr hatte die Champagnergläser füllen lassen, schließlich verdiente er seinen Lebensunterhalt mit einer Vertretung für die perlenden Getränke aus der Kellerei seiner Gemahlin. Nur Hitler, der Alkohol, Nikotin und Fleisch grundsätzlich ablehnte, hielt sich an einem Selterswasser fest.

Als Erster war Strippenzieher Franz von Papen in der Villa eingetroffen. Von dem Treffen erwartete er die endgültige Entscheidung über das Ende oder die Wiederbelebung seiner eigenen politischen Bedeutung. Dabei blieb ihm an diesem Abend nur die Rolle des Conferenciers. Nach kurzem Vorgeplänkel in großer Runde bat Hitler Hindenburgs Sohn zum Vieraugengespräch in einen Nebenraum. Der Machtmensch wusste sofort, an wen er sich zu halten hatte.

Die Intrigen, die hinter seinem [Schleichers] Rücken gesponnen wurden zwischen Papen, Meißner, Sohn Hindenburg, haben ihn schwer getroffen – der Verrat seines väterlichen Freundes, der ihm noch Weihnachten gesagt hatte: »Mein lieber Freund, meine besten Wünsche für Ihre schwere Kanzlerschaft begleiten Sie.«

Lonny von Schleicher, Tochter

Was die beiden Konspirateure im Hinterzimmer miteinander zu bereden hatten, ist aus erster Hand nicht überliefert. »Hitler spricht zwei Stunden allein mit Sohn Hindenburg. Daraufhin Aussprache Papen – Hitler. Papen will jetzt Kanzlerschaft Hitlers durchsetzen«, hatte Gastgeber Ribbentrop festgehalten und damit angedeutet, dass Papen durch Hitlers Unterredung mit dem Präsidentensohn bestärkt worden sei, Hitler den Vortritt im Ringen um die Kanzlerschaft zu überlassen. Hitlers eigene Äußerungen gegenüber seinem Adlatus Goebbels sprechen indessen eine gegenteilige Sprache: »Hitler Kaffee. Er erzählt mir den neuesten Stand«, notierte Goebbels beflissen. »Der junge Oskar ein seltenes Abbild von Doofheit. Aber man darf den Mut nicht verlieren.«

Die spärlichen Zeugnisse aus jenen Tagen deuten darauf hin, dass Hindenburgs Sohn seine Skepsis gegenüber Hitlers Herrschaftsanspruch eher nicht abgelegt hatte. Allerdings war die persönliche Meinung des Präsidentensohns für die weitere Entwicklung keineswegs so sehr von Belang, wie es gern dargestellt wird. Der Einfluss des »in der Verfassung nicht vorgesehenen Sohnes«, wie es bisweilen spöttisch heißt, wird in der Rückbetrachtung häufig überschätzt. Der Oberst war ein pflichtschuldiger und getreuer Sendbote des Vaters, aber in Fragen der hohen Staatspolitik pflegte er eher Zurückhaltung. Wenn er seinen Bericht ablieferte, so war dieser wie alle Lageeinschätzungen für seinen Vater hilfreich, aber nicht ausschlaggebend.

Ohne die Argumente, die ihm im Januar 1933 von Papen, von Meißner, auch von seinem eigenen Sohn vorgetragen wurden, dass Hitler so gefährlich nicht sei, wenn er denn konservativ eingebunden werden könne, kann man sich den Meinungsumschwung bei Hindenburg im Januar 1933 nicht erklären.

Heinrich August Winkler, Historiker

Eher unplausibel erscheint nach neuen Erkenntnissen die beliebte Erklärung, dass Hindenburg junior treibende Kraft in einer »Hofkamarilla« gewesen sei, die den Präsidenten nach außen abgeschottet, intern in ihrem Sinn bearbeitet habe. In diesem Zusammenhang wird gern auf den Einfluss der ostelbischen Junker verwiesen, die vonseiten der amtierenden Regierung Schleicher angeblich die Aufdeckung von Subventionsbetrügereien zu befürchten gehabt und daher einem neuen Kabinett unter Hitler den Vorzug gegeben hätten. Abgesehen davon, dass für diese Annahme eindeutige Belege fehlen, werde nach Einschätzung des Hindenburg-Biografen Wolfram Pyta die Zugehörigkeit des gebürtigen Poseners zum Milieu der Großagrarier aus den Ostprovinzen über- und sein eigenes Bestreben einer Regierungsumbildung unterschätzt: »Das widerspräche dem Politikstil Hindenburgs, der sich ganz explizit frei gehalten hat von eng wirtschaftlich motivierten Interessen. Hindenburg hat sich zwar als Schirmherr der ost- und westpreußischen Landwirtschaft empfunden und der Region, in der sich sein Sommerwohnsitz Gut Neudeck befand, eine gewisse Verbundenheit entgegengebracht. Aber das ging nie so weit, dass er wirtschaftliche Partikularinteressen zum Maßstab seiner Politik hätte machen lassen. Es gibt keinen Hinweis darauf, dass der Präsident in diesen Januartagen Vertreter irgendeiner Lobby empfangen habe. Umgekehrt gibt es genug Zeugnisse, die belegen, dass er seit 1932 entschlossen war, eine sogenannte ›Regierung der nationalen Konzentration‹ zu bilden.«

Allzu offenkundig sollte das nachträglich skizzierte Bild von der Hofkamarilla dem Zweck dienen, Hindenburg rückblickend vom Makel eines eigenverantwortlichen Wegbereiters der Nationalsozialisten zu befreien. Doch der Staatschef war kein unmündiger Präsidentendarsteller, der sich durch Rat und Ränkespiele steuern ließ. Er hatte seine Überzeugungen, die er mit einiger Beharrlichkeit verfolgte.

Oskar von Hindenburg war unbedeutend. Er hat weder seinen Vater beraten noch meinem Vater was Besonderes bedeutet. Er war der Sohn von Hindenburg, aber hat keine Politik gemacht.

Isabel von Papen, Tochter

Sein Sohn und sein Staatssekretär, zugleich wichtigster Berater in staatsrechtlichen Fragen, waren sicher nicht ohne sein Wissen bei den Verhandlungen zugegen – im Gegenteil: Es ist vielmehr anzunehmen, dass sie damit einem Wunsch des alten Herrn entsprachen und dieser mithilfe der beiden Sendboten Einblick in den Verlauf von Papens Sondierungen gewinnen wollte. Und so dürfte Hindenburg auf diese Weise den Eindruck erhalten haben, dass Papen sich weiterhin intensiv um die gewünschte Einigung im rechten Lager bemühte und dabei von persönlichen Ambitionen auf den Kanzlerposten, sollte es sie je ernsthaft gegeben haben, inzwischen Abschied genommen hatte.

Für Hitler bedeutete das direkte Gespräch mit Hindenburgs engsten Vertrauten auf jeden Fall einen Prestigegewinn. War der Fremdling auf preußischem Parkett doch somit bis in das Vorzimmer des Reichspräsidenten vorgedrungen. Der indes gab sich angesichts der weiterbestehenden Uneinigkeit im rechten Lager unzugänglich. »Papen morgens bei Hindenburg«, geht aus Ribbentrops Aufzeichnungen für den 23. Januar hervor. »Dieser hat alles abgelehnt.« Auch Goebbels notierte am Ende der Woche in sein Tagebuch: »Der Alte will nicht.«

Doch für den amtierenden Kanzler brachte Hindenburgs Zurückhaltung keine Rettung. Gleich am Tag nach dem Geheimtreffen im Hause Ribbentrop wurde Kurt von Schleicher im Reichspräsidentenpalais vorstellig. Er musste nun alles auf eine Karte setzen. Zwar musste er einräumen, dass sein Plan, die braune Fraktion zu spalten und deren konzilianten Flügel hinter sich zu scharen, endgültig gescheitert war. Aber der General präsentierte Hindenburg einen Plan, wie die Krise dennoch ohne Ernennung Hitlers zu bewältigen sei. Der Präsident müsse ihm die Vollmacht erteilen für eine erneute Auflösung des Reichstags, dessen nächste Zusammenkunft der Ältestenrat auf den 31. Januar terminiert hatte. Schleicher würde somit auch ohne Votum des Parlaments die Regierungsgeschäfte weiterführen. Danach sollte der Staatsnotstand erklärt und die Neuwahl des Reichstags vorerst vertagt werden. Es war nichts weniger als der Antrag zum Staatsstreich an der Verfassung vorbei.

Doch im Rückblick sind sich die Historiker weitgehend einig, dass Schleichers Vorhaben in dieser Situation tatsächlich eine plausible Alternative zur Machtübertragung an Hitler gewesen wäre. Zwar wäre die gesetzgebende Gewalt im Staat unter arger Strapazierung der Verfassung erneut entmündigt worden. Aber da sich die Parlamentsmehrheit entschlossen zeigte, ebendieser Verfassung den Garaus zu machen, wäre gerade zu ihrem Schutz, auch nach Meinung von Verfassungsrechtlern, der Staatsnotstand durchaus gerechtfertigt gewesen. Immerhin hatte es schon zuvor unter weniger dramatischen Umständen derartige Präzedenzfälle gegeben. »Hindenburg hätte den Reichstag wissen lassen können«, urteilt der Historiker Heinrich August Winkler, »dass er sein Misstrauensvotum gegen den amtierenden Kanzler zur Kenntnis nehme, aber Schleicher trotzdem gebeten habe, geschäftsführend im Amt zu bleiben. Und die Verfassung sah keine Frist für die Amtsdauer eines nur geschäftsführenden Reichskanzlers.«

Jedenfalls hätte diese Entscheidung der Demokratie einen womöglich lebenswichtigen Zeitgewinn verschafft. Trotz des herbeigezwungenen Minierfolgs in Lippe hätte die NSDAP im weiteren Verlauf des Jahres 1933 mit einiger Wahrscheinlichkeit erhebliche Stimmeneinbußen hinnehmen müssen, wenn sie nicht sogar im vergeblichen Ringen um die Macht gänzlich zerbrochen wäre. Die aufstrebende Konjunktur hätte der Bevölkerung neue Hoffnung vermittelt und die Regierung gestärkt. Möglicherweise wäre Hitler im Ergebnis nichts weiter als eine Randnotiz der deutschen Geschichte geblieben.

Doch selbst viele seiner Gegner gaben in dieser Situation einer formal verfassungskonformen Lösung den Vorzug, ohne zu erkennen, dass diese Verfassung mit einer Entscheidung für Hitler ihren entschiedensten Feinden ausgeliefert werden würde. Andere wiederum sahen die Hauptgefahr einer möglichen Neuwahl in einem weiteren Stimmenzuwachs für die kommunistische Partei.

Man stand vor der Alternative, entweder gewinnt Hitler oder die Kommunisten. Da erschien Hitler immer als das geringere Übel.

Gerd Schmückle, damals Schüler

Als Antragsteller bei Hindenburg brachte Kurt von Schleicher indes ein entscheidendes strategisches Manko mit: Ebenjene Lösung aus der Staatskrise, für die er nun den Präsidenten zu erwärmen versuchte, hatte er selbst wenige Wochen zuvor entschieden bekämpft. Anfang Dezember 1932, als der damalige Kanzler Franz von Papen um die gleichen Vollmachten gebeten hatte, die Schleicher nun verlangte, hatte der General für diesen Fall einen militärisch nicht mehr einzudämmenden Bürgerkrieg heraufbeschworen. Auch Schleichers matter Hinweis, dass die Ausgangslage inzwischen eine andere sei und er selbst, anders als Papen, als Kanzler über Rückhalt in der Reichswehr, bei Gewerkschaften und Republikfreunden verfüge, vermochten diesen Widerspruch nicht zu überdecken. Der Generalfeldmarschall im Ruhestand blieb unempfänglich gegenüber den Rettungsbemühungen des Generals, dem er seine ungehörige Auflehnung gegen Papen immer noch nicht nachsehen wollte. »Schleichers Stellung sehr gefährdet«, triumphierte Goebbels im Tagebuch. »Er scheint noch nichts zu ahnen. Armer Naivling! Nun fällt er so, wie er die anderen zum Fallen gebracht hat. Das sei ihm gegönnt.«

Als Schleicher am 26. Januar erneut beim Präsidenten antrat, verweigerte ihm Hindenburg sogar die beinahe schon Routine gewordene Freigabe, den Reichstag bei dessen nächster Zusammenkunft aufzulösen, um der drohenden Abwahl als Kanzlers vorzubeugen. Auch die Intervention des Generalobersten Kurt von Hammerstein-Equord beim Präsidenten fruchtete nicht. Der ranghöchste Reichswehrgeneral warnte Hindenburg explizit vor einer Inthronisation Hitlers und damit vor dessen Zugriff auf die Militärmacht im Staat. Doch der altgediente Feldmarschall fegte den Einwand im Kasinostil vom Tisch: Er denke gar nicht daran, den österreichischen Gefreiten zum Wehrminister oder Reichskanzler zu machen. Manche Beobachter zogen damals aus diesem herablassenden Verdikt den hoffnungsfrohen Schluss, dass Hindenburg Hitler aus tiefer Seele verachte und nicht für amtswürdig halte. Dabei ist der Bescheid wohl nicht anders zu verstehen denn als ein deutliches Signal an Hammerstein, sich aus diesen Fragen der Kandidatensuche gefälligst herauszuhalten.

Für den Regierungschef Kurt von Schleicher jedenfalls gab es keine Gunst. Der Präsident hatte ihn offenkundig abgeschrieben. »Das Ganze ist eine Mischung von Korruption, Hintertreppe und Günstlingswirtschaft, die an die übelsten Zeiten der absoluten Monarchie erinnert«, kommentierte der frühere Diplomat Harry Graf Kessler Schleichers Abservierung verbittert in seinem Tagebuch.

Mein Vater war verbittert über den Treuebruch von Hindenburg, das war etwas, was ihm wirklich sehr zugesetzt hat.
Lonny von Schleicher, Tochter

Franz von Papens diplomatisches Karussell drehte sich unterdessen auf Hochtouren. In hektischer Folge reihte sich unter seiner Regie eine Verhandlung an die andere. Am 27. Januar empfing Hitler in seinem Stammhotel »Kaiserhof« im Beisein des Vermittlers Papen noch einmal den deutschnationalen Medienzaren Hugenberg. Doch sollte der Geheimrat zu diesem Zeitpunkt immer noch der Illusion angehangen haben, mit seiner Reitgerte den künftigen Kurs bestimmen zu können, so musste er nun zur Kenntnis nehmen, dass der braune Jockey auf einem inzwischen noch höheren Ross ziemlich fest im Sattel saß. Mit der ihm eigenen Unerbittlichkeit verlangte Hitler jetzt auch noch den Zugriff auf das preußische Innenministerium für seine Partei – ein Amt, das seit Papens Staatsstreich gegen Preußen in der Phase seiner Kanzlerschaft unmittelbar der Reichsregierung unterstand. Was zu gewöhnlichen Zeiten als eher unbedeutende Ressortentscheidung erscheinen mag, erwies sich in der Tat als Schlüsselfrage: Wer in Preußen die Innenpolitik und damit den Polizeiapparat dirigierte, der konnte ihn ungehemmt als Machtinstrument gegen jegliche politische Opposition auf einem Territorium von zwei Dritteln des Reiches und vor allem in der strategisch bedeutenden Reichshauptstadt einsetzen. Hugenberg besaß ausreichend politisches Gespür für die Brisanz dieser Forderung und lehnte sie entschieden ab.

Doch als Hitler störrisch mit dem Abbruch der Gespräche drohte, lenkte Papen ein, um seine Konstruktion zu retten, und schlug sich auf dessen Seite. Gegenüber den Deutschnationalen saß der Vermittler am längeren Hebel. Denn er konnte sich auf das Wohlwollen des Reichspräsidenten berufen, bei dem er am folgenden Tag zum Rapport antrat. Hindenburg unterstützte Papens zähes Einigungswerk und war jetzt – drei Tage vor der Zusammenkunft des Reichstags – mehr denn je darauf angewiesen. Denn der Posten des Reichskanzlers war an diesem Tag auch offiziell vakant, da Kurt von Schleicher seinen Rücktritt einreichte. Begleitet wurde er dabei vom Argwohn, sich möglicherweise mit Schützenhilfe der Wehrmacht

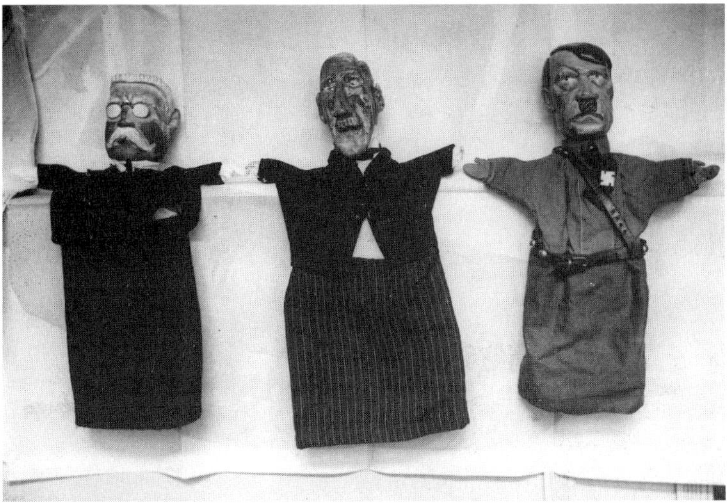

Oben: »Politisches Puppentheater«: Marionettenfiguren von Hindenburg, Papen und Hitler in der Auslage eines Berliner Kabaretts
Unten: »Verbittert über den Treuebruch Hindenburgs«: Schleicher verlässt nach seiner Demission am 28. Januar 1933 gemeinsam mit seiner Gattin das Reichskanzlerpalais in der Berliner Wilhelmstraße

wieder an die Macht zurückzuputschen. Doch derartige, in jenen Tagen gern kolportierte Szenarien entbehrten jeder realen Grundlage und blieben Drohkulisse. Schleicher ahnte zu diesem Zeitpunkt noch nicht, dass sich der einflussreiche Reichswehrgeneral Werner von Blomberg hinter seinem Rücken bei Hindenburg offenbar bereits für eine Regierung Hitler verwendet hatte. Die Armee war aus präsidialer Sicht also somit als Drohinstrument entschärft. Schleicher resignierte – ein Opfer im Poker um die Macht. Viele weitere sollten ihm in diesem Jahr noch folgen.

Franz von Papen zeigte sich unterdessen in keiner Weise von Zweifeln angekränkelt. Am Vormittag des 29. Januar handelte er in seiner Dienstwohnung mit Hitler bereits die wichtigsten Posten in dessen Schattenkabinett aus. Die NSDAP sollte demnach neben dem Kanzleramt noch das Innenressort, vom NS-Juristen Wilhelm Frick geleitet, und ein auf den Hitler-Getreuen Hermann Göring zugeschnittenes Ministerium »ohne Geschäftsbereich« zugesprochen bekommen. Göring sollte überdies in Personalunion auch das preußische Innenministerium kontrollieren dürfen. Solchermaßen abgesichert, konnte Hitler großmütig den Posten des Vizekanzlers und Kommissars für Preußen an seinen arglosen Türöffner Papen sowie sämtliche weiteren Ressorts an die Konservativen abtreten. Im Ergebnis war die mächtige Hakenkreuzfraktion also mit »nur« drei Regierungsämtern abgespeist worden. Verhandlungsführer Papen fühlte sich, wie viele Zeitgenossen, im Glauben bestärkt, die NS-Bewegung erfolgreich »gezähmt« zu haben, eingerahmt von Abgesandten des konservativ-preußischen Establishments. »Was wollen Sie denn!«, beschied er an diesem Tag einen Fragesteller. »In zwei Monaten haben wir Hitler in die Ecke gedrückt, dass er quietscht.«

So konnte der designierte Kanzler dem Hindenburg-Beauftragten auch noch die sofortige Ausschreibung einer Neuwahl, von der Hitler mit Kanzlerbonus am meisten profitieren würde, abringen. Papen unterließ es allerdings wohlweislich, die anderen konservativen Kabinettskandidaten von diesem Zugeständnis zu unterrichten.

Hitler wurde von allen unterschätzt, nicht nur von denen, die dabei behilflich waren, ihn an die Macht zu bringen, sondern auch von denen, die ihn von der Macht fernhalten wollten.

Heinrich August Winkler, Historiker

Als die sich am Nachmittag zu der Runde gesellten, schien für Papens Plan der Durchbruch gekommen. Der größte Coup gelang ihm, als er Hugenberg mit dem Angebot eines »Superministeriums« ködern konnte. Der passionierte Geschäftsmann sollte mit den Ämtern für Wirtschaft und Landwirtschaft sowohl im Reich als auch in Preußen den künftigen ökonomischen Kurs gewissermaßen im Alleingang steuern. Mit zielsicherem Gespür wusste Papen Hugenbergs schwächste Stellen für den einigenden Kompromiss zu nutzen: seinen Ehrgeiz, seine Eitelkeit und seine Hybris. Restlos überzeugt schienen die Deutschnationalen jedoch immer noch nicht von der Lösung, ihren braunen Rivalen die Schalthebel der Macht zu überlassen. Jedenfalls mahnte ein Vertrauter Hugenbergs an diesem Tag im Tagebuch: »Gehen wir mit Hitler, so müssen wir ihn bändigen. Andernfalls sind wir erledigt.«

In der Öffentlichkeit, besonders im linken politischen Lager, zeichnete sich in diesen Tagen eine andere Lesart der Realitätsverkennung ab. Zahlreiche Beobachter beargwöhnten Alfred Hugenberg als eigentlich starken Mann in einer weitgehend reaktionären Regierung. Dies sei ein Kabinett der Schwerindustrie und der Junker, hieß es im sozialdemokratischen Parteiblatt *Vorwärts*, Hitler sei, so wörtlich, ein »Kanzler von Barons Gnaden«. Noch weiter gingen kommunistische Zeitgenossen. Der russische Emigrant Leo Trotzki, neben Lenin der wichtigste Drahtzieher der sowjetischen Revolution, hielt Hugenberg für den wichtigsten Mann und Hitler lediglich für eine Galionsfigur des Großkapitals.

Diese Vorstellung, der nationalsozialistische Agitator sei nichts weiter gewesen als eine Strohpuppe rücksichtsloser industrieller Interessen, hat eine erstaunliche Haltbarkeit bewahrt. Das Bild mächtiger Industriekapitäne, die Geldscheine in Hitlers über die Schulter gereckte Grußhand blättern, wie es der Montagekünstler Helmut Herzfeld – später im Exil unter dem Namen John Heartfield weltberühmt – 1932 in der *Arbeiter-Illustriertenzeitung* karikiert hatte, bestimmt bis heute ein

Das war einer der Fehler unserer Partei, den ich brav mitgemacht habe: Wir haben all die Schritte bis zur Errichtung der faschistischen Diktatur schon als »Faschismus« bezeichnet – »Sozialfaschismus«, »Brüningfaschismus«, »Papenfaschismus«, »Schleicherfaschismus«. Da war der »Hitlerfaschismus« eigentlich nur noch eine Ergänzung.

Emil Carlebach, damals KPD-Mitglied

Die allgemeinen Bestrebungen der Männer der Wirtschaft gingen dahin, einen starken Führer in Deutschland an die Macht kommen zu sehen, der eine Regierung bilden würde, die lange Zeit an der Macht bleiben würde.

Eidesstattliche Aussage von Kurt von Schröder, 1947

verbreitetes Klischee: Hitler als Marionette des Kapitals. Widerlegt ist es indes nicht nur durch den weiteren Verlauf der Geschichte, sondern auch durch detaillierte Untersuchungen. Der amerikanische Historiker Henry Ashby Turner hat überzeugend nachgewiesen, dass sich die NSDAP in dieser Phase tatsächlich zum weitaus größten Teil aus Spenden und Mitgliedsbeiträgen finanzierte. Manche Wirtschaftsführer brachten später gewiss Sympathie für Hitlers autokratische Herrschaftsweise und Ausschaltung der Gewerkschaften auf – stark gemacht oder gar als Strohmann benutzt haben sie den braunen Emporkömmling nicht. Zudem war die Interessenlage der unterschiedlichen Wirtschaftszweige heterogener, als es eine pauschalisierende Schuldzuweisung beschreibt. Exportorientierte Branchen etwa mussten für den Fall einer nationalsozialistischen Machtübernahme Umsatzeinbußen befürchten. Wenn es eine signifikante Ursache für Hitlers Aufstieg gibt, dann war es seine schichtenübergreifende Popularität.

Bei allen Fehleinschätzungen hegten doch die demokratischen Linken noch die geringsten Illusionen hinsichtlich der braunen Gefahr, wie der Historiker Heinrich August Winkler resümiert. Wie ein letztes verzweifeltes Aufbegehren mutete es an, als sich am 29. Januar 1933 100 000 De-

»Letztes verzweifeltes Aufbäumen«: Eine Kundgebung des sozialdemokratischen »Reichsbanners« im Berliner Lustgarten, 29. Januar 1933

monstranten unter dem Motto »Berlin bleibt rot« zu einer Kundgebung des sozialdemokratischen Kampfbundes »Reichsbanner« im Lustgarten versammelten. Begleitet von Schmährufen kommunistischer Rivalen, verkündete der SPD-Abgeordnete Franz Künstler eindringlich, dass die »Konterrevolution« niemals von Berlin Besitz ergreifen werde. Doch selbst die Sozialdemokraten richteten ihre Hauptwarnung gegen ein befürchtetes »Kampfkabinett Papen/Hugenberg«, das unter Bruch der Verfassung massiver denn je gegen die gewählte Volksvertretung regiert hätte.

Alle, alle haben damals Hitler unterschätzt – sie haben gedacht: Das ist ein fabelhafter Trommler, der schafft die Massen heran. Aber diese Macht, die er dann ausgeübt hat und was daraus alles Schreckliches entstanden ist, das hat damals keiner gewusst.
Lonny von Schleicher, Tochter

In der Annahme, dass eine derartige Regierungskonstellation, die jeder legitimierten Basis entbehrte, Massenstreiks oder gar einen Bürgerkrieg heraufbeschwören könnte, kursierten in der Reichswehr Planspiele für Gegenmaßnahmen. In der brodelnden Gerüchteküche der Hauptstadt verdichteten sich solche Präventivpläne zu handfesten Putschbefürchtungen. Jeder schien jedem alles zuzutrauen, jeder fühlte sich auf seine Weise bedroht. Während manche Zeitgenossen, je nach Parteibuch, Aufstände von Kommunisten oder von SA-Trupps vorhersahen, erwarteten andere einen kalten Staatsstreich durch Reaktionäre und Militärs. Papen wolle die Macht an sich reißen, hieß es, während wiederum Schleicher bezichtigt wurde, mithilfe der Potsdamer Garnison Hindenburg unter Hausarrest stellen und sich selbst zum Präsidenten erklären zu wollen. Goebbels' Tagebuch ist ein beredtes Zeugnis für das Szenarienkarussell am Vorabend des 30. Januar: »Hindenburg werde heute ein Papen-Minderheit-Kabinett einsetzen. Reichswehr lasse sich das nicht gefallen. Hindenburg blind und untauglich. Sein Sohn sollte schon morgens verhaftet werden. Diese Nacht noch Telegramme an die Generäle. Hindenburg nach Neudeck verfrachtet. Heute um 10:45 h passiert etwas.«

Was an diesem Tag zu erwarten war, davon hatte selbst Goebbels keine Kenntnis. Nur ein enger Kreis um Hindenburg, Hitler und Papen war in die politische Tagesordnung für den 30. Januar eingeweiht. Sofern die Akteure nicht selbst an die entworfenen Drohkulissen unterschiedlicher Ausmalung glaubten, kamen ihnen solche umlaufenden Gerüchte durchaus zupass. Erhöhten sie doch den Entscheidungsdruck in der letzten Phase der Vorverhandlungen.

Norddeutsche Ausgabe / Ausgabe A
29./30. Ausg. • 46. Jahrg. • Einzelpreis 20 Pf.

Ausgabe A / Norddeutsche Ausgabe
Berlin, Sonntag/Montag, 29./30. Januar 1933

VÖLKISCHER BEOBACHTER

Herausgeber Adolf Hitler

Kampfblatt der national-sozialistischen Bewegung Großdeutschlands

Unsere Forderung nach Schleichers Sturz:

Kanzlerschaft Hitler

Papens Vermittlungsauftrag mit dem Ziel der Schaffung einer Regierung unter Führung Adolf Hitlers? – Die verweigerte Auflösungsvollmacht

Die Verhandlungen über die Neubildung im Gange

Keine Reichstagssitzung am 31. Januar / Nochmalige Tagung des Ältestenrats

Das Spiel mit der Reichspräsidenten-Krise

Schweres Geschütz gegen Hindenburg

Offene Rotfront-Morddrohung gegen Nationalsozialisten

„Du bist jetzt dran!"

Warum Schleicher stürzte

Schleicher verläßt mit seiner Gattin unmittelbar nach dem Rücktritt das Reichskanzlerpalais in der Wilhelmstraße

Schicksalstag

Am Morgen des 30. Januar zeigte der hektische Wettlauf um die Zeit erste Folgen. Um 8.30 Uhr traf mit dem Nachtzug aus der Schweiz ein Reichswehrgeneral am Anhalter Bahnhof in Berlin ein, der den genauen Zweck seiner Dienstreise selbst noch nicht kannte. Generalmajor Werner von Blomberg hatte die deutsche Delegation bei Abrüstungsverhandlungen in Genf angeführt. Auf persönliche Weisung Hindenburgs, der ihn als Wehrkreiskommandeur von Ostpreußen kennengelernt hatte, war er erst tags zuvor telefonisch mitten aus der Konferenz nach Berlin zurückkommandiert worden. Der Präsident wollte dem von ihm geschätzten Befehlshaber das Reichswehrministerium antragen, um sich künftig die Loyalität der Armee zu sichern. Zu diesem Zweck hatte Hindenburg eigens seinen Sohn zum Bahnhof entsandt, um Blomberg persönlich abzuholen.

Das Wort »Machtergreifung« hat natürlich eine ganz andere Botschaft als »Machtübertragung«, als ein Kuhhandel mit Papen, Hugenberg und so weiter. Ein Hitler kommt nicht zur Macht durch einen Kuhhandel, ein Hitler kommt zur Macht durch Machtergreifung. Aber es war keine Machtergreifung.

Fritz Stern, Historiker, lebte damals in Breslau

Doch als Oskar von Hindenburg mit knapper Verspätung eintraf, wartete bereits ein anderer Offizier am Perron: der Adjutant von Kurt von Hammerstein, dem Chef der Heeresleitung. Auch der Major hatte den Auftrag, Blomberg in Empfang zu nehmen. Hammerstein, der erst auf Umwegen von der Einbestellung seines Untergebenen Kunde erhalten hatte, wollte sich auf diese Weise ein Bild der Lage verschaffen. Doch am Bahnsteig ließ sich der zwischen seinen Loyalitäten schwankende General von Oberst Oskar von Hindenburg davon überzeugen, dass er dem Ranghöheren und auch dem persönlichen Befehl des Generalfeldmarschalls Folge zu leisten habe. Hammersteins Abgesandter musste unverrichteter Dinge wieder abziehen. Damit war die letzte Gelegenheit für

»Nicht verfassungskonform«: Generalmajor Werner von Blomberg wurde als neuer Reichswehrminister bereits vor den übrigen Kabinettsmitgliedern vereidigt

die Reichswehrführung vertan, noch Einfluss auf die weitere Entwicklung zu nehmen.

Hindenburg junior eskortierte Blomberg direkt in die Reichskanzlei. Erst dort erfuhr der Ankömmling, dass er von nun an die Reichswehr in der Regierung vertreten solle. Der Bericht über Hammersteins fehlgeschlagenen Versuch, Blomberg in seine Dienststelle zu beordern, nährte die kursierenden Putschgerüchte. Und so schritt der alarmierte Präsident kurzerhand zur Vereidigung des designierten Reichswehrministers. Damit wollte er dem Exkanzler Schleicher und dessen Gefolgsleuten vorbeugend und endgültig jede Befehlsgewalt über die Armee entziehen. Opfer dieser Präventivmaßnahme war – wieder einmal – die Verfassung, in der eine Vorabvereidigung eines Ministers vor der Ernennung der Regierung weder vorgesehen noch zulässig war. Und bis zu diesem Hoheitsakt war es immer noch ein schwieriger und unwägbarer Weg.

Hitler hat bis zum Schluss im Bunker noch daran geglaubt, dass es Blomberg zu verdanken sei, dass ein Putsch der Reichswehr gegen ihn nicht stattgefunden hat.

Kirstin Schäfer, Historikerin und Blomberg-Biografin

Außerhalb der Amtsräume überwogen weiterhin Unwissen, Gemunkel und Ahnungslosigkeit. Am Morgen informierte der britische Botschafter Sir Horace Rumbold seine Regierung darüber, dass aller Wahrscheinlichkeit nach Franz von Papen zum neuen Reichskanzler ernannt werden würde. Selbst Mitarbeiter der Reichskanzlei gingen davon aus, dass Hitler nach Abbruch der Verhandlungen die Hauptstadt schon verlassen hatte.

Berlin war an diesem Montagmorgen wie festgefroren in winterlicher Agonie. Bis auf zehn Grad minus war das Thermometer gesunken. Eine Grippewelle hatte Büros und Schulen leer gefegt, Krankenhäuser gefüllt. Auf dem Schlachtensee zogen Schlittschuhläufer ihre Kreise. Den meisten Bewohnern bereitete das frostige Klima weniger Vergnügen. Der Arbeitsmarkt lag darnieder, die Arbeitslosen froren in ausgekühlten Mietskasernen und in den Warteschlangen vor den Suppenküchen. Die Spalten der Gazetten waren indes von *dem* gesellschaftlichen Ereignis des Wochenendes beherrscht: dem Berliner Presseball, der noch einmal ansatzweise die beschwingten zwanziger Jahre wiederaufleben ließ. Viele der 3000 Ballbesucher, die sich am Samstagabend am Rande des Tanzparketts noch fröhlich zugeprostet hatten, würden schon Wochen später eingesperrt, außer Landes oder aus dem Beruf gejagt, vielleicht sogar umgebracht sein.

Doch von all dem lag keine Vorahnung in der Luft. Auffallend erschien der Korrespondentin Stéphane Roussel lediglich, dass sich eine wach-

»Tanz auf dem Vulkan«: Viele Gäste des Berliner Presseballs am 29. Januar 1933, wie Gitta Alpar (vorn) oder Richard Tauber (sitzend rechts), mussten schon wenige Wochen später ins Exil gehen

sende Schar von »Führer«-Verehrern vor dem Hotel »Kaiserhof« ansammelte: »Wir wussten, dass Hitler in Wartestellung war. Und so war es eine wichtige Nachricht, dass Hitler an diesem Morgen früh aufgestanden war, denn er war ein notorischer Langschläfer.«

Gegen halb elf Uhr wurden die Schaulustigen für ihr Warten entlohnt. Begleitet von Göring und Frick und vielstimmigen »Heil«-Rufen, stieg Hitler in seinen offenen Mercedes. Die Fahrt dauerte nicht lange. Gerade ein paar hundert Meter waren es vom Hotel bis zu Papens Wohnung im Innenministerium, wo die Kandidaten für die künftige Regierung und ihre Parteifreunde bereits warteten. »Hitler heute beim Alten«, notierte der zurückgebliebene Goebbels. »Man wagt noch nicht, es zu glauben. Ist Papen ehrlich? Wer weiß?«

Die Anspannung in Papens Behausung war jedenfalls greifbar. Während dieser weiterhin panisch einen Gegenschlag Schleichers beschwor, zeigten sich nun doch einige Beteiligte alarmiert über die nationalsozialistische Machtstrategie. Der »Stahlhelm«-Führer Theodor Duesterberg, der wegen eines jüdischen Großvaters gehässigen Angriffen durch die NS-Kampfpresse ausgesetzt gewesen war, forderte in letzter Minute, den Nationalsozialisten das Kanzleramt und die Polizeigewalt in Preußen zu verwehren. Doch von einem theaterreifen Auftritt Hitlers, der mit sonorer Stimme und tränenfeuchten Augen sein Bedauern und seine persönliche Unschuld beteuerte, ließ sich der stahlharte Militärmann erweichen.

Um Viertel vor elf Uhr konnte Papen den bereits anwesenden Teil der von ihm zusammengestellten Regierungsmannschaft durch die verschneiten Ministeriumsgärten zum Hintereingang der Reichskanzlei lotsen – unbemerkt von den Fotografen, die vor der Residenz des Reichspräsidenten warteten.

Im Büro des Staatssekretärs Otto Meißner waren bereits die übrigen Ministerkandidaten eingetroffen. Erst jetzt, zum geplanten Zeitpunkt ihrer Vereidigung, setzte Papen sie darüber in Kenntnis, dass der künftige Kanzler Hitler heißen sollte. Auch Hugenberg wurde vor vollendete Tatsachen gestellt: Hitler verlangte nun auch vom versammelten Schattenkabinett die Zustimmung zur Auflösung des Reichstags, damit in der Konsequenz zur Ausschreibung einer Neuwahl, was Papen bis zuletzt geflissentlich verschwiegen hatte. Das war eine Provokation. Die mühsam zusammengefügte Koalition drohte zu platzen. Hugenberg wusste,

Oben: »In Wartestellung«: Hitler am Morgen des 30. Januar 1933 mit seinem Pressechef Otto Dietrich im Hotel »Kaiserhof«
Unten: »Warten auf die Sensation«: Vor dem Hotel hatte sich eine große Menge von Schaulustigen eingefunden

dass seine Deutschnationale Volkspartei bei einer Neuwahl gegen einen Kanzler Hitler nur verlieren konnte. Diesmal ließ er sich nicht von seiner ablehnenden Haltung abbringen, weder durch eindringliches Zureden seiner designierten Kabinettskollegen noch durch Papens Beschwörung seines nationalen Einigungswerks und schon gar nicht durch Hitlers feierliches Ehrenwort, ihn auf jeden Fall, unabhängig vom Wahlausgang, an seinem Kabinettstisch zu behalten.

Fast alle wichtigen Ressourcen waren in der Hand der Deutschnationalen und eben nicht in der Hand der NSDAP.

Jürgen Falter, Historiker und Wahlforscher

Doch dann erschien Hindenburgs Staatssekretär Meißner, deutete auf die Uhr und mahnte: »Meine Herren, die Vereidigung durch den Herrn Reichspräsidenten war um 11 Uhr angesetzt. Es ist 11.15 Uhr! Sie können den Herrn Reichspräsidenten nicht länger warten lassen.« Das wirkte. Die deutschen Sekundärtugenden gewannen die Oberhand. Hugenberg fügte sich widerwillig und überließ die Entscheidung dem Präsidenten. Er wollte nicht als Einziger den Wünschen des obersten Staatsherrn im Wege stehen. »Ich habe gestern die größte Dummheit meines Lebens gemacht«, sollte Hugenberg tags darauf einem Vertrauten gestehen. »Ich habe mich mit dem größten Demagogen der Weltgeschichte verbündet.« Da aber war es für diese Einsicht schon zu spät.

Wie brave Schuljungen folgten die Regierungskandidaten dem Staatssekretär Meißner über die Treppe zum Empfangssaal des Präsidenten. »Soll tatsächlich die große Stunde da sein?«, bangte Tagebuchschreiber Goebbels im Hotel »Kaiserhof«. »Ich wage noch nicht daran zu glauben.«

Um diese Zeit versah Stéphane Roussel ihre Routinetätigkeit im Korrespondentenbüro der französischen Zeitung *Le Matin*. »Um 12.35 Uhr klingelte das Telefon«, erzählt sie. »Am Apparat war der Chef der Deutschen Nachrichtenagentur persönlich – wie immer bei wichtigen Anlässen. ›Also, sind Sie so weit?‹, fragte er, spürbar in Eile. ›Neue Regierung‹, begann er ohne Umschweife, dann folgte eine kleine Kunstpause. ›Reichskanzler: Adolf Hitler.‹ Ich hatte das Gefühl, schlecht gehört zu haben, und bat ihn, das noch einmal zu wiederholen. ›Ja, ja, Reichskanzler Adolf Hitler‹, bekräftigte der Anrufer.« Schlagartig wurde der jungen Journalistin bewusst, dass mit dieser Personalie nichts mehr so bleiben würde, wie es war. »Berlin, wie ich es kennengelernt hatte, war damals irgendwie

»Erfolgreich gezähmt«? Das Kabinett Hitler, dem nur drei NSDAP-Minister angehörten. Stehend von rechts: Hugenberg (Wirtschaft), Blomberg (Reichswehr), Frick (Innen), Schwerin von Krosigk (Finanzen), Gereke (Kommissar für Ostsiedlungen), Seldte (Arbeit), Lammers (Staatssekretär im Kanzleramt), Funk (Staatssekretär). Sitzend: Papen, Hitler und Göring

eine Art von New York in Europa. Die Türen Berlins standen weit offen für Ausländer, falls sie Talent hatten. Und nun, mit diesem kurzen Anruf, wurde mir klar, dass dieses Berlin, das meine Freunde und ich so sehr geliebt hatten, nicht mehr lange existieren würde. Ich war sehr traurig. Wie so viele Freunde, Kollegen, Politiker hatte auch ich bis zuletzt nicht an eine Ernennung Adolf Hitlers zum Kanzler geglaubt.«

Da erging es selbst dessen Getreuem Joseph Goebbels nicht viel anders: »Hitler ist Reichskanzler«, notierte er. »Wie im Märchen.« Eher wie ein Albtraum erschien die Ernennung den republiktreuen Oppositionellen, besonders in der Zentrumspartei und der SPD. Dem Erzfeind der Demokratie war die Lenkung der Demokratie anvertraut worden. »Was wird diese Regierung tun?«, fragte sich der Lübecker Stadtverordnete und SPD-Reichstagsabgeordnete Julius Leber: »Ihre Ziele kennen wir. Von ihren nächsten Maßnahmen weiß niemand. Ungeheuer sind die Gefahren.

Aber unerschütterlich ist die Festigkeit der deutschen Arbeiterschaft. Wir fürchten die Herren nicht. Wir sind entschlossen, den Kampf aufzunehmen.« Schon wenige Tage später sollte Leber von den Schergen der neuen Machthaber verhaftet werden.

Die Reaktion hat ihre letzte Karte ausgespielt, die Söldnerscharen des Faschismus eingesetzt. Wenn sie nicht sticht, und sie wird nicht stechen, dann ist die Stunde gekommen, in der die Arbeiterschaft das entscheidende Wort spricht… Für die Entscheidungsstunde gilt es, alle Kräfte zu sammeln, um sie entschlossen einzusetzen.

Rudolf Breitscheid (SPD), 31. Januar 1933

»Nach dem 30. Januar 1933 hatten wir keine Munition mehr. Wir hatten stillschweigend kapituliert. Es dauerte freilich noch einige Monate, bis wir es merkten.«

Wilhelm Hoegner (SPD), *Flucht vor Hitler*

Und doch mahnte die sozialdemokratische Führung in ihrer ersten Stellungnahme die Parteimitglieder vor allen Dingen zur Besonnenheit. Was sollte sie auch tun? Anders als seine Amtsvorgänger verfügte der neue Kanzler formal über Rückhalt im Parlament. Hitler war legal in sein Amt befördert worden. »Ich werde meine ganze Kraft für das Wohl des deutschen Volkes einsetzen«, hatte der neue Kanzler dem Präsidenten die Eidesworte nachgesprochen, »die Verfassung und die Gesetze des Reiches wahren, die mir obliegenden Pflichten gewissenhaft erfüllen und meine Geschäfte unparteiisch und gerecht gegen jedermann führen.« Demgegenüber ließ sich jedes Aufbegehren dagegen als illegale, verfassungsfeindliche Aktivität diskreditieren. Wer hatte damit rechnen können, dass der greise Feldmarschall, gewählt als Gegenkandidat Hitlers, nun gerade diesem den Amtssessel offerieren würde? Wer unter den Anhängern der Republik hatte ernsthaft damit gerechnet, dass der per Amtseid verpflichtete Gralshüter der Verfassung die Prinzipien des Staates seinen Feinden ausliefern würde?

So flüchteten sich viele in die Hoffnung, dass der Spuk bald wieder vorüber sein werde. »Nach der Machtübernahme ging man ja seitens der SPD und der Kommunisten davon aus, dass Hitler nur eine vorübergehende Erscheinung sein würde«, berichtet Fritz Tobias, damals sozialdemokratischer Jugendfunktionär, »denn, so überlegte man sich, das sind doch hergelaufene Leute, die nichts Vernünftiges gelernt haben, ehemalige Krieger. Wenn es diesen Politikern nicht gelingen würde, die schreckliche und zermalmende Arbeitslosigkeit, das damalige Elend zu Ende zu bringen, dann würden diese Abenteurer sowieso nicht lange durchhalten.

Abend-Ausgabe
Nr. 50 B 25 50. Jahrg.

Redaktion und Verlag:
Berlin SW 68, Lindenstr. 3

Vorwärts

BERLINER VOLKSBLATT

MONTAG
30. Januar 1933

In Groß-Berlin 10 Pf.
Auswärts ..... 10 Pf.

Zentralorgan der Sozialdemokratischen Partei Deutschlands

Herrenklubkabinett Hitler!

Hitler Reichskanzler zusammen mit Papen und Hugenberg – Stahlhelm-Seldte Arbeitsminister!

Amtlich wird mitgeteilt:

Der Reichspräsident hat Herrn Adolf Hitler zum Reichskanzler ernannt und auf dessen Vorschlag die Reichsregierung wie folgt neu gebildet:

Reichskanzler a. D. von Papen zum Reichskommissar für das Land Preußen,
Freiherr von Neurath zum Minister des Auswärtigen,
Staatsminister a. D., M. d. R. Dr. Frick zum Reichsminister des Innern,
Generalleutnant Freiherr von Blomberg zum Reichswehrminister,
Graf von Schwerin-Krosigk zum Reichsminister der Finanzen,
Geheimen Finanzrat, M. d. R. Hugenberg zum Reichsminister der Wirtschaft und zum Reichsminister für Ernährung und Landwirtschaft,
Franz Seldte zum Reichsarbeitsminister,
Freiherr Elz von Rübenach zum Reichspostminister und zum Reichsverkehrsminister,
den Reichstagspräsidenten Göring zum Reichsminister ohne Geschäftsbereich und gleichzeitig zum Reichskommissar für den Luftverkehr. Reichsminister Göring wurde mit der Wahrnehmung der Geschäfte des preußischen Innenministeriums betraut.
Reichskommissar für Arbeitsbeschaffung Gereke wird in seinem Amte bestätigt.

Die Besetzung des Reichsjustizministeriums bleibt vorbehalten.

Der Reichskanzler wird noch heute Verhandlungen mit dem Zentrum und der Bayerischen Volkspartei aufnehmen.

*

Der Reichspräsident hat mit der Ernennung dieser Regierung die furchtbarste Verantwortung übernommen, die jemals ein Staatsoberhaupt übernommen hat. Er steht dafür, daß diese Regierung den Boden der Verfassung nicht verläßt und daß sie sofort zurücktritt, wenn sie eine Mehrheit im Reichstag nicht erhält.

Würde ein Versuch gemacht werden, diese Minderheitsregierung, deren Feindschaft gegen die Verfassung offenkundig ist, auch ohne Zustimmung des Reichstags im Amte zu halten, so wäre eine Situation gegeben, die vom arbeitenden Volke die Einsetzung letzter und äußerster Kräfte erfordert.

Die Organisationen der Eisernen Front stehen in engster Verbindung miteinander und verfolgen die Entwicklung mit äußerster Spannung.

Sieg oder Untergang hängt von der Bereitschaft und der Geschlossenheit des arbeitenden Volkes in diesem, vielleicht für Jahrzehnte entscheidenden Augenblick ab. Jedes Vorpreschen einer einzelnen Arbeiterorganisation birgt die Gefahr in sich, daß sie das Gegenteil ihrer Absicht erreicht, und den schlimmsten Feinden der Arbeiterklasse zum Siege verhilft.

Aeußerste Bereitschaft und vollkommenste Einigkeit ist das Gebot der Stunde!

Unsere Antwort!

Protestaufmarsch gegen Reaktion und Staatsstreich

Wenn die Herren, die in den innersten Gemächern der Reichskanzlei mit dem Schicksal des Volkes spielen, gestern nachmittag die wenigen hundert Meter von der Wilhelmstraße bis zum Lustgarten zurückgelegt hätten, so würden sie das Volk gesehen haben, dem sie ihren Willen aufzwingen wollen. Das Volk unter roten Fahnen und dem Symbol der Freiheit, in unübersehbaren Massen dichtgedrängt, um zu zeigen, daß Berlin rot ist und rot bleibt! Wenn die Herren dann aber weiter gegangen wären in den Osten hinein, dort wo das Volk lebt und arbeitet, dann hätten sie ein noch imposanteres Schauspiel erblicken können: gewaltige Kolonnen im langsamen Vorrücken gegen den Lustgarten, den sie erst stundenlang nach der festgesetzten Zeit erreichten. In mehreren Marschsäulen mußten die Massen durch parallele Straßen geführt werden, während schon im Lustgarten dichtgedrängt Kopf an Kopf stand!

Das ist unsere Antwort auf die freche nationalsozialistische Provokation am Bülowplatz! Das ist unsere Antwort auf die Wiederberufung des Herrn von Papen, auf die Absicht, Hitler zum deutschen Reichskanzler zu machen!

Das arbeitende Volk von Berlin, das gestern eine überwältigende Kundgebung seines Kampfwillens gegeben hat, wird sich weder einer Junkerdiktatur noch dem Faschismus unterwerfen. Es wird im Kampfe seine Freiheit verteidigen! Die Herren aus der Wilhelmstraße und aus den Herrenhäusern des Feudaladels mögen sich darüber nicht täuschen!

Auf zehntausend Faschisten antworten hunderttausend Sozialdemokraten, so haben wir vor einer Woche angekündigt — unsere Parteigenossen aber sind in doppelter Stärke aufmarschiert, zwanzig Sozialdemokraten auf einen Faschisten! Da war keiner, der sich hätte abschrecken lassen oder hinter dem Ofen geblieben wäre. Sie alle, die gestern marschiert sind, wissen, daß die entscheidende Stunde den vollen Einsatz der ganzen Person verlangt. Sie sind durch die Schule der Sozialdemokratie und der Gewerkschaften gegangen, selbst die drückendste Not hat nicht vermocht, sie zu verwirren. Sie werden weder durch kommunistische noch durch faschistische Lockrufe vom demokratischen Sozialismus abgelenkt. Neben dem Haß gegen das wahnwitzige kapitalistische System wohnt in ihnen die Erkenntnis des Weges zu seiner Ueberwindung, und der feste Wille, diesen Weg zu beschreiten!

Diese gewaltige Masse, die gestern aufmarschiert ist, ist Masse des Proletariats, aus allen seinen Schichten! Da marschiert der Arbeiter neben dem erwerbslosen Kollegen, der Junge, den die Krise von der Arbeit fernhält, neben dem Manne, der für das kapitalistische System zu alt ist, die Frau neben dem Manne, der Arbeiter neben dem Angestellten. Sie alle sind verbunden durch sozialistische Erkenntnis, durch unbändige Liebe zur Freiheit des Volkes, durch gemeinsamen Haß gegen alle Bedrücker und Reaktionäre.

Wir sind die Vorkämpfer des Sozialismus und der Freiheit! Die Begeisterung und der Kampfwille dieser Massen ist kein Strohfeuer, sie geraten nur langsam in Brand, aber sie glühen dann um so heller!

Die Herren aus der Wilhelmstraße und den feudalen Herrenhäusern machen ihre Rechnung ohne die deutsche Arbeiterschaft. Sie haben vergessen, daß die deutsche Arbeiterschaft geführt wird nicht von einem kleinen Vortrupp, sondern von einer mächtigen, vor allen anderen marschierenden Armee der deutschen Sozialdemokraten. Je mehr die Herren das vergessen, um so glühender wird der Wille der Arbeiterschaft werden, endgültig Ordnung zu schaffen in Deutschland!

Hunderttausende marschieren!

„Wer Pläne schmiedet gegen das Volk, wer seine Freiheit antasten, seine Rechte rauben will, der mag erzittern!" So stand es am 5. Juli 1932, nach dem Aufmarsch des roten Berlin zum Protest gegen das Verbot des „Vorwärts", in unserem Spandauer Bruderblatt. Unter dem gleichen Motto steht auch die riesige Kundgebung, die gestern das Berliner Proletariat im Lustgarten veranstaltete. Der Aufmarsch der Eisernen Front gegen die Staatsstreichgelüste der Reaktion, gegen Papen und Hitler und für Recht und Freiheit, war erfüllt von einer disziplinierten Kampfentschlossenheit, wie sie nur die organisierte Arbeiterschaft aufweist.

Es war ein sonderbares Symbol, daß eine Stunde vor der Kundgebung des roten Berlin durch eine monarchistische Truppe am Denkmal Friedrich Wilhelms III. ein Kranz niedergelegt

»Die Reaktion hat ihre letzte Karte ausgespielt«: Die Abendausgabe des sozialdemokratischen *Vorwärts* vom 30. Januar 1933

Den 30. Januar 1933 habe ich in Berlin verbracht. Es war ein sozialdemokratischer Freund von uns zum Mittagessen da, der sagte: »Regt euch doch nicht auf. Hitler muss an die Macht kommen wie alle Regierungen vorher. Er wird sich auch abwirtschaften, und dann ist er erledigt.«

Freya von Moltke

Die allgemeine Tendenz, die ich damals kennengelernt hatte, die ging in die Richtung: Der hält sich nicht lange. Der wirtschaftet bald ab. Und die Kommunisten hatten sogar den Slogan: Nach Hitler kommen wir.«

Der damals vierundzwanzigjährige Wilhelm Scholz stand nach der Meldung von Hitlers Ernennung mit seinen Genossen aus der »Naturfreunde«-Jugend, wie er sagt, »kampfbereit« und wartete auf ein Signal zum Losschlagen. »Leider war die sozialdemokratische Leitung aber der Meinung, dass die Nazis in einigen Wochen wieder abgewählt werden würden. Das war ein böser Irrtum.« Stattdessen wurden die Kampfgefährten von NS-Schlägern erheblich malträtiert.

Als Hitler Reichskanzler wurde, gab es eine weitverbreitete Stimmung: Der hält keine zehn Monate durch.

Emil Carlebach, damals KPD-Mitglied

Es war die Meinung weit verbreitet, dass es höchstens ein, zwei Jahre dauern wird, bis Hitler weg ist.

Paul Tollmann, damals kommunistischer Jugendverband

So war der Widerstand der gesetzestreuen Republikfreunde von Beginn an gelähmt – nicht nur durch die Schockstarre. Gegen eine Selbstaufgabe des Staates ließ sich nicht so wirkungsvoll aufbegehren wie gegen eine feindliche Übernahme. »In einer einzigen Nacht«, kommentiert Stéphane Roussel, »ist die Weimarer Republik so weggegangen, wie sie gelebt hat: auf Zehenspitzen.«

Dementsprechend groß war auch das Ausmaß der Gleichgültigkeit in weiten Teilen der Bevölkerung. Der Austausch eines Kanzlers durch einen Nachfolgekandidaten gehörte inzwischen so selbstverständlich zur politischen Tagesordnung, dass das Interesse am politischen Geschehen stark nachgelassen hatte. »Wir hatten zuvor ständig Wechsel in der Regierung gehabt«, erinnert sich Bernhard Lubosch, der die Nachricht von Hitlers Ernennung im oberschlesischen Internat erhielt. »Dieses Prinzip des ewigen Wechsels hat uns ganz stupide gemacht. So gab es für uns damals den Begriff der Machtergreifung nicht.« – »Wir alle hatten gespürt, hier ist eine Wende«, bestätigt der spätere Literaturwissenschaftler Hans Mayer, damals Angehöriger eines linken Jugendverbands, »aber niemand hat ahnen können, dass es der Schicksalstag des ganzen Jahrhunderts sein würde.«

Auch das Echo im Ausland war von weitgehender Zurückhaltung gekennzeichnet. »Also keine nationalsozialistische Regierung«, vermerkte Camill Hoffmann, tschechoslowakischer Diplomat mit Dienstsitz Berlin, in seinem Tagebuch. »Keine revolutionäre Regierung, obwohl sie den Namen Hitler trägt. Kein Drittes Reich, kaum ein 2½.« Der Leitartikler der britischen *Sunday Times* stellte die rhetorische Frage: »Haben Präsident von Hindenburg und sein ›Kamerad‹ Herr von Papen Hitler in einen Käfig gesperrt, bevor sie ihm den Hals umdrehen, oder sitzen *sie* in dem Käfig?«, während sein Kollege von den *Baseler Nachrichten* immerhin erkannte: »Bär bleibt Bär, auch wenn man ihm einen Ring durch die Nase zieht und ihn an der Leine führt.«

Meine Mutter hatte Hitlers *Mein Kampf* sehr gründlich gelesen. Wir waren alle entsprechend informiert und gewarnt, dass, wenn dieser Mann wirklich an die Regierung käme, es ein großes Unglück wäre. Mit dieser Grundeinstellung haben wir dann die Ereignisse damals über uns ergehen lassen müssen. Die Bestätigung für diese Befürchtungen kam ja rasch.

Isa Vermehren, damals Schülerin

Manche Zeitgenossen beruhigten sich bald mit der Vorstellung, dass Hitler ja nicht zum Alleinherrscher ernannt worden war. Hatte er nicht seinen Eid darauf abgelegt, die Verfassung und die Gesetze der Republik zu verteidigen und zu bewahren? War er in seinem Kabinett nicht eindrucksvoll umrahmt von einer großen Mehrheit konservativer Minister? Hielt nicht der Staatspräsident weiterhin sämtliche Zügel in der Hand? »Wir haben diesen Tag mit großer Besorgnis gesehen«, erinnert sich Käthe Menzel-Jordan, damals siebzehnjährige Schülerin. »Das Einzige, was bei uns so ein bisschen tröstend im Raum stand, war die Figur Hindenburgs. Wir haben uns damals immer noch an diesen, nun ja, Helden des Ersten Weltkriegs kann man sagen, geklammert – in der Hoffnung, dass er Schlimmstes abhalten würde.« Brigitte Chemnitius, die zu dieser Zeit in der Nähe von Weimar lebte, hörte von ihrer Großmutter den Spruch: »Hindenburg gibt Hitler die Hand, und da wollen wir hoffen, dass wir aus der Arbeitslosigkeit und aus dem schrecklichen Nachkriegszustand wieder gut herauskommen.«

Fahrschule Hugenberg

Hugenberg zu Papen: „Der Neuling da vorn mag sich ruhig einbilden zu lenken, die wirkliche Steuerung des Wirtschaftskurses haben wir!"

Die Karikatur aus der SPD-Zeitung *Vorwärts* zeigt das Ausmaß der allgemeinen Unterschätzung Hitlers

Selbst in der jüdischen Familie des seinerzeit sechsjährigen Historikers Fritz Stern in Breslau, deren politische Präferenz eher nach links tendierte, galt der Präsident als Rettungsanker. »Vom Heimweg aus der Schule brachte ich eines dieser Extrablätter mit, die man für einen Groschen kaufen konnte«, erinnert Stern sich. »Als ich es meinem Vater zeigte, bestätigte sich meine Vermutung, dass das eine ganz entsetzliche Neuigkeit war – eine schlimme Nachricht, nachdem die Nationalsozialisten zuvor eigentlich Stimmen verloren hatten. Dennoch setzte man darauf, dass es nicht zu einer wirklichen Revolution, einer SA-Radikalisierung kommen würde, solange der alte Herr noch lebt. Auf Hindenburg richteten sich größere Erwartungen als auf die Reichswehr.«

Andere scharfsinnige Beobachter erblickten gerade im Bund von kaisertreuen Konservativen und demagogischen Nationalisten das nahende Unheil. »Noch einmal ist das verhängnisvollste Bündnis zustande gekommen, das Gustav Freytag die größte deutsche Gefahr nennt: das Bündnis zwischen dem Adel und dem Pöbel«, vertraute der sozialdemokratische Rundfunkjournalist Jochen Klepper seinem Tagebuch an.

Die Hamburger Volksschullehrerin und Offiziersgattin Luise Solmitz wiederum begeisterte sich in ihrem Journal an der proklamierten nationalen Einigkeit: »Was für ein Kabinett!!! Wie wir es nicht zu erträumen wagten. Hitler, Hugenberg, Seldte, Papen! An jedem hängt ein großes Stück meiner deutschen Hoffnung. ... Es ist so unausdenkbar schön, dass ich es schnell niederschreibe, ehe der erste Missklang folgt.«

Der neue Kanzler zeigte sich bemüht, das solide Bild eines geordneten Regierungswechsels mit kräftigen Worten auszumalen. In einem ersten Aufruf an seine Anhänger betonte Hitler den »gemeinsamen Kampf« der nationalen Verbände und Parteien für »Deutschlands Wiederauferstehung«: »Die Ehre vor der deutschen Geschichte, nunmehr an diesem Werke führend teilnehmen zu dürfen, verdanke ich neben dem großherzigen Entschluss des Generalfeldmarschalls eurer Treue und Anhänglichkeit, meine Parteigenossen.« – »Gebt mir euer Vertrauen«, beschwor der neue Kanzler zudem noch himmlischen Beistand, »dann wird uns auch der Allmächtige seinen Segen zur Wiederaufrichtung eines Deutschen Reiches der Ehre, der Freiheit und des sozialen Friedens nicht versagen.«

Für viele war es, als wenn das Wetter von tiefstem Schwarz in hellstes Blau umschlägt. Plötzlich gab es eine Zukunft. Es würde wieder Arbeit geben. Es würde eine Gemeinsamkeit geben.

Elisabeth Noelle-Neumann

Viele Menschen erhofften sich eine nationale Wiedergeburt, die Überwindung des Versailler Vertrages.

Ulrich de Maizière, damals Reichwehr

Auch diese pseudoreligiöse Attitüde, die Hitler in verschiedenen Reden gebetsformelhaft variierte, fand ihre Anhänger. »Der 30. Januar war für mich ein Tag der Freude«, erinnert sich der damals dreiundzwanzigjährige Hermann Schimanski, »denn ich sagte mir: ›Das ist der Mann, den der Herrgott uns schickt, damit wir Deutschen den Platz an der Sonne wiederbekommen.‹ Mein Vater war ja deutschnational, und so dachte ich: ›Nun geht es aufwärts, der Sonne entgegen!‹« Teils besorgte, teils freudige Gesichter registrierte die jüdische Ärztin Hertha Nathorff an diesem Tag in ihrer Sprechstunde. »Einig sind sich alle in den Worten: ›Nun wird es anders‹«, schrieb sie in ihr Tagebuch. »Ich aber, feinhörig wie ich bin, ich höre, wie sie an ihn glauben, glauben wollen, bereit, ihm zu dienen, und mir ist, als hörte ich ein Blatt der Weltgeschichte umwenden, ein Blatt in einem Buche, dessen folgende Seiten mit wüstem und wirrem, unheilvollem Gekritzel beschrieben sein werden.«

Während sich die Sonne an diesem kalten Wintertag neigte, flammten in ganz Berlin und zahlreichen anderen deutschen Städten andere Lichter auf. Auf dem Heimweg vom Büro begegnete Stéphane Roussel bereits Scharen von Anhängern Hitlers, die am Ereignis des Tages unbedingt teilhaben wollten. »Sie wussten, wohin sie gehen mussten. Einige trugen Wintermäntel und nach der Mode der Zeit Melonenhüte auf dem Kopf. Andere hatten offenbar noch Zeit gefunden, ihr braunes Hemd anzuziehen. Ja, ich habe im Nachhinein das Gefühl, dass diese Parteiuniform schon bereitlag und auf die Ernennung von Hitler wartete. 25 000 Menschen waren auf der Straße, und jeder wusste, wo er seine Fackel abholen musste.«

Mit beachtlichem Organisationsgeschick hatten NSDAP und »Stahlhelm« ihr Fußvolk mobilisiert, das sich nach Einbruch der Dunkelheit zu einem gewaltigen Fackelzug formierte. Zivilisten, Arbeiter im Werkskittel, uniformierte SA-Leute, Hitlerjungen, Parteimitglieder, Fahnenträger, begleitet von Spielmannszügen und Musikkapellen, sammelten sich am Großen Stern im Bezirk Tiergarten. »Berlin ist heute Nacht in einer reinen Faschingsstimmung«, wunderte sich Harry Graf Kessler im Tagebuch. Kurz nach acht Uhr abends marschierten die ersten Fackelträger im Triumphzug durch das Brandenburger Tor. Unter den Klängen des »Friedericus-Rex-Marsches« schwenkte der feurige Lindwurm skandierend, jubelnd, grölend in die Wilhelmstraße, wo die Regierung ihren Sitz hatte. In einer ersten Amtshandlung hatte der neue Innenminister Wilhelm Frick die sonst geltende Bannmeile zum Schutz der Regierungszentrale kurzerhand aufgehoben.

Die Menschen, die in die Wilhelmstraße strömten, waren guter Laune. Sie lachten und vor allem, sie sangen.

Stéphane Roussel, damals französische Journalistin in Berlin

Es gab diesen großen Fackelzug, und wenn sie bei Hindenburg vorbeikamen, wurde gejubelt, und wenn sie bei Hitler vorbeikamen, wurde gebrüllt vor Enthusiasmus. Das war der Unterschied.

Isabel von Papen, Tochter

Vor dem Hotel »Adlon« traf Stéphane Roussel unter den vielen Neugierigen am Straßenrand einen befreundeten französischen Dichter. »Berlin wird uns fehlen«, sagte er zu ihr mit bitterem Klang in der Stimme. In der Tat war dieser Aufmarsch mehr als die Akklamation zu einem Kabinettstück. Hitlers Anhänger feierten die Personalie wie eine nationale Revolution, mit lodernden Flammen annektierten sie unübersehbar das Terrain der Reichshauptstadt. Der Fackelzug war auch ein Eroberungs-

Oben: »Ein Tag der Freude«: Durch ein Spalier jubelnder Anhänger verlässt Hitler nach seiner Ernennung das Palais des Reichspräsidenten
Unten: »Bei Hindenburg wurde gejubelt, bei Hitler wurde gebrüllt«: Der abendliche SA-Aufmarsch zieht am neuen Reichskanzler (links) und am greisen Reichspräsidenten (rechts) vorbei

Wir werfen einen Blick in das Arbeitszimmer Adolf Hitlers. In hellem Licht steht er am Fenster und blickt hinaus auf die vorbeimarschierende SA, auf die ungeheuren Menschenmassen, die ihm zujubeln. Adolf Hitler steht mit todernstem Gesicht am Fenster; keine Spur von irgendwelcher Siegesstimmung oder dergleichen. Und doch leuchtet es in seinen Augen – über dieses erwachende Deutschland, über diese Massen von Menschen aus allen Ständen, aus allen Schichten der Bevölkerung, die hier vorbeimarschieren.

Aus Goebbels' Rundfunkreportage
vom Abend der Machtergreifung

zug, der vorführte, was Hitlers Partei von ihren Mitkoalitionären unterschied: Sie beherrschte die Straße.

»Was wir erlebten«, rief Joseph Goebbels, der flugs eine Direktübertragung im Radio organisiert hatte, mit bebender Stimme in sein Mikrofon, »das ist wirklich die Erfüllung unseres geheimsten Wunsches, das ist die Krönung unserer Arbeit. Man kann mit Fug und Recht sagen: Deutschland ist im Erwachen!« Später ließ der Chefpropagandist den Triumphzug mit großem Aufwand eigens noch einmal für Fotografen und Kameras nachstellen. Auch in anderen deutschen Städten versammelten örtliche Parteifunktionäre ihre Gesinnungsfreunde zu Aufmärschen und Fackelzügen. Doch nirgends war das Spektakel imposanter inszeniert als in der Hauptstadt. Mit Feuerzauber und Marschmusik huldigte das Fußvolk seinem Anführer als einem der Seinen, der nun ganz oben stand.

Der Reichsrundfunk war natürlich ein Instrument in den Händen der Nationalsozialisten in dem Moment, da sie an der Macht waren.

Jürgen Falter, Historiker und Wahlforscher

Hitler, umrahmt von den Parteifreunden Frick und Göring, genoss das Spektakel vom offenen Fenster der neuen Reichskanzlei aus, seines künftigen Amtssitzes. Im Scheinwerferkegel wirkte der neue Kanzler sichtlich aufgekratzt, tänzelte ausgelassen, beugte sich weit über die Brüstung, um akrobatisch über Menschentürme hochgereichte Blumen in Empfang zu nehmen, und grüßte die Marschierer immer von Neuem mit erhobenem Arm. Auf sie gemünzt, tauschte er zu später Stunde den staatsmännisch-dunklen Anzug gegen seine braune SA-Jacke.

Oben: »Huldigung des Fußvolks«: Eine Gruppe von SA-Männern während des Fackelzugs in der Berliner Wilhelmstraße
Unten: »Deutschland ist im Erwachen«: Der Fackelzug in der Hauptstadt wurde im ganzen Reich nachvollzogen, wie hier in Kiel am Abend des 1. Februar 1933

»Wie mag der Fackelzug aus seiner Warte ausgesehen haben?«, überlegte die Journalistin Stéphane Roussel, die in der dichten Menschentraube einen Blick auf den Imperator zu erhaschen suchte. »Wie ein großer roter Teppich vielleicht, der vor ihm aufgerollt wurde. Von unten sah das nicht so aus, da wirkten die Fackeln aggressiv, als wollten sie den nächtlichen Himmel durchlöchern.«

Neben nationalistischen Hymnen wie der »Wacht am Rhein« oder »O Deutschland, hoch in Ehren« ertönten aus dem Stimmenmeer auch schon antisemitische Parolen, die wie Drohungen klangen.

»Plötzlich spürte ich die Kälte und merkte, dass ich zitterte«, erinnert sich Stéphane Roussel. »Es war aber nicht die Kälte, es war die Angst. Zwei Worte wollten mir nicht aus dem Kopf gehen: ›Hitler mobilisiert.‹ Er war im Begriff, Menschen zu Maschinen zu machen, die man wie Instrumente benutzen konnte, mit denen man Kriege führen, Menschen töten, Gasöfen bauen konnte. Dieser Aufmarsch war eine Generalprobe, und es wird noch viele Aufmärsche geben, ehe ein wirklicher Krieg kommt.«

Wenige Meter weiter nahm der höchste Amtsträger des Staates die Ovationen mit vornehmer Zurückhaltung entgegen. Stundenlang verneigte sich Reichspräsident von Hindenburg vor den vorbeiziehenden Claqueuren, wobei er die Hände zum Takt der heraufklingenden Militärmärsche bewegte. Der Berliner Volkswitz legte dem greisen Feldmarschall angesichts der Massen braun gewandeter Uniformträger die Bemerkung in den Mund: »Ich hatte nicht gedacht, dass wir so viele russische Gefangene haben.«

»Die Dunkelheit war bereits hereingebrochen, als wir Bayern am Abend dieses Tages vom Reichstag am Rande des Tiergartens entlang zum Anhalter Bahnhof gingen. Zahllose Stahlhelmer und SA-Leute strömten gegen das Brandenburger Tor. Jugend, nichts als Jugend, ohne Bartflaum, frische Knabengesichter, hastig, eifrig, »im Dienst«. Sie eilten zum Fackelzug, der an diesem Abend Hindenburg und Hitler dargebracht wurde. Leuchtende Helle kam von der Straße ›Unter den Linden‹ her. Wir schlichen müde und zerschlagen von den Aufregungen dieser Tage im Dunkel dahin.«

Wilhelm Hoegner (SPD), *Flucht vor Hitler*

Zahlreiche zeitgenössische Beobachter trauten dem steif und wortkarg wirkenden Staatsoberhaupt zu dieser Zeit nicht mehr viel Weitblick und Handlungsfreiheit zu. Doch es deutet einiges darauf hin, dass der Gang der Ereignisse durchaus den Vorstellungen des Mannes entsprach, der Hitler an diesem Tag in klarem Bewusstsein der Tragweite die Regierungsgewalt übertragen hatte. »Hindenburg hat sich nach den Zeugnissen, die wir besitzen«, urteilt sein Biograf Wolfram Pyta, »von der aufwallenden nationalen Begeisterung anstecken lassen. Er hat sich bestätigt gefühlt in seiner Entscheidung. Die vermeintliche Erneuerung des Geistes von 1914, als die Nation einig erschien, war genau das, was er sich von seiner Entscheidung erhofft hatte, und das schien nun einzutreten.«

Der damals neunjährige Schüler Frithjof Wolf konnte das Spektakel erst überblicken, als sein Vater ihn auf die Schultern hob. »Und dabei sagte mein Vater zu mir, an diesen Ausspruch kann ich mich noch erinnern: ›Behalte diesen Tag gut in deiner Erinnerung, heute wird Geschichte geschrieben. Denn ab heute wird alles anders und alles besser.‹ In der Tat habe ich in den Jahren danach oft an diesen denkwürdigen Abend zurückdenken müssen. Nur ist die Prophezeiung meines Vaters anders aufgegangen, als er sich das damals vorgestellt hatte.« Der Vater war seit 1931 Mitglied der NSDAP.

Viele Offizielle und heimliche Anhänger der braunen Bewegung trauten sich nun, ihre Parteipräferenz offen zur Schau zu stellen. »Am Tag darauf erlebten wir wie ein Wunder, dass sich eine Stadt über Nacht so vollständig verändern kann«, berichtet Stéphane Roussel. »Berlin hatte mit der Stadt von gestern nichts mehr zu tun. Die Häuser waren beflaggt wie an einem Ehrentag. Die Fahnen trugen bereits das Hakenkreuz. Wo waren all diese Fahnen in der Zeit davor? Wir waren plötzlich von Menschen umgeben, die offenbar seit Jahren auf den Tag gewartet hatten, an dem sie mit den Flaggen ihre wahre Gesinnung heraushängen durften.«

Ein guter Bekannter, der die Werbeabteilung eines Drogeriewarenkonzerns leitete, erläuterte der Korrespondentin bei einem gemeinsamen Restaurantbesuch, dass nun auch die Reklamebotschaften der neuen Zeit angepasst werden müssten. Statt einfach nur weiß werde beispielsweise ein Waschmittel die Wäsche künftig »rein wie die nationale Wiedergeburt« waschen: »Wichtig ist nur, dass der Verbraucher merkt, woher der Wind weht.« Gerade als Stéphane Roussel erwidern wollte, dass damit

»Im Zeichen des Hakenkreuzes«: Zumindest für Fahnennähereien begann der von Hitler versprochene Aufschwung sofort

wohl nur ein Sturm gemeint sein könne, fiel ihr die Hakenkreuznadel an seinem Revers auf, und sie fragte ihn, woher er diese so schnell bekommen konnte. Daraufhin zog er stolz sein Parteibuch aus der Tasche und sagte: »Sieh dir die Nummer an. Nur dreistellig wie bei denen von der alten Garde. Ich habe mir gesagt, man kann nie wissen. Aber jetzt bin ich sicher, dass ich richtig liege.« Die Journalistin verzichtete bei diesem Mittagsmahl auf den Nachtisch.

Auch der zu diesem Zeitpunkt neunjährige Heinz Böttrich, der in einem Arbeiterviertel aufgewachsen war, erlebte das plötzliche Erwachen. »Mein Klassenlehrer kam bald schon mit brauner Hose, brauner Jacke und Parteiabzeichen am schwarzen Schlips in die Schule und beauftragte uns, Materialien zum ›Horst-Wessel-Lied‹ zusammenzutragen.«

Bevor Gesetze und Verordnungen nachhelfen mussten, hatte das Bodenpersonal der Partei die Zeichen der Zeit erkannt und begonnen, selbst Tatsachen zu schaffen. Noch am 30. Januar besetzten Stoßtrupps und Beauftragte der NSDAP wichtige Schaltzentralen der Macht. Nationalsozialisten übernahmen in den Tagen darauf Schlüsselstellungen in der Verwaltung. Polizeipräsidenten, die bis zuletzt der Republik die Treue gehalten hatten, mussten ihre Posten räumen. Mancher Hausmeister, der bis dahin als SA-Mitläufer belächelt wurde, fühlte sich fortan als neuer Herr im Haus, und Angestellte mit Parteiabzeichen, die jüdischen Firmeninhabern unterstellt waren, forderten bereits ihr Mitspracherecht in der Geschäftsführung ein. In zahlreichen Vereinen, Verbänden, Organisationen, Universitäten und Amtsstuben erhielten Parteigänger der neuen Machthaber die Oberhand. Republikanisch gesinnte, linke, jüdische oder gar kommunistische Funktionsträger gerieten plötzlich allerorten in die Defensive. Wer nicht freiwillig das Feld räumen wollte, sah sich psychologischen Pressionen, Einschüchterungen und, häufig genug, offener Gewalt ausgesetzt. »Sie verhaften alle möglichen unbescholtenen Leute, nur weil sie ihnen im Wege sind«, schrieb die Berliner Ärztin Hertha Nathorff am 2. Februar ins Tagebuch. »In der Sprechstunde sehe ich immer wieder, wie die Patienten unter ihrem Rock das Hakenkreuzabzeichen tragen. Wie feige. Warum nicht offen und ehrlich? Ist das die neue Richtung, der neue Geist? Zum ersten Mal ist in meiner Sprechstunde heute über Juden in abfälliger Weise gesprochen worden. Ich habe nur das alte Bibelwort zitiert: ›Wer ohne Schuld ist, werfe den ersten Stein auf sie.‹« Zwei Monate später musste die engagierte Medizinerin, eine Jüdin, ihren Arbeitsplatz räumen.

In gespenstisch anmutender Anpassungsbereitschaft machten die Gesinnungsfreunde der Regierungspartei aus der Kabinettsumbildung eine Zeitenwende. Das Land erinnerte an einen See, dessen Wasser beim Erreichen einer bestimmten kritischen Masse schlagartig umkippt.

Besonders die Kommunisten bekamen den politischen Umschwung seit der Kanzlerernennung umgehend zu spüren. Noch in der Nacht des 30. Januar wurde die KPD-Postille *Die Rote Fahne* verboten und konfisziert. Allein in Berlin nahm die Polizei über 60, ausschließlich kommunistische Parteigänger fest, nachdem es in Spandau zu einer Schießerei mit Hitler-Anhängern gekommen war. Zu Zusammenstößen kam es auch in Düsseldorf, Halle, Hamburg und Mannheim, während in den meisten Städten kommunistische Kundgebungen von vornherein untersagt wurden.

Dennoch gab es in diesen Tagen vereinzelt auch Gegenwehr. So rie-

> **Wir haben einfach weitergemacht. Wir haben die Nazis bekämpft, wir haben Stimmen gewonnen, wir haben Unterstützung gewonnen, wir machen weiter, bis wir die Nazis geschlagen haben. Furchtbar primitiv, aber so ging es in meinem Kopf eben zu.**
>
> Emil Carlebach, damals KPD-Mitglied

fen Hitler-Gegner in der württembergischen Kleinstadt Mössingen, wo die KPD in der vorausgegangenen Wahl ein Drittel der Stimmen erhalten hatte, spontan einen Generalstreik aus, begleitet von einer Kundgebung, an der sich immerhin 800 von insgesamt 4000 Bewohnern beteiligten. Doch die Polizei des katholisch-konservativ regierten Landes erstickte den Protest, indem sie massiv gegen die Demonstranten vorging und 80 vermeintliche Rädelsführer verhaftete, von denen 71 später wegen Landesverrats verurteilt wurden.

Andernorts nahmen braune Haudegen die Abrechnung mit politischen Widersachern selbst in die Hand. Schlägertrupps der SA sprengten Versammlungen politischer Gegner und verwüsteten deren Büros. Aktivisten der »Nationalsozialistischen Betriebszellenorganisation« (NSBO) besetzten gewaltsam die Räumlichkeiten der freien Gewerkschaften. In Staßfurt erschoss ein junger Parteigenosse den sozialdemokratischen Bürgermeister, in Eisleben ein SA-Mann einen Kommunisten. Die einzige offizielle Reaktion war das Verbot des SPD-Blatts *Vorwärts*, das den Mord angeprangert hatte. Sogar mancher braune Parteifunktionär erschrak über das Ausmaß der entfesselten Randale. Als SA-Männer die Gewerkschaftszentrale im schlesischen Liegnitz demolierten, befand der zuständige Kreisleiter der NSDAP, dass die »sinnlose Zerstörung« schlimmer sei als alles, was der kommunistische Spartakusbund 1919 angerichtet habe.

Der neue Reichskanzler, der diesen Druck von der Straße geschickt für den Ausbau seiner Machtstellung einsetzte, bemühte sich gleichwohl, jeden Anschein eines fundamentalen Umsturzes der bestehenden Ordnung zu vermeiden. In seinem ersten Rundfunkauftritt entwickelte Hitler vor Millionen von Hörern ein beschwichtigendes Regierungsprogramm: Die neue Staatsspitze werde »die Fundamente wahren und verteidigen, auf denen die Kraft unserer Nation beruht. Sie wird das Christentum als Basis unserer gesamten Moral, die Familie als Keimzelle unseres Volks- und Staatskörpers in ihren festen Schutz nehmen.« Mit viel Kreide in der Stimme scheute der Wolf abermals nicht vor der Berufung auf höhere Instanzen zurück. Der »Allmächtige« habe in den Jahren zuvor »unserem

»Viel Kreide in der Stimme«: In seiner ersten Rundfunkansprache als Reichskanzler am 1. Februar 1933 schlug Hitler äußerst moderate Töne an

Volk seinen Segen entzogen«. Dann folgte die Rede dem Strickmuster, das in dieser Zeit seine sämtlichen Ansprachen durchzog: 14 Jahre lang sei das deutsche Volk von den »Systemparteien« zugrunde gerichtet worden. Nun aber sei mit der »Regierung der nationalen Einheit« die Rettung nahe, wenn auch unter schwersten Anstrengungen. Gleichwohl verhieß der Kanzler die vollständige Sanierung und Rehabilitierung des Landes, die »Überwindung der kommunistischen Zersetzung Deutschlands«, eine neue Wirtschaftsblüte sowie den Abbau der Arbeitslosigkeit binnen gerade einmal vier Jahren. Dabei vergaß er nicht die pathetische Verbeugung vor seinem Vorgesetzten und Protektor: »Indem der ehrwürdige Herr Reichspräsident uns in diesem großherzigen Sinne die Hände zum gemeinsamen Bunde schloss, wollen wir als nationale Führer Gott, unserem Gewissen und unserem Volke geloben, die uns damit übertragene Mission als nationale Regierung entschlossen und beharrlich zu erfüllen.«

Auch ohne diesen Kotau dürfte Hindenburg den Worten seines Kandidaten mit Genugtuung gelauscht haben. In wesentlichen Punkten, namentlich der Ankündigung einer auf neue Geltung abzielenden Au-

»Welch ein Instrument der Massenpropaganda ist heute der Rundfunk! Und wie wenig haben Hitlers Gegner bisher damit anzufangen gewusst! Hat es denn vor dem 30. Januar überhaupt kein Radio gegeben? Unbegreiflich! Arme, gottverlassene bürgerliche Parteien, wie leicht habt ihr euch die Macht aus den Händen schlagen lassen!«

Erich Ebermayer, Schriftsteller, Tagebuch 11. Februar 1933

ßenpolitik, deckte sich Hitlers proklamiertes Programm weitgehend mit der Weltsicht seines Vorgesetzten und übernahm, wie sein Biograf Wolfram Pyta befindet, »eins zu eins Hindenburgs Lesart der deutschen Geschichte«. Hitlers erste öffentliche Absichtserklärung war eine wirkungsvolle Anbiederung des Kanzlers an das Staatsoberhaupt. »Der ganz auf Hindenburgs Denken zugeschnittene Aufruf vom 1. Februar 1933«, so Pyta, »ließ bereits erkennen, wie groß die politische Schnittmenge zwischen dem Reichspräsidenten und seinem Regierungschef war.« – »Mit dem Alten steht er schon ganz gut«, notierte auch Goebbels nach einem abendlichen Gespräch mit Hitler. »Das ist auch notwendig.«

Allerdings war zu diesem Zeitpunkt noch offen, wie sich das Verhältnis der beiden obersten Staatslenker weiterentwickeln würde. Noch waren sie sich bis dahin ganze sechs Mal begegnet, dabei nur ein einziges Mal unter vier Augen. Der Präsident hatte seine Vorbehalte gegen den österreichischen Aufsteiger aus einer ihm fernen Gesellschaftsschicht noch keineswegs vollständig abgelegt. Mit seiner Unterschrift unter die Ernennungsurkunde hatte er Hitler einen großzügigen Vertrauensvorschuss gewährt, und den musste der Amtsneuling nun zuerst einmal zurückzahlen. Unter dem kritischen Blick des Generalfeldmarschalls mühte sich der Gefreite redlich. »Bereits Anfang Februar 1933 zeichneten sich die Konturen einer Arbeitsteilung zwischen Hitler und Hindenburg ab«, konstatiert der Historiker Wolfram Pyta. »Hitler trat als Inhaber der legalen Herrschaft auf, der aus der Position des Regierungschefs die politische Arbeit verrichtete, während Hindenburg sein Amt als Reichspräsident weitgehend ruhen ließ und sich auf die charismatischen Grundlagen seiner Herrschaft zurückzog – allerdings jederzeit bereit, in die Befugnisse seines Amtes einzutreten, wenn der Reichskanzler gegen seine Direktiven verstoßen sollte.«

Man kann den 30. Januar 1933 als eine praktische Selbstabdankung Hindenburgs gelten lassen, als einen freiwilligen Rückzug auf bestimmte Befugnisse, die aber nicht aktiviert wurden wie etwa die Befugnis, Oberbefehlshaber der Reichswehr und damit der bewaffneten Macht zu sein.

Wolfram Pyta, Historiker und Hindenburg-Biograf

Die Stellung des neuen Regierungschefs war zu Beginn keineswegs so unangefochten, wie es die spätere politische Entwicklung suggerieren mag. Im Kabinett sah er sich zusammen mit seinen Parteifreunden Göring und Frick einer nationalkonservativen Phalanx früherer Gegner gegenüber, die ursprünglich davon ausgegangen waren, den gering geschätzten braunen Populisten zur Festigung ihres eigenen Einflusses instrumentalisieren zu können. Dabei befanden sie sich im Einvernehmen mit großen Teilen der Verwaltung und des Beamtenapparats, deren Loyalität weithin einem reaktionären Obrigkeitsstaat galt, wie ihn der Reichspräsident verkörperte.

Bei seiner ersten Amtshandlung wusste Hitler sich im Einvernehmen mit Hindenburg, als er die Auflösung des Reichstags und eine baldige Neuwahl verkündete, da sich die »Bildung einer arbeitsfähigen Regierung als nicht möglich herausgestellt« habe. Gleichzeitig versprach er Wohltaten für die Not leidende Bevölkerung wie auch die »Erhaltung und Festigung des Friedens« in Europa.

Was er wirklich im Schilde führte, offenbarte Hitler wenige Tage später unverhüllt, allerdings hinter verschlossenen Türen. Eilfertig hatte der neue Reichswehrminister Werner von Blomberg für den 3. Februar einen Antrittsbesuch des Kanzlers bei den wichtigsten Befehlshabern der Armee arrangiert. Schauplatz der Vorstellungsrunde war die Dienstwohnung des Chefs der Heeresleitung, Kurt von Hammerstein-Equord – just jene Räume, in welchen Claus Schenk Graf von Stauffenberg über ein Jahrzehnt später den Staatsstreich gegen Hitler vorbereiten sollte. Der Wortlaut von Hitlers abendlichem Monolog ist der Nachwelt auf kuriose Weise erhalten geblieben: Vor wenigen Jahren erst kam ein gestrafftes Gesprächsprotokoll in einem Moskauer Archiv zum Vorschein. Offenbar war dieses Papier über eine der Töchter Hammersteins, die mit einem Kommunisten liiert war, auf Stalins Schreibtisch gelangt. Wie viele Zeitgenossen schien auch der sowjetische Diktator die Tragweite von Hitlers Ankündigungen nicht ausreichend erkannt zu haben.

Dabei enthielt dieser Vortrag in Kurzform bereits das Programm für Hitlers Eroberungs- und Vernichtungskrieg. Zur Rettung des ihm anvertrauten Landes forderte der Gastredner der Ab-

Blombergs Ernennung zum Kriegsminister muss man vor dem Hintergrund sehen, dass Hindenburg sagt: »Wenn ich Hitler zum Reichskanzler ernenne, dann darf das Wehrressort nicht an einen Nationalsozialisten fallen – also nehme ich einen unpolitischen und als ministrabel geltenden General.« Das war Blomberg.

Sönke Neitzel, Historiker

»Eroberung neuen Lebensraums«: Ausgerechnet in der Dienstwohnung des »roten Generals« Kurt von Hammerstein-Equord weihte der neue Reichskanzler am 3. Februar die Armeeführung in seine außenpoltischen Ziele ein

schrift zufolge eine »groß angelegte Siedlungspolitik, die eine Ausweitung des Lebensraumes des deutschen Volkes zur Voraussetzung hat«. Dazu wiederum müssten innenpolitisch pazifistisches und demokratisches Gedankengut (was Hitler gewöhnlich unter dem Etikett »marxistisch« subsumierte) »zerschlagen« werden. Als weitere Handlungsschritte entwickelte der frisch gekürte Regierungschef mit klaren Zeitvorgaben einen menschenverachtenden Plan, der nur wenige Jahre später tatsächlich mit Millionen Todesopfern erkauft werden sollte: »Erst muss der Marxismus ausgerottet werden. Dann wird das Heer durch die Erziehungsarbeit meiner Bewegung ernsthaftes Rekrutenmaterial haben«, redete sich der eingeladene Wortführer immer mehr in Erregung. »Ich setze mir eine Frist von sechs bis acht Jahren, um den Marxismus vollständig zu vernichten. Dann wird das Heer fähig sein, eine aktive Außenpolitik zu führen, und das Ziel der Ausweitung des Lebensraums des deutschen Volkes wird auch mit bewaffneter Hand erreicht werden. Das Ziel würde wahrscheinlich der Osten sein. Doch eine Germanisierung der Bevölkerung des annektierten beziehungsweise eroberten Landes ist nicht möglich. Man kann nur Boden germanisieren.« Allein diese beiläufige Bemerkung enthielt bereits den Kern des späteren militärischen Mord- und Raubzugs.

Geschickt wickelte der Redner seine uniformierten Zuhörer mit viel

Lorbeer ein: »Wir werden der Armee zur Seite stehen und mit der Armee und für die Armee arbeiten. Die ruhmreiche deutsche Armee, in der noch derselbe Geist herrscht wie während ihrer Heldenzeit im Weltkrieg, wird selbstständig ihre Aufgaben erfüllen.« Hochtrabend schloss der Kanzler mit seiner eigenen Erhebung zur Rettergestalt: »Sie werden nicht wieder einen Mann finden, der sich so mit ganzer Kraft für sein Ziel, für die Errettung Deutschlands, einsetzte wie ich.«

Bei den versammelten Generälen stießen Hitlers radikale Wahnvorstellungen keineswegs auf Protest. Eher bewirkte die Rede einen Stimmungsumschwung. Mit unverhohlener Skepsis hatten die Befehlshaber den in privater Umgebung oft unbeholfen wirkenden Weltkriegsgefreiten empfangen, kühl und reserviert die linkischen Verbeugungen des Frackträgers in ihrer Mitte quittiert. Gegenüber seinem Amtsvorgänger Schleicher erschien Hitler in diesem Kreis aufgrund seines Werdegangs als Außenseiter, dessen parteieigene Schlägertruppe zudem als wachsende Konkurrenzorganisation zur Reichswehr beargwöhnt wurde. Doch wie so oft verstand es der Gastredner, auf durchaus charismatische Weise das in Worte zu fassen, was die Angesprochenen hören wollten. »Aufrüstung«, »Wehrhaftmachung«, »Machtzuwachs des Militärs im Staat« waren Schlüsselbegriffe, um die Skepsis der Generalität zu mildern. Vor allem aber beruhigte er die Befehlshaber in Bezug auf befürchtete Machtambitionen der SA und wertete eine, gleichwohl entpolitisierte, Armee als Stütze des von ihm angestrebten Staatsgebildes auf. Der Marinechef Admiral Erich Raeder fand gewiss die treffenden Worte für den vorherrschenden Eindruck in der Runde seiner Kommisskameraden, als er die Rede als »außerordentlich befriedigend« beurteilte. Allzu lange hatte sich die Reichswehrführung durch die Versailler Vertragsbedingungen in ihrer Handlungsfreiheit beschränkt gefühlt, Hitlers Visionen mochten manchem in dieser Hinsicht als Verheißung erschienen sein. »Morsches im Staat muss fallen, das kann nur mit Terror geschehen«, ergriff Oberst Walther von Reichenau kurze Zeit

»Wie soll pol. Macht, wenn sie gewonnen ist, gebraucht werden? Jetzt noch nicht zu sagen. Vielleicht Erkämpfung neuer Export-Mögl., vielleicht – und wohl besser – Eroberung neuen Lebensraums im Osten u. dessen rücksichtslose Germanisierung.«

Aufzeichnung von General Liebmann über die Ansprache Hitlers am 3. Februar 1933

Dass diese Rede sofort nach der Machtergreifung stattfand, bei der ersten und besten Gelegenheit, zeigt, wie wichtig es Hitler war, die Reichswehr für sich und seine Pläne zu gewinnen.

Reinhard Müller, Historiker

danach gegenüber den Wehrkreisbefehlshabern Partei für Hitler. »Die Partei will gegen den Marxismus rücksichtslos vorgehen. Aufgabe der Wehrmacht: ›Gewehr bei Fuß‹.«

Dass seine Vorhaben nicht nur leere Worte bleiben sollten, bewies der Kanzler bereits am folgenden Tag. Beim Reichspräsidenten erwirkte er ein Dekret, dessen wohlklingende Überschrift, wie von nun an üblich, über ihren schonungslosen Gehalt hinwegtäuschen sollte. Die Verordnung »Zum Schutze des deutschen Volkes« vom 4. Februar 1933 war eine nur wenig verschlüsselte Kampfansage an die kurze Tradition von Grundrechten und Bürgerfreiheit in Deutschland. Personen, bei denen lediglich ein Verdacht auf Landes- und Hochverrat oder eine bewaffnete Störung der öffentlichen Sicherheit bestand, konnten fortan bis zu drei Monate in Haft genommen werden. Ausgenommen von diesen Maßnahmen waren selbstredend die eigenen SA- und »Stahlhelm«-Trupps, die mehr und mehr die Funktion von Hilfspolizisten übernahmen, ohne sich freilich von Gesetzen und Vorschriften zügeln zu lassen. Als preußischer Innenminister auch oberster Hüter der Polizeigewalt, ließ Hermann Göring ihnen unverhohlen freie Hand, wenn es um Gewaltaktionen gegen Linke ging. »Parteiarmeen wurden in den Dienst der neuen Regierung gestellt«, konstatiert der Historiker Heinrich August Winkler, »um die politischen Gegner im Wahlkampf einzuschüchtern.«

Gleichzeitig hob Göring die polizeiliche Überwachung seiner eigenen Partei und deren paramilitärischer Organisationen auf. Mit Zustimmung breiter Teile der Bevölkerung, die nichts so sehr zu fürchten schienen wie einen Aufstand der »Roten«, setzten die Rollkommandos handgreiflich in die Tat um, was Hitler als »Beseitigung des Marxismus« angekündigt hatte.

Der gewalttätige Aktionismus mochte darüber hinwegtäuschen, dass die Herausforderung für den neuen Kanzler gewaltig war, in einer desaströsen Ausgangslage seine vielfältigen Versprechungen zu verwirklichen. Die Erwartungshaltung im Land war nach der vielen Wahlkampfrhetorik größer als Hitlers Handlungsspielraum. Die Stimmung im Lande, warnte der geschäftsführende Ministerpräsident Sachsens, Walther Schieck, Anfang Februar den Kanzler, »ist äußerst gedrückt und vielfach verzweifelt. Es ist nicht zu verwundern, dass unter diesen Verhältnissen eine radikale Propaganda, namentlich diejenige von Kommunisten geleiteter Erwerbs-

»Pseudoliturgische Erweckungsfeier«: Zu Hitlers erstem öffentlichen Auftritt als Reichskanzler am 10. Februar 1933 strömten die Massen in den Berliner Sportpalast

losenräte, leichtes Spiel hat.« Auch an der Basis der NSDAP machte sich Unmut über Hitlers Pakt mit der »Reaktion« bemerkbar.

Der politische Debütant mühte sich daher, die Hoffnung auf Wundertaten eher zu dämpfen. »Deutsches Volk, gib uns vier Jahre Zeit, dann richte und urteile über uns!«, beschwor der Kanzler sein Auditorium bei seinem ersten öffentlichen Auftritt im überfüllten Berliner Sportpalast am 10. Februar. »Er versprach nicht, dass es von morgen an besser werden könne«, fasste die Hamburger Lehrerin Luise Solmitz, die die Rede am Radio mitverfolgte, ihren Eindruck zusammen, »aber er versprach, dass von nun an der deutsche Geist wieder Deutschland leiten solle.«

Für diese Kundgebung hatten die Veranstalter ihr gesamtes propagandistisches Arsenal ausgeschöpft. Unzählige Hakenkreuzfahnen und Spruchbänder mit antimarxistischen Parolen zierten die Wettkampfstätte der Radrennfahrer und Eiskünstler. Gleich zu Beginn ertönten Militärmärsche, volkstümliche Melodien und schließlich das »Deutschlandlied« durch das Hallenrund. Als Vorredner und »Reporter« heizte Goebbels professionell die Stimmung an, bis unter anschwellenden »Heil«-Rufen der Hauptdarsteller die Bühne betrat. »Und plötzlich bricht das Gewitter herein«, beschreibt Stéphane Roussel, die als Berichterstatterin auf der Zuschauertribüne Platz genommen hatte. »Alle suchen sich irgendwo einen Platz, ganz gleich, wo, dabei immer jubelnd und singend. Ich ertappe mich dabei, dass ich zur Decke hinaufschaue, als befürchtete ich, der Schall der ›Heil-Hitler‹-Rufe der zwanzigtausend Zuschauer könne sie zum Einsturz bringen. Mit einem Mal stehen alle. Und da ist auch Hitler, der durch ein Tor, ganz hinten im Saal, begleitet von einem ganzen Stab von Mitarbeitern, seinen Einzug hält. Ein wenig wie ein Torero, der die Arena unter dem Jubel eines Publikums betritt, das ein großartiges Schauspiel, einen dramatischen Todesstoß gegen die Feinde des Regimes erwartet.« Gegenüber früheren Auftritten konnte der Agitator diesmal auf noch breitere Resonanz setzen. »Wir wenden alle Mittel an«, hielt Goebbels im Tagebuch fest. »Geld haben wir, der Rundfunk gehört uns.« Der landesweit ausstrahlende Radiosender, auf den die Regierungspartei nun Zugriff hatte, und die Wochenschauen sorgten für eine bisher nie dagewesene Verbreitung dessen, was Hitler zu sagen hatte.

Nach der obligatorischen Abrechnung mit der »Misere« der vergangenen 14 Jahre und ihren Verursachern präsentierte Hitler sich als aufopferungsbereiter Retter, der nun in höchster Not darangehe, die deutsche Nation ohne Hilfe von außen wieder aufzurichten. Dabei vermied er tunlich jede Festlegung auf irgendwelche konkreten Vorhaben. Manche Zuhörer vermochten selbst seine planerischen Defizite zu seinen Gunsten zu verbuchen. »Ich freue mich über Hitlers Programmlosigkeit«, schrieb Luise Solmitz in ihr Tagebuch, »denn entweder ist ein Programm Lüge, Gimpelfang oder Schwäche. – Der Starke handelt aus der Notwendigkeit einer ernsten Stunde heraus und kann sich nicht binden.«

Hitlers Programm hieß »Deutschland«. Seinen Anhängern schien das zu genügen. Die meisten Zuhörer im Saal berauschten sich an der pseudoliturgischen Inszenierung dieser Erweckungsfeier, an deren Ende Hitler sich nicht zu schade war, wie ein Priester beschwörend zu psalmieren: »Ich kann mich nicht entfernen von der Liebe zu diesem meinem Volk und hege felsenfest die Überzeugung, dass eben doch einmal die Stunde kommt, in der die Millionen, die uns heute hassen, hinter uns stehen und mit uns dann begrüßen werden das ge-

»Genau die richtige Mischung für seine Hörer: Brutalität, Drohungen, Kraftprotzentum und dann wieder Demut vor dem oft zitierten ›Allmächtigen‹.«

Erich Ebermayer, Schriftsteller, Tagebuch 11. Februar 1933

meinsam geschaffene, mühsam erkämpfte, bitter erworbene neue Deutsche Reich der Größe und der Ehre und der Kraft und der Herrlichkeit und der Gerechtigkeit. Amen.«

Hitler hat bei den damaligen Deutschen ins Schwarze getroffen. Eine solch enge Beziehung zwischen Staat und Volk, zwischen Regierung und Volk hat es in der deutschen Geschichte niemals gegeben.
Ralph Giordano

Hautnah eingekeilt in die begeisterte Menge, erlebte die Reporterin Stéphane Roussel die Ansprache eher mit Unbehagen: »Die Tausenden von Menschen sind aufgesprungen, strecken dem Führer die Arme entgegen, sie lachen, weinen oder sperren den Mund weit auf, ohne dass ein Ton herauskommt, weil die Erregung ihnen die Kehle zuschnürt. Ich sehe meine Nachbarin an. Dicke Schweißtropfen laufen ihr über das Gesicht. ›Es ist heiß‹, flüstert sie mir zu. Zwei Stunden hat sie gebraucht, um das zu merken.«

Die damals von politischen Gegnern verbreitete Losung »Hitler bedeutet Krieg« war aus der öffentlichen Antrittsrede des Kanzlers kaum herauszulesen – im Gegenteil. »Ich hatte mir damals zum Mitschreiben ein eigenes System von Kürzeln ausgedacht«, bestätigt Stéphane Roussel.

»Kraftfahrt tut not«: Auf der Internationalen Automobilausstellung im Februar 1933 propagierte der neue Reichskanzler die »Motorisierung des deutschen Volkes«

»Das Wort ›Frieden‹ bezeichnete ich jeweils mit einem kleinen Kreuz. Als ich meine Notizen am Ende der Rede betrachtete, stellte ich fest, dass die ganze Seite mit solchen Kreuzen übersät war: ›Wie ein Friedhof‹, dachte ich mir.«

Hitler brauchte Blomberg als Verbündeten in einer traditionellen Elite, die ihm sonst vielleicht verschlossen geblieben wäre.

Kirstin Schäfer, Historikerin und Blomberg-Biografin

Entgegen seiner formelhaft wiederholten Ankündigung von der »Wiederwehrhaftmachung« übte Hitler auch im Kabinett auffallend pragmatische Zurückhaltung. Die schon von seinen Vorgängern initiierte Wiederaufrüstung hielt sich zunächst noch in ihrem konventionellen Rahmen. Der Kanzler ermahnte seinen Reichswehrminister Mitte Februar sogar ausdrücklich, auf höhere Etatforderungen zu verzichten, und wies seine Minister an, sich »bei der Aufrüstung größte Zurückhaltung« aufzuerlegen. Für den nun anrollenden Wahlkampf erkannte der Demagoge, dass breite Zustimmung nicht mit militärischen Expansionsfantasien zu erlangen war. Wollte er bei der geforderten Reichstagswahl im März den Stimmenanteil für seine Partei deutlich erhöhen, zumal mithilfe der bisherigen Nichtwähler, so genügte es nicht mehr, auf Versailles zu schimpfen und die Republik für alles Elend haftbar zu machen. Die Wähler wollten jetzt materiell spürbare Erfolge sehen. Angesichts von Massenarbeitslosigkeit und Armut zählten jetzt Arbeitsbeschaffung, Wohnungsbauprogramme, Konjunkturbelebung.

Als Motor für den Wirtschaftsaufschwung entdeckte er ein neues Wundermittel: das Kraftfahrzeug. Zum ersten Mal ließ es sich ein Kanzler nicht nehmen, die Eröffnungsrede der Internationalen Automobilausstellung zu halten, die am 11. Februar ihre Tore öffnete. Hitler, auch privat ein passionierter Autonarr, versprach, die »heute wohl wichtigste Industrie« durch ein Bündel von Maßnahmen zu fördern. Tatsächlich sollte das Schlagwort von der »Motorisierung des deutschen Volkes« wie eine Initialzündung wirken. Im März 1933 verzeichnete die Automobilindustrie gegenüber dem gleichen Monat des Vorjahrs eine Steigerung von 42 Prozent der Zulassungen. Wie ein Zauber-

Wenn man früher die Lebenshöhe eines Volkes oft nach der Kilometerzahl der Eisenbahnen zu messen suchte, wird man in der Zukunft die Kilometerzahl der für den Kraftverkehr geeigneten Straßen anzulegen haben.

Hitler bei der Eröffnung der Internationalen Automobilausstellung, 11. Februar 1933 wort klang auch die Ankündigung der Erweiterung des Straßennetzes und insbesondere des Baus von Autobahnen. Was bis heute wie eine wundersame Erfindung der Nationalsozialisten erscheint, war in Wirklichkeit nur die Umsetzung von detailliert ausgearbeiteten Plänen, die schon seit Mitte der zwanziger Jahre in den Schubladen der Autolobby lagen, aber durch die Wirtschaftskrise größtenteils blockiert waren. Wie andere Fraktionen hatte auch die NSDAP damals keinerlei Interesse an derartigen Infrastrukturvorhaben gezeigt. Nun, als Kanzler, präsentierte Hitler die bereits in den USA und in Italien realisierte Neuheit wie eine Eigenkreation.

Ähnlich verhielt es sich mit anderen Erfolgsmeldungen, die fälschlich der neuen Regierung zugute geschrieben wurden. Arbeitsbeschaffungsmaßnahmen und Rüstungsprogramm waren schon von der Regierung Schleicher in die Wege geleitet, die Aufbaupläne von den Vorgängern weitgehend fixiert worden. Der Wirtschaftshistoriker Christoph Buchheim gelangt nach umfassender Untersuchung der ökonomischen Daten zu dem Schluss, dass der später dem »Führer« zugeschriebene Konjunkturaufschwung in Wirklichkeit schon Ende 1932 seinen Anfang genommen hatte. Die von der Regierung Hitler eingeleiteten Maßnahmen hatten dagegen keinen Einfluss auf die Belebung, stattdessen eher Verunsicherung und Unruhe zur Folge: »Die Erholung von der Weltwirtschaftskrise in Deutschland, die im Herbst 1932 begann, setzte sich 1933 fort nicht *wegen* sondern *trotz* der Usurpation der Macht durch die NS-Diktatur«, lautet Buchheims Fazit.

Gleichwohl war es in allererster Linie der neue Kanzler, der die Früchte einer zart aufblühenden Wirtschaftsentwicklung ernten durfte. Dank hoffnungsfroh stimmender Vorzeichen und vor allem Hitlers konkurrenzlosen Propagandatalents entwickelte sich die neue Regierungspolitik rasch zu einer One-Man-Show. Von einer erdrückenden konservativen Mehrheit, die den Demagogen unter Kontrolle zu halten oder gar wirkungsvoll zu bremsen gedachte, konnte keine Rede mehr sein. Nach kurzer Zeit verlor sie sich im Schatten der vermeintlichen Lichtgestalt. Allerdings lag das nur zum Teil am dominanten Auftreten des Kanzlers. In größerem Maße, als sie im Rückblick wahrhaben wollten, trugen die konservativen Kabinettskollegen Hitlers erste Regierungsmaßnahmen mit. Mit Ausnahme von Hindenburgs Intervention zugunsten jüdischer Frontveteranen legten die Bündnispartner in keinem Fall ein Veto gegen Hitlers Politik ein. Was

»Wolf im Schafspelz«: Wenige Tage nach der Machtergreifung lässt sich Hitler von seinem Leibfotografen Heinrich Hoffmann im staatsmännischen Gewand ablichten

die Demontage der Weimarer Verfassung oder antisemitische Grundüberzeugungen betraf, so war etwa Vizekanzler Franz von Papen mit seinen Ansichten nicht weit von der Linie der Kanzlerpartei entfernt. »Schon im Mittelalter«, beschied der Katholik den Berliner Dompfarrer, »seien Juden schließlich mit einem gelben Flecken den Pestkranken gleichgestellt worden.« Der selbst ernannte vermeintliche Bändiger, der sich kurz zuvor noch damit gebrüstet hatte, sich »Hitler engagiert« zu haben, legte nun notorische Zurückhaltung an den Tag.

Und wenn die Koalitionäre sich dennoch vom Regierungschef übergangen fühlten, dann warteten sie vergeblich auf die erhoffte Rückendeckung durch den Reichspräsidenten. Als die Konservativen in den Entwurf des Ermächtigungsgesetzes Klauseln einbauen wollten, die eine Alleinherrschaft der Regierungspartei verhindern sollten, blieb Hindenburgs Beauftragter Meißner im Kabinett demonstrativ tatenlos. »Hindenburg war kein Vertreter konservativer Interessen«, konstatiert sein Biograf Wolfram Pyta. »Er verstand sich nicht als Preußisch-Konservativer im strengen Sinn. Sein oberstes Ziel sah er in der nationalen Einigung, wobei er in Kauf nahm, dass die Gegner dieses Projekts ausgeschaltet wurden.«

Als wesentliche Ursache der politischen Radikalisierung betrachtet der Historiker Fritz Stern, als Schüler in Breslau selbst Zeuge des gesellschaftlichen Umbruchs, das »große Schweigen der Mehrheit im Lande, der Beamten, der Justiz, der Kirchen. Nach meinem Gefühl waren die Nazis selbst überrascht, wie schnell die großen Institutionen, die es damals noch gab, ihre Anpassung, ihre Gleichschaltung hingenommen haben.«

In diesem Prozess kam den neuen Machthabern, wieder einmal, ein unerwarteter Zufall zu Hilfe. Am Abend des 27. Februar erreichte die französische Journalistin Stéphane Roussel ein Anruf der Deutschen Presseagentur in ihrem Berliner Büro: Der Reichstag stehe in Flammen. »Im Laufschritt eilten mein Kollege, ein Sonderkorrespondent aus Paris, und ich durch den Tiergarten«, erinnert sie sich. »Nach zehn Minuten standen wir vor dem Parlamentsgebäude. Noch stand das große Kuppeldach, aber kurz darauf ließ die Hitze das Glas zerbersten, durch das dann die Flammen loderten.«

Es war das Menetekel einer neuen Zeit.

Reichstagsbrand

> **Der Brand entzündete einen Sturm, der Europa, ja die Welt in Flammen setzen sollte. Es traf uns alle unvorbereitet. Über die Braunhemden hatten wir gelacht. Ja, wir alle hatten wie in einer Seifenblase gelebt.**
> Tisa von der Schulenburg, damals Künstlerin in Berlin

Der 27. Februar 1933 war ein kalter Wintertag. Die Thermometer in der Berliner Innenstadt zeigten drei Grad minus. Genau vier Wochen war es her, dass Adolf Hitler sein Amt als Reichskanzler angetreten hatte und tausende Braunhemden sich zu einem »spontanen« Fackelzug durch das Brandenburger Tor zusammengefunden hatten. Doch an diesem Montagabend wirkte das Regierungsviertel zwischen Spreebogen und Wilhelmstraße wie ausgestorben. Nur wenige Menschen eilten durch die eisige Nacht. Auch der Theologiestudent Hans Flöter, der Unter den Linden im Lesesaal der Preußischen Staatsbibliothek gearbeitet hatte, lief fröstelnd nach Hause. Als er das mächtig und dunkel daliegende Gebäude des Reichstags passierte, erschreckte ihn plötzlich das Klirren von Glas. Er blickte auf und erkannte in einem Fenster neben dem Hauptportal eine schemenhafte Gestalt, die anscheinend mit offenem Feuer hantierte. Flöter zögerte keine Sekunde: Er rannte los und holte einen der Polizeibeamten herbei, die stets in der Umgebung des Parlamentsgebäudes Streife liefen. Damit glaubte er, seiner staatsbürgerlichen Pflicht Genüge geleistet zu haben, und setzte seinen Heimweg fort. Es war fünf Minuten nach neun.

Kurze Zeit später tauchten neben dem Schutzmann zwei weitere Passanten auf, die den Vorgang ebenfalls beobachtet hatten. Bestürzt sahen die Männer, wie sich der Feuerschein im Inneren des Parlamentsgebäudes fortbewegte. Ganz ohne Zweifel – hier war ein Brandstifter am Werk! Einer der beiden Zivilisten hastete los zur einige hundert Meter entfernten Polizeiwache am Brandenburger Tor: »Sofort kommen! Der Reichstag brennt!« Dort überlegten die Beamten nicht lange: Der diensthabende Polizeileutnant Emil Lateit sprang umgehend mit zwei Schutzleuten in einen Überfallwagen und raste los. Das Wachbuch des Reviers verzeichnete ihre Abfahrt: 21.15 Uhr. Wenig später kamen die Beamten am Nordportal des Gebäudes an, wo zur gleichen Zeit auch der von einem Nachtpförtner alarmierte Alexander Scranowitz, der Hausinspektor des Reichstags, eintraf. Gemeinsam stürmten die Männer mit anderen inzwischen herbeigeeilten Polizisten ins Innere des Baus. In den mächtigen Wandelhallen loderten überall kleinere Brände. Hier brannte ein Läufer, dort ein Papierkorb. In der Hektik verloren sich Scranowitz und die anderen jedoch rasch aus den Augen. So war es Lateit, der gegen 21.21 Uhr als Erster das Feuer im großen Plenarsaal bemerkte. Er sah offene Flammen am Präsidiumstisch und spürte, wie er später zu Protokoll gab, eine große Hitze. Kurz darauf warfen auch Scranowitz und Polizeiwachtmeister Helmut Poeschel einen kurzen Blick in den Saal. Die schweren Vorhänge hinter dem Präsidium brannten jetzt lichterloh; sonst konnten sie nur kleinere Brände und kaum Rauchentwicklung erkennen. Inzwischen waren auch die ersten Löschzüge der Berliner Feuerwehr am Reichstagsgebäude eingetroffen. Es war gegen 21.25 Uhr, als Brandmeister Waldemar Klotz von der Feuerwache Moabit zum Plenarsaal rannte, der jetzt in dichten Rauch gehüllt war. Offenes Feuer konnte der Feuerwehrmann nicht mehr erkennen – doch Klotz schlug mit einem mächtigen Luftzug eine gewaltige Hitze entgegen. Obwohl er die Tür nur für Sekundenbruchteile geöffnet hatte, spürte er plötzlich, wie sich der Luftzug abrupt umkehrte. Dann sah er eine helle Flamme zur Kuppel hinauflodern. Der Brandmeister schloss die Tür sofort wieder, da er eine Stichflamme befürchtete. Er ließ Schläuche für eine Kühlung des Saals herbeischaffen – doch es war schon zu spät. Nur zwei Minuten später, um 21.27 Uhr, ging der Saal, wie ein Gutachten der Berliner Feuerwehr später festhielt, mit einem lauten Knall »ruckartig in ein Flammenmeer auf«. Sofort platzte die gläserne Staubdecke des Saals; wenig später auch die Kuppel des Reichstags. Die Flammen schlugen weit hinaus in die kalte Februarluft. »Zwischen den vier Seitenflügeln ragt die riesige Glaskuppel des Mittelteils als ein einziges Feuermeer in den Nachthimmel«, beschrieb ein Reporter des *Berliner Tageblatts* seine Eindrücke. »Der Schein der Flammen, die aus dem Inneren herauslodern, beleuchtet grell die dunklen umliegenden Gebäudeteile. An der steinernen Kuppelkrönung züngeln die Flammen empor.« Jetzt sorgte der Kamineffekt dafür,

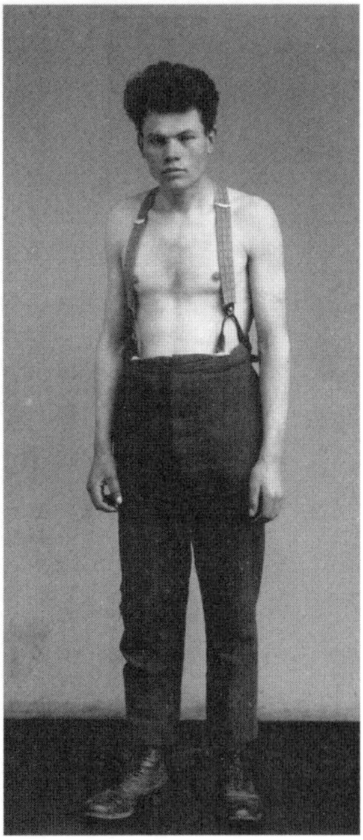

Oben: »Ein einziges Feuermeer«: Am Abend des 27. Februar 1933 steht der Reichstag in Flammen
Unten: »Protest! Protest!«: Feuerwehrleute vor dem brennenden Plenarsaal (links). Marinus van der Lubbe nach seiner Festnahme (rechts)

dass das hölzerne Mobiliar des Plenarsaals lichterloh brannte. Die Bühne des deutschen Parlamentarismus war rettungslos verloren.

Hausinspektor Scranowitz und Schupo Poeschel waren derweil weiter durch das Hauptgeschoss des Parlamentsgebäudes gelaufen. In einem Nebensaal, mitten unter einem großen Kronleuchter, stolperte ihnen plötzlich wie aus dem Boden gewachsen eine Gestalt entgegen. Poeschel zog seine Pistole: »Hände hoch!« Der Mann, bis auf Hose und Hosenträger nackt, riss keuchend die Arme nach oben. Er war groß und kräftig, vielleicht Mitte zwanzig. Das dunkle Haar hing ihm wirr in die Stirn. Poeschel drückte ihm die Pistolenmündung auf die schweißtriefende Brust und untersuchte mit der Linken seine Hosentaschen. Er fand ein Taschenmesser, eine Geldbörse und einen holländischen Pass. Poeschel blätterte ihn auf und las den Namen: Marinus van der Lubbe. Da konnte der vor Wut zitternde Scranowitz nicht mehr an sich halten. Er brüllte den mutmaßlichen Brandstifter an: »Warum hast du das gemacht?« Der stieß mit hartem Akzent hervor: »Protest, Protest!«

Der Reichstagsbrand – auch viele Jahrzehnte nach jener Nacht im Februar 1933 scheiden sich daran noch immer die Geister. Hatte der verwirrte junge Holländer tatsächlich ganz allein das Parlamentsgebäude angesteckt? Oder war es doch so, wie laut einer Online-Umfrage der Zeitung *Die Welt* von Februar 2008 noch heute mehr als 50 Prozent der Deutschen glauben: Die Nationalsozialisten hätten den Brand gelegt? »Erst brannte der Reichstag, dann die ganze Welt« – diese einfache Logik ist tatsächlich verführerisch. Die Flammen, die aus der Reichstagskuppel loderten, schienen so fugenlos ins Konzept von Hitlers »Machtergreifung« zu passen, dass die Täterschaft der Nazis jahrzehntelang nicht in Zweifel gezogen wurde. Zweifelsohne stellte der Reichstagsbrand einen tiefen Einschnitt im Prozess der Machteroberung dar. Erst jetzt gewann die nationalsozialistische »Revolution« jene ungeheure Dynamik, die innerhalb eines halben Jahres in Deutschland die Diktatur etablierte. Erst das flammende Fanal jener Nacht ebnete Hitler den Weg zu schrankenloser Macht.

Wenige hundert Meter Luftlinie vom Reichstag entfernt lag am Abend dieses 27. Februar 1933 Ernst Hanfstaengl mit Fieber und Schüttelfrost im Bett. Der damals 46 Jahre alte, von seinen Freunden »Putzi« genannte

Sohn eines bekannten Münchener Verlegers hatte Anfang der zwanziger Jahre Hitlers Bekanntschaft gemacht und gehörte seitdem zur Entourage des NSDAP-»Führers«, der vor allen Dingen »Putzis« virtuoses Klavierspiel schätzte. 1931 avancierte der Harvard-Absolvent Hanfstaengl zum sogenannten »Auslandspressechef« der NSDAP und bemühte sich nach Kräften, seine Kontakte zu einflussreichen Kreisen in Großbritannien und den Vereinigten Staaten zu nutzen, um Hitlers Image im westlichen Ausland zu verbessern. In dieser Funktion war er nach der Machtergreifung von München nach Berlin übergesiedelt und hatte sich im Palais des Reichstagspräsidenten einquartiert. Hausherr Hermann Göring, der zu dieser Zeit in seiner später noch weiter ausufernden Neigung zur Ämterhäufung bereits als Reichstagspräsident, Minister ohne Geschäftsbereich im Reichskabinett, kommissarischer Innenminister Preußens und als Reichskommissar für den Luftverkehr amtierte, hatte Hanfstaengl seine dortige Dienstwohnung zur Benutzung überlassen.

»Ein historischer Tag ersten Ranges. Das geplante Attentat hat heute stattgefunden, aber nicht auf Hitler, sondern auf das Reichstagsgebäude.«

Harry Graf Kessler, Tagebuch, 27. Februar 1933

Der Schein der Flammen und das Heulen der Sirenen ließen »Putzi« aus dem Schlaf schrecken. Noch ehe er wirklich realisiert hatte, was sich draußen abspielte, stürzte schon eine Angestellte in sein Zimmer: »Herr Doktor, Herr Doktor, der Reichstag brennt lichterloh!« Mit einem Satz

»Hanfstaengl, soll das ein Witz sein?«: Der NSDAP-Auslandspressechef informierte die NS-Führung telefonisch vom Brand

sprang Hanfstaengl aus dem Bett, lief zum Fenster und sah den Riesenbau in hellen Flammen stehen. Sofort ließ er sich mit der Charlottenburger Privatwohnung des NSDAP-Propagandachefs und Berliner Gauleiters Joseph Goebbels verbinden, wo an diesem Abend Hitler und Prinz August Wilhelm von Preußen zum Abendessen zu Gast waren. Auch Hanfstaengl selbst hatte eine Einladung an den Reichskanzlerplatz erhalten, jedoch wegen seines Gesundheitszustands abgesagt.

Er habe Goebbels angerufen, so Hanfstaengl in seinen Erinnerungen *Zwischen Braunem und Weißem Haus*, doch dieser habe ihm kein Wort geglaubt. »Schließlich verlor ich die Geduld. ›Sagen Sie ihm, der Reichstag brennt!‹ – ›Hanfstaengl, soll das ein Witz sein?‹, antwortete Goebbels kurz. – ›Wenn Sie mir das zutrauen, kommen Sie doch her und sehen Sie es sich selbst an‹, erwiderte ich und hing auf.« Goebbels glaubte offenbar an einen Scherz des Auslandspressechefs, den er selbst einige Tage zuvor telefonisch »verulkt« hatte. Doch wenig später klingelte erneut das Telefon, und wieder war der aufgeregte »Putzi« am Apparat. »Er erklärte mit aller Bestimmtheit: ›Ich sitze hier im Zimmer dem Reichstag gegenüber, und ich sehe die Flammen des Brandes aus der Kuppel herausschlagen‹«, gab Goebbels später zu Protokoll. »Darauf erhielt ich es für meine Pflicht, diese Tatsache dem Führer mitzuteilen. Der Führer konnte sie im ersten Augenblick gar nicht glauben; so überraschend kam diese Mitteilung für uns alle. ... Wir haben dann die Brandenburger Torwache am Brandenburger Tor angerufen und haben da die Bestätigung dafür erhalten, dass es sich tatsächlich um einen Großbrand handle und dass die Anwesenheit des Reichskanzlers unmittelbar im Reichstag erforderlich sei. Daraufhin sind wir sofort vom Abendessentisch aufgestanden, haben uns ins Auto gesetzt und sind in einem rasenden Tempo zum Reichstag gefahren.«

In meinem Zimmer ging es bald zu wie auf einem Bahnhof. Erst kam Prinz Auwi [August Wilhelm von Preußen] herein, dann der Prinz von Hessen, die beide im Palais wohnten. »Dieses Monstrum ist wenigstens hin«, sagte ich. Das war eine etwas boshafte Bemerkung, aber ich hatte das Reichstagsgebäude immer für eine architektonische Verirrung gehalten.

Ernst Hanfstaengl

»Dies ist ein gottgegebenes Signal«: Hitler, Goebbels (mit hellem Hut), Göring (rechts daneben, verdeckt) und andere führende Nationalsozialisten besichtigen den Tatort

Als der »Führer« und sein Propagandachef schließlich kurz nach zehn Uhr am brennenden Parlamentsgebäude ankamen, war Reichstagspräsident Göring schon vor Ort – eine Tatsache, an die später noch weitreichende Mutmaßungen geknüpft werden sollten. Hitler und Goebbels trafen Göring in einer der Wandelhallen. Der damalige Korrespondent des Londoner *Daily Express*, Sefton Delmer, hatte sich – von seinem Duzfreund Hanfstaengl informiert – beim Betreten des Gebäudes kurzerhand der Gruppe um den Reichskanzler angeschlossen. Göring, so Delmer, habe Hitler sofort mit Bestimmtheit zugerufen: »Ohne jeden Zweifel ist dies das Werk der Kommunisten, Herr Reichskanzler.« KPD-Abgeordnete seien als Letzte im Gebäude gesehen worden; man habe einen Brandstifter festgenommen. Hitler schien Delmers Erinnerung zufolge zwar zunächst noch skeptisch zu sein. Doch schon wenig später habe er dann dem inzwischen hinzugeeilten Franz von Papen mit großem Pathos versichert: »Dies ist ein gottgegebenes Signal, Herr Vizekanzler. (Er sagte ›Fittzekanzler‹.) Wenn dies Feuer, wie ich glaube, das Werk der Kommunisten ist, dann müssen wir die Mörderpest mit eiserner Faust zerschlagen.«

Man musste für jede Maßnahme einen Vorwand haben. Das hatte man jetzt. Es war – auf gut Deutsch – ein gefundenes Fressen.

Bruno Hähnel, damals NSDAP-Mitglied

Glaubten die führenden Nazis tatsächlich an ein Fanal für einen kommunistischen Aufstand im ganzen Reich? In der Tat war in diesen Wochen die von der NS-Propaganda geschürte Furcht vor Gewaltaktionen der Kommunisten in Deutschland allgegenwärtig. »Niemand traute ihnen zu, dass sie sich ohne Gegenwehr würden ›verbieten‹ und abschlachten lassen«, so Sebastian Haffner in seiner *Geschichte eines Deutschen*. »Die Nazis ließen keinen Zweifel, dass sie ihnen ans Leben wollten: Also würden sie sich wehren. Das war eigentlich nur selbstverständlich. Man wunderte sich ohnehin, dass man von der Gegenwehr so lange nichts merkte.« Die revolutionären Parolen der Partei Moskaus, die permanent die »proletarische Revolution« prophezeiten, das militante Auftreten des Roten Frontkämpferbunds vor dem 30. Januar 1933 sowie Meldungen über geheime Waffen- und Sprengstofflager der KPD konnten unzweifelhaft zu der Annahme verleiten, dass die Kommunisten einen Aufstand gegen die sich anbahnende »faschistische Diktatur« planten. Am 24. Februar war die Polizei in einer groß angelegten Aktion in die Parteizentrale der KPD eingedrungen und hatte, wie die Presse tags darauf in fetten Lettern meldete, zentnerweise hochverräterisches Material gefunden: »Mordanschläge usw. gegen einzelne Führer des Volkes und Staates, Attentate gegen lebenswichtige Betriebe und öffentliche Gebäude, Vergiftung ganzer Gruppen besonders gefürchteter Personen, das Abfangen von Geiseln, von Frauen und Kindern hervorragender Männer sollten Furcht und Entsetzen über das Volk bringen.«

In Wahrheit aber hatte die KPD-Führung alle Gedanken an einen Aufstand längst aufgegeben. Hintergrund war eine völlige Verkennung der politischen Lage. Mit der Machtübernahme Hitlers sei lediglich »das offene faschistische Terrorregime an die Stelle des Regimes des verdeckten Faschismus mit sozialer Demagogie« getreten, hieß es in einem Positionspapier des KPD-Zentralkomitees. Hauptgegner bleibe wie bisher die SPD, an deren »verräterischer« Rolle für die deutsche Arbeiterklasse sich nichts geändert habe. Deshalb richtete die KPD-Führung ihre Energien auch nicht auf eine linke Einheitsfront mit den als »Sozialfaschisten« geschmähten Sozialdemokraten, sondern bereitete sich auf die illegale Arbeit unter der Diktatur vor – verbunden mit der vagen Hoffnung, dass Hitlers

Regierung schnell abgewirtschaftet habe und der Sieg der »proletarischen Revolution« auf diese Weise quasi im Alleingang beschleunigt werde.

Freilich spielte, was die KPD plante oder nicht plante, für die Nationalsozialisten überhaupt keine Rolle. Sie waren angetreten, den Kommunismus ein für alle Mal mit Stumpf und Stiel zu beseitigen. Wie Göring 1945 vor dem Nürnberger Tribunal aussagte, waren die »schwarzen Listen« für die Verhaftung von Kommunisten ganz unabhängig vom Geschehen des 27. Februar längst vorbereitet worden. Der Reichstagsbrand bot dann lediglich den willkommenen Anlass, die geplanten Festnahmen schnell durchzuführen. So ließ Göring in seiner Funktion als preußischer Innenminister noch vom Brandort aus die gesamte preußische Polizei in Alarmzustand versetzen und ordnete die Verhaftung kommunistischer Funktionäre an. In ganz Berlin schwärmten am frühen Morgen des 28. Februar Polizeieinheiten aus, verstärkt durch SA-, SS- und »Stahlhelm«-Angehörige, die nach einem Erlass Görings bereits seit einer Woche offiziell als »Hilfspolizisten« fungierten.

Auch die Bewohner eines Mietshauses in Berlin-Wedding wurden gegen vier Uhr morgens aus dem Schlaf gerissen, als zwei Lastwagen vorfuhren

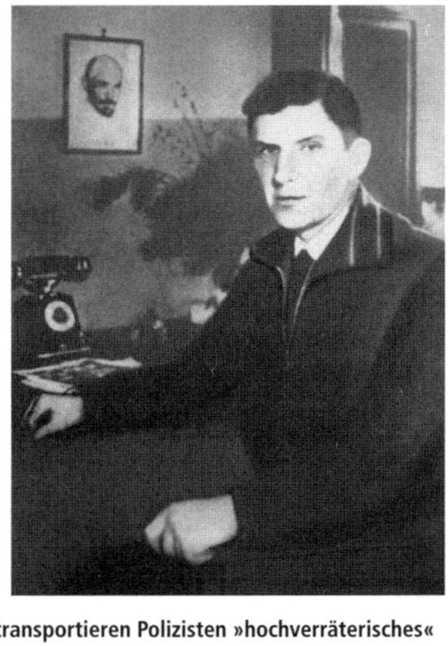

Links: Nach der Durchsuchung der KPD-Zentrale transportieren Polizisten »hochverräterisches« Material ab. Rechts: Ernst Schneller war einer der noch in der Nacht des Reichstagsbrands verhafteten KPD-Funktionäre

und ein Trupp Braunhemden durchs Treppenhaus stürmte. Ihr Ziel war die Wohnung von Ernst Schneller, seit Mitte der zwanziger Jahre einer der bekanntesten Köpfe der KPD. Der 42 Jahre alte Leipziger hatte sich 1914 begeistert als Kriegsfreiwilliger gemeldet. Doch die grausamen Erfahrungen des Krieges hatten bei ihm zu einem radikalen Gesinnungswandel geführt. Nach dem Kapp-Putsch schloss er sich der KPD an und saß für die Partei zuerst im sächsischen Landtag, seit 1924 dann im Reichstag. Später wurde er Leiter der kommunistischen »Reichsparteischule«. Ab Frühjahr 1932 organisierte er als Leiter der KPD-Abteilung Agitprop die zahlreichen Wahlkämpfe dieses Jahres. Schon vor dem Machtantritt Hitlers war Schneller in den Untergrund abgetaucht. Am Abend des 27. Februar saß er in einem Café am Potsdamer Platz und besprach mit einem Parteikurier die Einrichtung von illegalen KPD-Druckereien in Süddeutschland. Als er aufbrach, war vom Brand des Reichstags noch nichts zu merken.

Noch wenige Tage zuvor hatte er leuchtend rote Klebezettel in Umlauf gebracht, die den »blutigen SA-Terror seit Hitlers Regierungsantritt« anprangerten, der bereits 35 Tote gefordert habe. Für diese Zettel, die bald in der ganzen Reichshauptstadt auf Litfaßsäulen, Häuserwänden oder Bretterzäunen zu finden waren, hatte er mit seinem vollen Namen verantwortlich gezeichnet. Das brachte ihn jetzt auf Görings Liste ganz nach oben. Ausgerechnet an diesem Abend suchte er jedoch nicht sofort sein illegales Quartier auf, sondern fuhr noch einmal nach Hause, um saubere Wäsche zu holen. Es sollten seine letzten Minuten im Kreis der Familie sein: »Abgehetzt und todmüde, fand er nicht die Kraft, gleich wieder wegzugehen«, erinnerte sich seine Tochter Annemarie. »Er wollte sich nur eine halbe Stunde ausruhen. Auf dem Sofa schlief er so fest ein, dass es meine Mutter nicht über sich bringen konnte, ihn gleich wieder zu wecken.« Dies wurde ihm jetzt zum Verhängnis. An Flucht war angesichts der Überzahl seiner Verfolger, die an die Tür hämmerten, nicht mehr zu denken. Wenig später drangen etwa zwanzig SA-Leute in die Wohnung ein. »Vater drückte uns alle an sich und sagte, wir sollen tapfer sein«, so Annemarie Schneller. »Er verlangte einen Haftbefehl, doch der Anführer brüllte: ›Für Kommunistenschweine gibt's nur dies hier!‹, und er drohte mit dem Revolver. Dann schleppten sie Vater aus dem Zimmer und aus der Wohnung.« Für Annemarie Schneller sollte es das letzte Mal sein, dass sie ihren Vater in Freiheit sah.

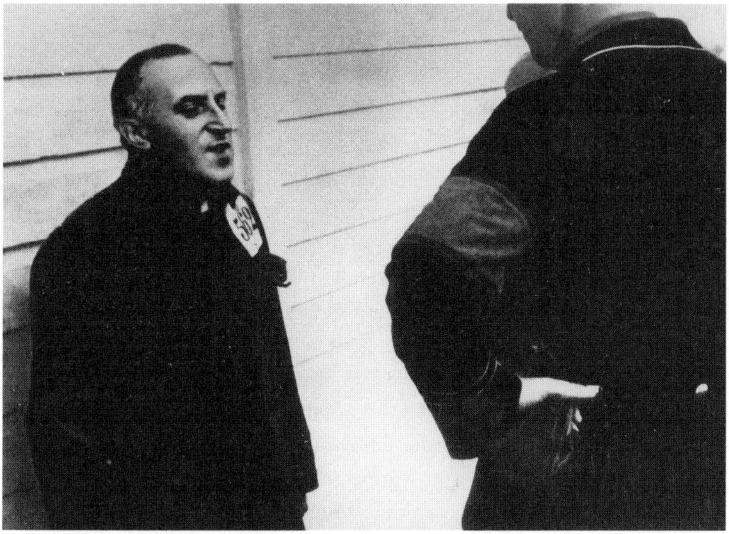

Zu den auch im Ausland bekannten Verhafteten dieser Nacht gehörte der Herausgeber der Zeitschrift *Die Weltbühne*, Carl von Ossietzky

Im Laufe der Nacht wurden einige hundert weitere Funktionäre der KPD und ihr nahestehende missliebige Intellektuelle verhaftet. Darunter waren auch prominente Hitler-Gegner wie Carl von Ossietzky, Erich Mühsam oder Egon Erwin Kisch. Die Zahl von 4000 Verhafteten allein in dieser Nacht, die von der NS-Propaganda verbreitet und nach dem Krieg von zahlreichen Historikern übernommen wurde, ist freilich nach neueren Forschungen zu hoch gegriffen. Wie Schneller waren etliche andere wichtige KPD-Aktivisten bereits untergetaucht. So gingen Görings Häschern nur wenige kommunistische Spitzenkader ins Netz. Verhaftet wurden vor allem KP-Leute der zweiten und dritten Reihe sowie Künstler und Schriftsteller, die nur lose Verbindungen zur Partei hatten. Parteichef Thälmann wurde erst am 3. März gefasst, andere Funktionäre konnten fliehen.

Zudem beschränkte sich Görings Einfluss bislang lediglich auf Preußen. In den meisten anderen deutschen Ländern wie Sachsen, Württemberg oder Bayern passierte zunächst nichts – noch nichts. Es folgte – ebenfalls zunächst nur in Preußen – ein Verbot der KPD-Presse sowie, in einem

Aufwasch, auch der SPD-Zeitungen, mit der Begründung, die Sozialdemokraten seien mindestens »Mitwisser«. Dennoch war diese Nacht der Auftakt eines schrankenlosen Terrors, der bis 1945 anhielt.

Am nächsten Morgen stürzte sich die nationalsozialistische Propaganda auf das gefundene Fressen. »Das Maß ist voll!«, drohte der *Völkische Beobachter* und behauptete, es seien kommunistische »Anweisungen« für »Terrorakte und große Plünderungen« entdeckt worden. Es waren platte Lügen, doch höchst wirkungsvolle. Lang geschürte Ängste vor der »roten Gefahr« brachen jetzt an die Oberfläche. Panikartikel von Goebbels-Gefolgsleuten lösten eine Welle der Hysterie aus. Kasernen wurden in Alarmzustand versetzt, in den bürgerlichen Wohnvierteln patrouillierten freiwillige Zivilistentrupps, und in den Dörfern stellten Bauern aus Angst vor Giftanschlägen Posten vor den Brunnen auf. Heinrich Brüning, der ehemalige Zentrumskanzler und »Erfinder« der Regierung per Notverordnung, notierte erstaunt: »Die Menschen sind wie betäubt.« In Wahrheit registrierte die Polizei in dieser Nacht – wie in den Wochen zuvor – keinerlei Aktionen, die sich als kommunistischer Aufstandsversuch werten ließen.

Die ersten Gerüchte, Göring oder Hitler selbst seien die Drahtzieher der Brandstiftung gewesen, machten bereits die Runde, noch während die Löscharbeiten liefen. Sie verbreiteten sich rasch im gesamten Reich. Das Misstrauen an der offiziellen Version reichte bis in den Führungszirkel der NSDAP selbst. So erklärte Chefideologe Alfred Rosenberg, er hoffe, es sei »nicht das Werk unserer Burschen. Es ist genau eines jener verdammt blöden Stücke, die ihnen ähnlich sehen.« Sogar Ernst Hanfstaengl wollte seine Aussagen über den Ablauf des Abends nicht als Entlastung von Goebbels gewertet wissen. Er habe den Eindruck gehabt, dass dieser ihm am Telefon Theater vorgespielt habe, schrieb er in seiner Autobiografie. Seine eigene Einladung in die Privatwohnung des Berliner NSDAP-Gauleiters sei nichts weiter gewesen als der Versuch, diesem und Hitler ein wasserdichtes Alibi für diesen Abend zu verschaffen.

Der SPD-Reichstagsabgeordnete Wilhelm Hoegner hatte etwa zur gleichen Zeit auf einer sozialdemokratischen Veranstaltung in Magde-

»Das war der Schlag auf den Kopf, der deutsche Bürger und Bauer geriet in sinnlose Wut. Bolschewismus vor den Toren, das war zu viel! Nun fiel der übergroße Teil des deutschen Volkes willenlos der nationalsozialistischen Propaganda anheim.«

Wilhelm Hoegner (SPD), *Flucht vor Hitler*

Norddeutsche Ausgabe / Ausgabe A
60. Ausg. • 46. Jahr • Einzelpreis 20 Pf.

Ausgabe A / Norddeutsche Ausgabe
Berlin, Mittwoch, 1. März 1933

VÖLKISCHER BEOBACHTER

Herausgeber Adolf Hitler

Kampfblatt der national-sozialistischen Bewegung Großdeutschlands

Die Brennessel heute neu!

Das Maß ist voll!

Jetzt wird rücksichtslos durchgegriffen

Kommunistische Brandstifter zünden das Reichstagsgebäude an – Der Mitteltrakt mit dem großen Sitzungssaal vernichtet – Kommunistischer Brandstifter verhaftet – Das Zeichen zur Entfesselung des kommunistischen Aufruhrs – Schärfste Maßnahmen gegen die Terroristen – Alle kommunistischen Abgeordneten in Haft – Alle marxistischen Zeitungen verboten

Das brennende Reichstagsgebäude

Der amtliche Bericht:

Der Brand des Reichstags sollte das Fanal zum bolschewistischen Aufstand sein

Der Aufruhr durch die Maßnahmen der Regierung im Keime erstickt

Der Wallot-Bau in Flammen

Wie das Feuer gelegt wurde

Die glühende Kuppel – ein gespenstisches Bild

Auf dem Wege zur Brandstätte

Funktionäre der Kommunistischen Partei werden in Schutzhaft genommen.

Der Sitzungssaal bricht im Flammenmeer zusammen.

(Fortsetzung auf Seite 2)

Das Fanal!

Von Dr. Joseph Goebbels.

»Bolschewismus vor den Toren«: NSDAP-Zeitungen wie der *Völkische Beobachter* schürten die Angst vor einem kommunistischen Aufstand

burg gesprochen. Der 45 Jahre alte, aus Bayern stammende Jurist Hoegner war seit 1919 Mitglied der SPD und saß ab Mitte der zwanziger Jahre für seine Partei im bayerischen Landtag. Im Oktober 1930 war er in den

»Wir wunderten uns über gar nichts mehr«: Der bayerische SPD-Politiker Wilhelm Hoegner (Foto von 1932)

Reichstag gewählt worden und hatte bereits in seiner ersten Rede die NSDAP scharf attackiert. Seitdem war er einer der erbittertsten Gegner Hitlers innerhalb der deutschen Sozialdemokratie. Nach seiner Wahlveranstaltung saß er mit den Genossen noch beim Bier zusammen, als im Radio die Nachricht vom Brand des Reichstags verlesen wurde. »Merkwürdigerweise regte sie uns nicht auf, wir wunderten uns über gar nichts mehr«, so Hoegner. Mit seinen Magdeburger Genossen war er sich sofort einig, dass die Kommunisten als Täter nicht infrage kommen konnten. Entweder sei die Tat von Lockspitzeln begangen worden – oder die Nazis hätten den Brand selbst gelegt. Als Hoegner am nächsten Tag in Hamburg sprach, ging er in seiner Rede auch auf den Reichstagsbrand ein. Als Jurist müsse er bei jedem Verbrechen die Frage stellen, wem es von Nutzen sei, so erinnerte sich Hoegner in seiner Autobiografie an diesen Abend. »Hätten die Kommunisten den Brand gelegt, so wäre es von ihnen eine Riesendummheit, ja ihr politischer Selbstmord gewesen. Man sei von ihnen manches gewohnt, aber eine solche Trottelhaftigkeit könne ihnen ihr schlimmster Feind nicht zutrauen. Von größtem Nutzen dagegen sei der Reichstagsbrand für die Nationalsozialis-

Das Gesprächsthema der Menschen, die um uns herumstanden: Das hat ein Kommunist angerichtet. Das ist der Kommunismus, mit dem man Schluss machen muss.

Stéphane Roussel, damals französische Journalistin in Berlin tische Partei.« Bei diesen Worten sei ein Beifallssturm losgebrochen, wie er ihn »bei den nüchternen und allen Gefühlsäußerungen abgeneigten Hamburger Arbeitern« noch nie erlebt habe. Er habe kaum mehr weitersprechen können.

Auf die einfache Frage »Cui bono?« – »Wem nützt es?« konnte es in diesem Fall tatsächlich nur eine Antwort geben: den Nationalsozialisten. Sie konnten ihre ohnehin schon harte Gangart gegen die deutsche Linke im Wahlkampf noch einmal verschärfen. In dieselbe Kerbe hieb bald auch die ausländische Presse. Der Londoner *Daily Telegraph* stellte einige Tage nach dem Brand fest: »Die Theorie, wonach der Reichstag von Kommunisten angezündet worden ist, wird heute schon von keinem vernünftigen Deutschen geglaubt.« Andere Blätter wie die *Chicago Daily Tribune* mutmaßten, dass die Nazis hinter dem Brand steckten. Während die reichsdeutschen Zeitzungen in immer grelleren Farben das Schreckgespenst eines unmittelbar bevorstehenden kommunistischen Putschversuchs an die Wand malten, setzte sich im Ausland die Meinung durch, dass die Nazis den Brand nur selbst gelegt haben könnten.

Dort tauchten bald vorgeblich von Insidern verfasste Dokumente auf, in denen haarklein beschrieben wurde, wie sich die Brandstiftung abgespielt habe: SA-Leute seien durch einen unterirdischen Gang von Görings Reichstagpräsidentenpalais in das Parlamentsgebäude eingedrungen und hätten dort das Feuer gelegt. »Zurück blieb lediglich das Subjekt van der Lubbe, das sich vorsichtshalber gleich einen holländischen Pass, ein kommunistisches Flugblatt zur Einheitsfront, einige Fotografien seiner Person und angeblich noch den Ausweis einer holländischen kommunistischen Splitterorganisation in die hintere Hosentasche gesteckt hatte«, hieß es in einem Memorandum über die Reichstagsbrandstiftung, das Ende April 1933 zuerst im *Manchester Guardian* veröffentlicht wurde.

Solche Aussagen waren es, die noch Jahrzehnte später die Historiker irreführten – denn leider waren die entsprechenden Dokumente allesamt von KPD-nahen Emigranten gefälscht. »Entgegen häufig wiederholter Behauptungen konnte bislang niemand einen Beleg für die Täterschaft der NSDAP an dieser Brandstiftung vorlegen«, schreibt der Journalist Sven Felix Kellerhoff in seiner 2008 erschienenen Untersuchung über den Brand des Reichstags. »Außer Gerüchten, tendenziösen Zeugenaussagen und zweifelhaften Sachverständigengutachten sowie einer Reihe schlecht gefälschter ›Dokumente‹ ist in den vergangenen 75 Jahren nichts aufgetaucht, was für die Schuld der Nazis spräche – auch wenn dessen ungeachtet, ja oft wahrscheinlich sogar in vollem Bewusstsein über die wildesten denkbaren Konspirationen gemutmaßt wird.«

So müssen wir davon ausgehen, dass der Anarchist und Tippelbruder Marinus van der Lubbe das Feuer tatsächlich im Alleingang gelegt hat. Wer war dieser Mann? Ein Idealist, der protestieren wollte, und Schlimmes anrichtete. Geboren 1909 in Leiden, wuchs er unter ärmlichen Verhältnissen auf. Der Vater verließ die Familie kurz nach seiner Geburt. Als er zwölf Jahre alt war, starb van der Lubbes Mutter. Seinen Beruf als Maurer musste er nach einem Arbeitsunfall, bei dem er einen großen Teil seines Sehvermögens einbüßte, aufgeben. Er schloss sich den holländischen Kommunisten an, geriet mit seinem ausgeprägten politischen Aktionismus jedoch bald in Konflikt mit der lokalen KP-Führung. Seit dem Frühjahr 1931 unternahm er mehrere Wanderungen durch Europa. Sein Ziel war es, in die von ihm bewunderte Sowjetunion zu gelangen. Einmal allerdings gab er in Berlin auf, ein anderes Mal schaffte er es bis nach Jugoslawien, schließlich wurde er in Polen kurz vor der sowjetischen Grenze festgenommen und im April 1932 in seine Heimat abgeschoben. Erneut stürzte er sich in die politische Arbeit. Sein Ziel war es, die holländischen Proletarier aus ihrer angeblich zu schlappen politischen Haltung aufzurütteln. Als van der Lubbe hörte, dass in Deutschland die Nationalsozialisten an die Macht gekommen waren, reifte in ihm der Gedanke, im Nachbarland eigenhändig ein Fanal gegen den Faschismus zu setzen.

Am 3. Februar 1933 machte er sich auf den Weg nach Berlin, wo er am 18. Februar ankam. Er mischte sich unter Arbeitslose, die vor Arbeits- und Wohlfahrtsämtern herumlungerten, und versuchte, sie in seinem Sinne zu beeinflussen. Doch er stieß zumeist auf ablehnende Reaktionen. Er sei jedoch der Ansicht gewesen, dass unbedingt etwas geschehen müsste, um gegen das faschistische System zu protestieren, erklärte van der Lubbe in einer der ersten Vernehmungen nach seiner Festnahme. »Da nun die Arbeiter nichts tun wollten, wollte ich eben etwas tun. Für ein geeignetes Mittel hielt ich irgendeine Brandstiftung. Ich wollte nicht Privatleute treffen, sondern etwas, das dem System gehört. Geeignet waren hierzu öffentliche Gebäude.«

»Gegen den Faschismus protestieren«: Marinus van der Lubbe wollte mit seiner Tat die deutschen Arbeiter aufrütteln

Die Brandstiftung im Reichstag war freilich nicht seine erste derartige Aktion. Bereits am 25. Februar hatte er versucht, im Wohlfahrtsamt in Berlin-Neukölln, im Roten Rathaus und im Berliner Stadtschloss Feuer zu legen. Doch alle drei Brandstiftungen wurden rechtzeitig entdeckt und rasch vereitelt. Enttäuscht beschloss er am nächsten Tag, einem Sonntag, den Heimweg nach Holland anzutreten. Rätselhafterweise wanderte er jedoch nicht Richtung Westen, sondern nach Norden, und übernachtete in einem Hennigsdorfer Obdachlosenasyl. In der Nacht zum Montag muss er dann entschieden haben, noch ein letztes Mal zu versuchen, die deutschen Arbeiter mit einer spektakulären Aktion aufzurütteln. Ziel war jetzt das Reichstagsgebäude, weil es, wie van der Lubbe später aussagte, »ein Zentralpunkt des Systems« war.

Am Morgen des 27. Februar kehrte er nach Berlin zurück und kaufte sich von seinem letzten Geld Streichhölzer und Kohlenanzünder. Nachdem er tagsüber das Parlamentsgebäude ausgekundschaftet hatte, stieg er kurz nach 21.00 Uhr an einer Ecke des Portikus ein. Er rannte durch das Gebäude und entfachte an mehreren Stellen kleinere Feuer, indem er mit seinen Kohlenanzündern alles in Brand setzte, was brennbar war. Schließlich gelangte er in den Plenarsaal und steckte dort die großen Vorhänge an den Eingängen und am Platz des Reichstagspräsidenten an, wobei er zuletzt sogar Jacke, Weste und Hemd als Fackel benutzte. In einigen Nebenräumen setzte er noch diverse Möbelstücke in Brand, ehe er schließlich Hausinspektor Scranowitz und Polizist Poeschel in die Arme lief. Spätere Überprüfungen ergaben, dass diese Strecke durch den halben Reichstag durchaus in 15 bis 20 Minuten zu bewältigen war.

Ich habe in der Zeit damals nicht einen Menschen getroffen, der wirklich geglaubt hat, dass ein einzelner Mensch diesen Riesen-Reichstag in Brand setzen kann.

Stéphane Roussel, damals französische Journalistin in Berlin

Da war uns allen klar, dass das produziert war, dass van der Lubbe natürlich nicht der Täter war.

Lonny von Schleicher

Doch wie war es möglich, dass ein einzelner, zudem halb blinder Mann mit seinen unzureichenden Mitteln ein derartiges Flammeninferno anrichten konnte? Musste er nicht irgendwelche Helfer gehabt haben? Oder war er möglicherweise doch nur der Sündenbock der Nazis, die ihn zur Verschleierung der eigenen Täterschaft benutzten? Tatsächlich hielten es damals vier von insgesamt fünf Gutachtern für ausgeschlossen, dass die Tat eines einzelnen Brandstifters ohne irgendwelche zusätzlichen Brandbeschleuniger solche verheerenden Auswirkungen zeitigen könnte. Dagegen stand die Aussage van der Lubbes, der in seinen Vernehmungen stets betonte: »Zu der Frage, ob ich die Tat alleine ausgeführt habe, erkläre ich, dass das der Fall gewesen ist. Es hat mir niemand bei der Tat geholfen, und ich habe auch im ganzen Reichstagsgebäude keine Person getroffen.«

Erst die Erkenntnisse moderner Brandforschung können helfen zu erklären, was damals im Plenarsaal des brennenden Reichstags passierte. Wie Kellerhoff schreibt, habe sich damals mit großer Wahrscheinlichkeit eine heute als »Backdraft« bekannte Rauchgasexplosion ereignet. Dieses Phänomen tritt auf, wenn bei einem Brand in einem geschlossenen Raum der Sauerstoff der Luft verbraucht wird. Die offenen Flammen verlöschen zunächst, doch es sammeln sich im Brandraum heiße, brennbare Gase, die einen Unterdruck erzeugen. Strömt in dieser Situation – zum Beispiel durch eine geöffnete Tür – Sauerstoff in den Raum, kommt es zur Katastrophe. Der Sauerstoff vermischt sich mit den heißen Rauchgasen, woraufhin sich das Gemisch innerhalb von Sekunden entzündet. Es entsteht eine Feuerwalze, die sich mit rasender Geschwindigkeit ausbreitet und Temperaturen entwickelt, denen selbst modernste Schutzkleidung nicht gewachsen ist. Zu diesem Phänomen passten alle bekannten Details des

Brandes im Plenarsaal, so Kellerhoff. Auf diese Weise konnte der Brand jene unheimliche Kraft entfalten, die das Herzstück des Reichstags innerhalb von Minuten zur Ruine werden ließ.

Der endgültige Beweis, dass es sich tatsächlich so zugetragen hat, lässt sich nach über 75 Jahren freilich nicht mehr führen. Noch bleiben also ein paar allerletzte Zweifel an der Täterschaft van der Lubbes, und der Streit darüber wird wohl noch so manches Buch füllen. Doch ist dies letzten Endes eher eine Sache der Kriminalisten als eine Angelegenheit von historischer Bedeutung. Für die moralische Beurteilung des Nationalsozialismus spielt die Frage nach der Urheberschaft des Reichstagsbrands ohnehin keine Rolle. Wer allen Ernstes meint, die Nationalsozialisten als Brandstifter zu entlasten bedeute, auch ihre darauf folgenden Verbrechen zu relativieren, argumentiert wenig überzeugend. Im Rückblick mangelt es dem Brandanschlag freilich nicht an bitterer Ironie. Dass ein NS-Gegner ausgerechnet das Symbol der deutschen Demokratie (im Nazi-Jargon die »Schwatzbude«) in Schutt und Asche legte und damit Hitler auch noch eine großartige Gelegenheit verschaffte, mit aller Brutalität gegen seine erbittertsten Feinde vorzugehen, gehört schon zu den makabren Zufällen deutscher Geschichte.

Natürlich hat Marinus van der Lubbes Brandstiftung im Parlament den bereits laufenden Prozess der Machteroberung der NSDAP extrem beschleunigt. Außerdem bewirkte die so genannte Reichstagsbrandverordnung eine Verschiebung der Machtverhältnisse im Inneren zugunsten Hitlers.

Hans Mommsen, Historiker

»Niemand, den ich gesprochen habe, glaubt an eine ›kommunistische Brandstiftung‹. Nebenbei muss die Zerstörung des verhassten Reichstages den NSDAP-Leuten, auch abgesehen von jedem politischen Zweck, sympathisch sein.«

Harry Graf Kessler, Tagebuch 28. Februar 1933

In der im wahrsten Sinne des Wortes aufgeheizten Atmosphäre legte Hitler am Nachmittag des 28. Februar dem Reichspräsidenten eine neue, nächtens improvisierte Notverordnung vor. Sie trug den an Zynismus nicht mehr zu übertreffenden Titel »Zum Schutz von Volk und Staat«. Wie Wolfram Pyta in seiner jüngst erschienenen Hindenburg-Biografie aufzeigen konnte, war es jedoch keineswegs so, dass das 85 Jahre alte Staatsoberhaupt die volle Tragweite dieser Verordnung gar nicht mehr erfasste. Sie entsprach vielmehr der Linie seiner Politik, mithilfe einer Regierung der »nationalen Konzentration« unter Führung der NSDAP die »Volksgemeinschaft« aller national eingestellten Deutschen zu erreichen. Dass er davon überzeugt

Hindenburg verlässt am 28. Februar 1933 eine Gedenkfeier zum 100. Geburtstag des Militärplaners Alfred von Schlieffen. Wenig später setzte er seine Unterschrift unter die »Reichstagsbrandverordnung«

war, dass von der »Kommune« eine große Bedrohung ausging und dass er ihr eine Tat wie die Brandstiftung im Reichstag durchaus zutraute, verstand sich von selbst. Doch was er dann an diesem aufgewühlten Tag unterschrieb, war nichts weniger als das Grundgesetz des »Dritten Reiches« – die Erklärung des unbegrenzten Ausnahmezustands.

Dieser als »Reichstagsbrandverordnung« in die Geschichte eingegangene Freibrief für staatlichen Terror blieb bis zum Kriegsende 1945 die rechtliche Grundlage der Zwangsherrschaft. Sie setzte kurzerhand die Grundrechte der Weimarer Verfassung außer Kraft – das Recht auf persönliche Freiheit, die Presse- und Meinungsfreiheit, das Versammlungsrecht und das Postgeheimnis – und ermächtigte die Polizei zur Verhängung von »Schutzhaft«. Ohne Gerichtsverfahren konnten von nun an Menschen festgenommen und beliebig lange eingekerkert werden. Der Damm war gebrochen, der Rechtsstaat beiseitegewischt. Die Nationalsozialisten hatten geistesgegenwärtig die von ihnen selbst auf die Spitze getriebene Situation genutzt – schrankenlose Macht per Handstreich. Ein Quantensprung, der Form nach wiederum »legal«. Von jetzt an muss man Hitler »Diktator« nennen. Ohne das Kabinett, das Parlament oder das Volk zu fragen und ohne großes Aufsehen hatte er der Weimarer Verfassung das Herz herausgerissen.

Die meisten Zeitgenossen freilich nahmen den Anbruch der Diktatur gar nicht wahr. Präsidiale Notverordnungen waren in dieser Zeit nichts Ungewöhnliches. Ähnliche Verordnungen hatte es bereits mehrfach in den Krisenjahren der Weimarer Republik von 1919 bis 1923 und wieder ab 1932 gegeben. Offensichtlich verfolgt wurden außerdem zunächst nur die Kommunisten – das war auch schon unter dem sozialdemokratischen Reichskanzler Friedrich Ebert so gewesen. Allerdings hätte es zumindest Anlass zu Bedenken geben müssen, dass diese Verordnung unbefristet, »bis auf Weiteres«, gelten sollte. Auch fehlten diesmal die rechtsstaatlichen Sicherungen, unter die bislang vorübergehende Aufhebungen der Grundrechte gestellt worden waren: Vorführung von Verhafteten vor einen Richter innerhalb von 24 Stunden, Recht auf einen Verteidiger und Akteneinsicht, Recht auf Berufung.

Und es gab einen weiteren Unterschied zu den meisten ähnlich gelagerten Fällen aus dem vorangegangenen Jahrzehnt: In einer Situation, in der angeblich ein kommunistischer Aufstand und der Bürgerkrieg drohte, wurde nicht der militärische Ausnahmezustand verhängt, die vollziehende Gewalt also auf die krisenerprobte Reichswehr übertragen. Vielmehr wurden per Erklärung des zivilen Notstands die Befugnisse der Regierung Hitler ausgeweitet. Dass der »Führer« selbst kein Interesse daran haben konnte, bei der Sicherung seiner Macht eingeschränkt zu werden und auf die Generäle der Reichswehr angewiesen zu sein, ist einleuchtend. Doch Pyta zufolge war in dieser Situation auch für Hindenburg die »militärische Lösung« keine Option: Der Reichspräsident hätte sich in diesem Falle als Oberbefehlshaber der Reichswehr »sozusagen vom Feldherrnhügel herab in den politischen Schützengraben begeben müssen«. Genau das habe er nicht gewollt. Hindenburg habe vielmehr stets darauf geachtet, dass seine persönliche Autorität und der Mythos um seine Gestalt keinen Schaden nahmen. Gemeinsam mit Hitler hoffte er auf die Bestätigung seiner Politik bei der bevorstehenden Reichstagswahl am 5. März.

Ich denke nicht daran, in bürgerlicher Manier und in bürgerlicher Zaghaftigkeit nur einen Abwehrkampf zu führen. Nein, ich gebe das Signal, auf der ganzen Linie zum Angriff vorzugehen!

Göring, Rede am 3. März 1933

Die Polizei hat sich gleich auf die Seite der SA gestellt. Es gab kaum Aktionen, wo die SA völlig selbstständig gehandelt hat.

Paul Tollmann, damals kommunistischer Jugendverband

Die Woche bis zur Wahl war ein erster Vorgeschmack dessen, was in den folgenden zwölf Jahren noch kommen sollte. Vor allem in Preußen machten tausende zu »Hilfspolizisten« ernannte SA- und SS-Männer in beispielloser Brutalität Jagd auf Kommunisten und beglichen dabei mehr als einmal persönliche Rechnungen. So führten Angehörige eines SA-Sturms aus Berlin-Spandau auf eigene Faust »Gerichtsverhandlungen« gegen politische Gegner durch. Zahlreiche Opfer wurden bereits bei ihrer »Verhaftung« krankenhausreif geprügelt. Während der »Vernehmungen« in einem SA-Lokal wurden sie mit Fußtritten, Faustschlägen und Peitschenhieben grausam traktiert. Am Abend des 3. März vereitelte die Polizei dann sogar eine geplante Gefangenenerschießung. Die Verhafteten mussten freigelassen werden. Viele von ihnen wurden jedoch bald darauf erneut festgenommen und weiter misshandelt.

Im ganzen Reich gab es bis zum Wahlabend 51 Tote und mehrere hundert Verletzte aufseiten der NS-Gegner. Die Nazis ihrerseits hatten 18 Opfer zu beklagen. Trotzdem fand der harte Kurs des Regimes breite Zustimmung in weiten Bevölkerungskreisen. Die Bevölkerung verlange, »dass gegen die

Oben: »Lieber schieße ich ein paarmal zu kurz oder zu weit, aber ich schieße wenigstens«: Als Hilfspolizisten eingesetzte SA-Männer bei der Festnahme vermeintlicher Regimegegner
Unten: »Alte Rechnungen beglichen«: Am 6. März verwüsten SA-Trupps das Verlagsgebäude der SPD-Parteizeitung *Vorwärts* in Berlin

»Das Volk steht auf«: Die Reichstagswahl am 5. März 1933 wurde von den Nationalsozialisten zum »Tag der erwachenden Nation« stilisiert

»Der Marschall und der Gefreite«: Der Wahlkampf der NSDAP war völlig auf Hitler zugeschnitten, setzte aber ebenfalls den um Hindenburg aufgebauten Mythos zielgerichtet ein

Kommunisten mit aller Schärfe vorgegangen werden müsse«, hieß es in einem polizeilichen Stimmungsbericht aus dem bayerischen Schwaben. Die *Berliner Börsen-Zeitung* kommentierte, Präsident und Regierung hätten ganze Arbeit geleistet und sich um das Vaterland verdient gemacht. Sie hätten »die schon zum Sprunge aufgerichtete Schlange mit einem entschlossenen und wuchtigen Hiebe zu Boden geschlagen«.

Unter diesen Vorzeichen hatte die Wahl etwas Gespenstisches an sich. Die NSDAP war noch einmal mit viel Pathos in die letzte Wahlkampfwoche gezogen. Hitlers Trommler hatten sich bemüht, die aufgewühlten Emotionen der letzten Tage in Zustimmung für die Partei umzumünzen. Der Wahlsonntag wurde zum »Tag der erwachenden Nation« stilisiert und ganz Deutschland mit einem flächendeckenden Stakkato aus Massenkundgebungen, Paraden und Wahlkampfreden überzogen. Einmal mehr war die Kampagne ganz auf die Person des »Führers« zugeschnitten, beutete jedoch erstmals ebenfalls den populären Hindenburg-Mythos aus. Plakate zeigten Porträts des Reichspräsidenten und des Kanzlers mit dem Slogan »Der Marschall und der Gefreite kämpfen mit uns für Frieden und Gleichberechtigung«. Zudem kam Hitler wieder »über Deutschland« und sprach jeden Abend an verschiedenen Orten. Nach der pompösen Schlussveranstaltung in Königsberg, die von allen deutschen Sendern übertragen werden musste, marschierten im ganzen Reich SA-Kolonnen durch die Städte: Fackelzüge als Wahlwerbung und Drohung zugleich. Dies war keine reguläre Wahl mehr. Der amerikanische Botschafter Frederic M. Sackett nannte sie schlicht eine »Farce«: »Die zahlreichen braunen Uniformen, die riesigen Nazi-Plakate, mit denen die Städte und das Land übersät waren, die häufigen Aufmärsche der braunen Heerscharen und die täglichen Wahlreden der Nazi-Führer durch den Rundfunk zielten darauf ab, den Eindruck gerade jetzt zu erwecken, dass es in Deutschland nur noch eine große Partei gibt.«

Die KPD war zwar noch immer erlaubt, konnte aber aufgrund drakonischer Maßnahmen keinerlei Wahlkampf mehr betreiben. Ein Verbot, wie es Papen vorschlug, hatte Hitler wegen des zu erwartenden »Überlaufens« der Kommunisten zur SPD abgelehnt. Er wollte der Letzte sein, der die Spaltung der deutschen Linken rückgängig machte. Doch auch der Wahlkampf der SPD war stark eingeschränkt. Aus der zu Preußen gehörenden niedersächsischen Kleinstadt Northeim beispielsweise wurde berichtet, dass den Arbeiterparteien jegliche Wahlpropaganda polizeilich verboten wurde. Ein Arbeiter, der dennoch eine Wahlkampfbroschüre der SPD verteilte, wurde verhaftet. In den Tagen vor der Wahl installierten die Nationalsozialisten auf dem Marktplatz Lautsprecher, aus denen jeden Abend die Wahlkampfreden Hitlers übertragen wurden. Am Wahltag selbst patrouillierten Trupps der SA und SS durch die Straßen, während die NSDAP einen Fahrdienst organisierte und alte und gehbehinderte Wähler zu den Wahllokalen transportierte.

Der SPD-Reichstagsabgeordnete Wilhelm Hoegner gab sich trotz SA-Terrors gegen seine Partei, Sprengungen sozialdemokratischer Wahlversammlungen und Redeverboten für Politiker seiner Partei immer noch kämpferisch. Doch schon sein Auftritt in Magdeburg am Abend des Reichstagsbrands hatte ihn nachdenklich gemacht. Die sonst von »sachlichem Stolz und ruhiger Kraft« erfüllten Magdeburger Parteifunktionäre waren verschlossen, besorgt und bedrückt. »Beinahe schien es, als hätten sie die Aussichtslosigkeit unserer Lage schon eingesehen, alle Illusionen abgetan und mit allem, was noch kommen sollte, sich bereits abgefunden«, beschreibt Hoegner in seiner Autobiografie die Stimmungslage dieser Tage. Nichtsdestotrotz setzte er seine Wahlkampfauftritte fort. In seiner bayerischen Heimat konnte die SPD immerhin noch offen agieren. Dennoch habe der Verlauf der Veranstaltungen und die stille Resignation der Parteifunktionäre in den Ortsvereinen auch hier keine Siegeszuversicht mehr aufkommen lassen.

An Widerstand wäre nur noch zu denken gewesen, wenn ein großer Generalstreik alles niedergelegt hätte. Aber das ist nicht mehr gekommen.

Josef Felder, SPD-Reichstagsabgeordneter

Wenige Tage nach seiner Ernennung hatte Hitler seinem Kabinett angekündigt, er erwarte am 5. März ein Ergebnis von mindestens 51 Prozent für die Regierungskoalition. Im Vergleich zur letzten Wahl mussten die Nazis und ihre Partner dafür rund zehn Prozent zulegen. Ein vermessenes Ziel für nur fünf Wochen Amtszeit. Nach Auszählung der Stimmen hatte die unheilige Allianz aus Nazis und Deutschnationalen 51,9 Prozent erreicht. Hitler war mit seiner Prognose nur um ein Prozent darunter gelegen. Dennoch wollte in der Wohnung Görings, wo die NSDAP-Spitze sich zur Wahlparty getroffen hatte, keine rechte Stimmung aufkommen.

In der selbst erzeugten Wahlkampfeuphorie waren die Erwartungen in schwindelerregende Höhen geklettert. 43,9 Prozent für die NSDAP, das empfanden viele jetzt als empfindlichen Dämpfer. Im Vergleich zur letzten Wahl im November 1932 hatte die NSDAP zwar um fast elf Prozent zugelegt, aber die angestrebte alleinige absolute Mehrheit wurde deutlich verfehlt. Nun werde man »die Bande« also doch noch nicht los, grollte Hitler und meinte damit Papen und Hugenberg.

Vor allem deutsche Historiker haben nach dem Krieg dieses Ergebnis mit Vorliebe hervorgehoben. Trotz Terror und Manipulation, hieß es, habe die Mehrheit der Deutschen damals nicht für Hitler gestimmt. Doch abgesehen von der eher akademischen Frage, ob die deutschnationalen Stimmen nicht auch Stimmen für den Kanzler waren, ist das Ergebnis der Märzwahl gleichwohl erschreckend. Es war ein Votum gegen die Republik. Eine Partei, die offen die Abschaffung der Demokratie forderte und auch schon sichtbar betrieb, hatte das beste Wahlergebnis der gesamten Weimarer Zeit erzielt.

»48,2 Prozent aller Wähler haben den Mut gehabt, gegen Hitler zu stimmen oder zu Haus zu bleiben. Ich empfinde diesen Tag als einen Sieg und eine Beruhigung.«

Erich Ebermayer, Schriftsteller, Tagebuch 5. März 1933

Die NSDAP konnte mit dem Ergebnis nicht wirklich zufrieden sein. Sie war immer noch formal angewiesen auf die DNVP. 43,9 Prozent der gültigen Stimmen, das war weit weg von der angestrebten absoluten Mehrheit.

Jürgen Falter, Historiker und Wahlforscher

Wie der Wahlforscher Jürgen Falter nachweisen konnte, war der erneute Stimmenzuwachs der NSDAP vor allem darauf zurückzuführen, dass die Partei bei einer Rekordwahlbeteiligung von nahezu 89 Prozent noch einmal zahlreiche Nichtwähler mobilisieren konnte. Außerdem gelangen den Nationalsozialisten erneut tiefe Einbrüche in das bürgerlich-protestantische Wählerlager, das freilich bereits seit 1930 stetig von der Partei Hitlers aufgesogen worden war. Entgegen zahlreichen anderslautenden Mutmaßungen war es jedoch auch bei dieser Wahl nicht das Millionenheer der Arbeitslosen, das maßgeblich zu den Wahlerfolgen der Nazis beitrug. Laut Falter wählten am 5. März etwa 17 Prozent der Arbeitslosen die NSDAP, hingegen 27 Prozent die KPD, die zur eigentlichen Erwerbslosenpartei wurde. Ohnehin blieb der Block der Arbeiterparteien, der sich aus SPD, KPD und einigen kleineren Splitterparteien zusammensetzte, auch unter dem Eindruck von anderthalb Monaten Verfolgung und Terror relativ stabil. Fast drei Viertel der

Wähler, die schon im November 1932 links gewählt hatten, taten das auch im März 1933. Ebenso beständig in ihrem Wahlverhalten waren die Anhänger des von Zentrum und Bayerischer Volkspartei (BVP) gebildeten katholischen Blocks. »Es gab aufseiten des katholischen Teils der Bevölkerung so etwas wie eine Wahlnorm zugunsten des Zentrums«, so Falter. »Wahlnorm hieß: Wenn du ein anständiger Katholik bist, dann kannst du nur Zentrum wählen und nichts anderes. Es gab zudem vonseiten des hohen katholischen Klerus, etwa des Bischofs von Mainz, eine zum Teil sehr dezidierte, antinationalsozialistische Haltung, die sich erst nach der Märzwahl geändert hat.«

Dies hatte zur Folge, dass die NSDAP in manchen Gegenden nicht über ein Sechstel der Wählerstimmen hinauskam – wie im südoldenburgischen Wahlkreis Vechta, wo sie nur 11,7 Prozent der Stimmen gewinnen konnte, oder im niederrheinischen Bocholt, wo sie auf 12,3 Prozent kam. Demgegenüber standen Wahlkreise wie das fränkische Rothenburg ob der Tauber oder das hessische Schotten mit 83 Prozent Stimmenanteil für die Nationalsozialisten.

»Die Tatsache bleibt bestehen, dass Hitler einen beispiellosen Triumph errungen hat. Die Demokratie in Deutschland hat einen Schlag erlitten, von dem sie sich wohl nicht wieder erholen wird. Deutschland ist in einer riesigen Nazi-Welle untergegangen. Das viel verkündete ›Dritte Reich‹ ist Wirklichkeit geworden.«

Bericht von Frederic M. Sackett, US-Botschafter in Berlin, 9. März 1933

In nur wenigen Landstrichen war es dabei zu solch gegensätzlichen Rekordergebnissen auf so engem Raum gekommen wie in der konfessionell zersplitterten Pfalz. Als symptomatisch hierfür können die beiden benachbarten Gemeinden Darstein und Hauenstein in der Pfalz angesehen werden. So konnte das protestantische Darstein bereits bei der Reichstagswahl des Jahres 1930 einen hundertprozentigen nationalsozialistischen Stimmenanteil vermelden. Das hatte unter anderem zur Folge, dass der gesamte, 150 Köpfe zählende Ort nach der Machtergreifung ehrenhalber in die NSDAP aufgenommen wurde. Im wenige Kilometer entfernten Nachbarort Hauenstein dagegen schirmte ein engagierter katholischer Pfarrer seine Schäfchen derart vehement gegen verderbliche Einflüsse ab, dass es auch den Nationalsozialisten nicht gelang, hier Fuß zu fassen. Als wenige Tage vor der Märzwahl 1933 der pfälzische NSDAP-Gauleiter Josef Bürckel mit einem Trupp auswärtiger 30 SA-Männer zu einem Propagandamarsch durch den Ort zog, waren die Straßen wie leer gefegt und alle Fenster geschlossen. Der Pfarrer hatte die Glocken

Pfarrer Sommer hat gesagt: Christentum und Nationalsozialismus sind nicht vereinbar.

Maria Kuntz, damals Hauenstein

Das Zentrum war der politische Arm des deutschen Katholizismus, und die praktizierenden Katholiken waren bis einschließlich März 1933 fest verankert im Zentrum und der Bayerischen Volkspartei. Der Zentrumsturm hat zwar ein paar kleine Sprünge bekommen, aber gefallen ist er nicht.

Jürgen Falter, Historiker und Wahlforscher

läuten lassen und die Gemeinde in der Kirche versammelt, abgeschirmt vom braunen Spuk. Bürckel ließ seine Leute schließlich abziehen, nicht ohne jedoch dem Bürgermeister mitzuteilen: »Sagt es eurem Pfarrer: Wir kommen wieder. Wir brechen das Eis. Es ist zwar hart, aber wir brechen es!« Dennoch wählte Hauenstein am 5. März zu 92 Prozent die Liste von Zentrum und Bayerischer Volkspartei. Der »schwarze Turm« habe keine Risse bekommen, stellte mit einem gewissen Stolz die katholische Zeitung *Der Rheinpfälzer* aus Landau fest. Wenige Wochen später musste die »Gleichschaltung« des Hauensteiner Gemeinderats dann von oben exekutiert werden. Doch auch in der Folgezeit blieb das Dorf für die Nationalsozialisten ein heißes Pflaster, wobei insbesondere das Vorhaben der neuen Machthaber, das katholische Vereinsleben gleichzuschalten, auf zähen Widerstand stieß. Die Gestapo registrierte wiederholt widersetzliche Handlungen und regimekritische Äußerungen. Immer wieder kam es zu kurzfristigen Verhaftungen. Auch der Pfarrer selbst musste für mehrere Wochen ins Gefängnis.

Für Hitler bedeuteten die Ergebnisse vom 5. März nur einen Stimmungstest. Die Machtfrage war schon geklärt. »Wenn die Wahl nicht entscheidet«, hatte er am 20. Februar vor Industriellen angekündigt, »muss die Entscheidung eben auf anderem Wege fallen.« Und Goebbels frohlockte: »Was bedeuten jetzt noch Zahlen? Wir sind die Herren im Reich und in Preußen.« Die Partie um Deutschland war entschieden. Was nun folgte, trifft der Begriff, den die Nazis selbst dafür prägten, nur unvollkommen: Die »Gleichschaltung« von Staat und Gesellschaft war nämlich gleichzeitig von oben befohlenes »Schalten« und eben auch die freiwillige, manchmal vorauseilende Anpassung. Der Sog der »Revolution« machte vielfach ein aktives Handeln Hitlers überflüssig.

In der Woche nach der Wahl rissen die Nationalsozialisten die Macht in den noch nicht von ihnen selbst kontrollierten Ländern an sich. Es begann bereits am Wahlabend in der Hansestadt Hamburg, wo siegestrunkene NSDAP-Anhänger die Forderung nach einem nationalsozialistischen Polizeipräsidenten erhoben. Als sich der Senat weigerte, besetzten SA-Einheiten das Rathaus und hissten auf dem Gebäude die Hakenkreuzflagge. Die vorgeblich gestörte öffentliche Ruhe und Ordnung wiederum nutzte Reichsinnenminister Wilhelm Frick als Vorwand, um unter Berufung auf Artikel 2 der »Reichstagsbrandverordnung« einzugreifen und einen kommissarischen Polizeipräsidenten einzusetzen. Der Senat trat zurück – Hamburg war »gleichgeschaltet«.

Nach ähnlichem Muster, der Verbindung von revolutionären Aktionen auf der Straße von unten und scheinlegalen, administrativen Maßnahmen der Reichsregierung von oben, fielen daraufhin weitere Hansestädte wie Bremen und Lübeck sowie Länder wie Hessen, Baden, Württemberg oder Sachsen. Die härteste Nuss wurde zuletzt geknackt: Bayern. Noch Anfang März hatte der amtierende BVP-Ministerpräsident Heinrich Held erwogen, die bayerischen Verbände der Reichswehr zum Schutz gegen die aufziehenden SA-Verbände einzusetzen. Doch dieser Plan scheiterte an gegenteiligen Befehlen der Reichswehrführung aus Berlin, denen zufolge sich das Militär aus innenpolitischen Angelegenheiten herauszuhalten habe. Schließlich erklärte Frick am 9. März Held für abgesetzt und verkündete die Berufung des Weltkriegsgenerals, Freikorpschefs und Altnazis Franz Ritter von Epp zum Reichskommissar für Bayern. Als Held daraufhin das Gespräch mit Hindenburg suchte, wurde er beim Reichspräsidenten nicht einmal mehr vorgelassen. Drei Tage später kam Hitler nach München und erklärte den Kampf »in seinem ersten Teil beendet«. Die Gleichschaltung des »politischen Willens der Länder« mit dem »politischen Willen der Nation« sei vollzogen.

Hinter der »legalen« Fassade trat nun einmal mehr die hässliche Kehrseite zutage. Nach der Wahl schwappte eine neue Welle zügellosen SA-Terrors über das Land. Die Schlägertruppe war alles andere als zufrieden mit dem bisherigen Verlauf der »nationalen Erhebung«. Lange aufgestauter Hass brach sich Bahn, Rachsucht oder einfach nur Habgier. In Königsberg drangen SA-Leute noch am Wahlabend in ein SPD-Parteibüro ein, zerschlugen das Mobiliar und richteten eine

Lieber schieße ich ein paarmal zu kurz oder zu weit, aber ich schieße wenigstens.
Rede Görings, 11. März 1933

Die Gewalt gegen den Gegner auf der einen Seite und die Emigration nach innen auf der anderen Seite waren zwei Seiten einer Medaille.
Wolfram Pyta, Historiker und Hindenburg-Biograf

Die Gleichschaltung in den deutschen Ländern: Am 7. März 1933 wird am württembergischen Landtag in Stuttgart die Hakenkreuzfahne gehisst

Oben: Die erste Sitzung der gleichgeschalteten Hamburger Bürgerschaft unter dem »Schutz« der SA. Die Plätze der sozialdemokratischen und kommunistischen Abgeordneten blieben leer
Unten: Bayern wurde zuletzt »gleichgeschaltet«: Münchener SA-Männer verbrennen am 9. März 1933 Fahnen und Abzeichen politischer Gegner

»Brachiale Revolution von unten«: Der SPD-Politiker und führende Kopf der Novemberrevolution von 1918, Bernhard Kuhnt, wird durch SA-Männer in Chemnitz verhaftet und gedemütigt, 9. März 1933

provisorische Folterstätte ein. Im Raum Chemnitz wurden innerhalb von zwei Tagen fünf Kommunisten ermordet und der Herausgeber einer sozialdemokratischen Zeitung erschossen. Im brandenburgischen Guben stürmte eine Horde Braunhemden das Gewerkschaftshaus, plünderte die Kassen und verbrannte die erbeuteten schwarz-rot-goldenen Fahnen auf der Straße.

Vor allem in der Provinz richtete sich der Sturm der SA auch gegen Rathäuser und Bürgermeisterämter. Wie Eroberer pflanzten die entfesselten Parteisoldaten die Hakenkreuzfahne auf öffentliche Gebäude – Zeichen politischer Landnahme, meist aber auch Beleg für den »Karrieresprung« eines SA-Mannes oder Parteifunktionärs auf einen Posten der öffentlichen Verwaltung. »Wenn wir Deutschland groß machen, haben wir auch ein Recht, an uns zu denken«, hatte Hitler versprochen, und seine Miliz löste jetzt den Wechsel ein. Am Ende dieses Jahres hatte in Preußen nur noch jeder siebte Oberbürgermeister, der es bereits vor der Märzwahl gewesen war, seinen Posten inne. Da den Nazis aber meist jegliche Verwaltungserfahrung fehlte, legte ihre Inkompetenz nicht selten ganze Behörden lahm.

Hitlers Haltung gegenüber der brachialen »Revolution von unten« war von machiavellistischem Machtinstinkt bestimmt. Es blieb ihm nicht verborgen, dass sich die Unzufriedenheit der SA auch gegen ihn richtete. Denn genau das Bild, das er für sein bürgerliches Publikum nach außen kehrte, empfanden nicht wenige Heißsporne in seinem Gefolge als Verrat. Ein Hitler im schwarzen Cut, eingerahmt von Baronen und »Herrenreitern« – dafür war man nicht all die Jahre gegen ebendieses Bürgertum angerannt. Gegen die Proteste bürgerlicher Koalitionäre nahm der Kanzler seine »Sturmabteilung« freilich vehement in Schutz. Papen gegenüber erklärte er zynisch, er bewundere »geradezu die unerhörte Disziplin seiner SA- und SS-Männer«. Er befürchte eher, »das Urteil der Geschichte wird uns einmal den Vorwurf nicht ersparen, dass wir in einer historischen Stunde, vielleicht schon selbst angekränkelt von der Schwäche und Feigheit unserer bürgerlichen Welt, mit Glacéhandschuhen vorgegangen sind statt mit eiserner Faust«. Als latente Drohung gegen Hugenberg und Papen war die unruhige Parteiarmee von unschätzbarem Wert.

Dennoch versuchte er am 10. März, die blindwütigen Schläger zu disziplinieren, und mahnte in einem Aufruf, die »nationale Revolution« nicht durch zügellose Einzelaktionen zu gefährden: »Ihr müsst, meine Kameraden, dafür sorgen, dass die nationale Revolution 1933 nicht in der Geschichte verglichen werden kann mit der Revolution der Rucksack-Spartakisten 1918. Im Übrigen lasst Euch in keiner Sekunde von unserer Parole wegbringen, die heißt: Vernichtung des Marxismus.« Dies war die gewohnte Doppelstrategie. Tatsächlich scheint Hitlers Umgebung die Gefahr des Abgleitens in Chaos und Anarchie zeitweise ernst genommen zu haben, wie eine Tagebuchnotiz von Goebbels zeigt: »Wir dürfen am Ende nicht vor der Todesstrafe zurückschrecken, da sonst die Gefahr besteht, dass die Revolution den Händen des Führers entrissen wird.« Bezeichnenderweise machte der Propagandachef jedoch allein kommunistische Provokateure in der SA für die zahlreichen Gewalttaten verantwortlich. Dennoch waren alle Maßnahmen gegen die unkontrollierbare Gewalt der SA eher halbherzig. Mehr als ein Jahr blieb sie ein kaum kalkulierbarer Machtfaktor.

In die Geschichtsbücher ist diese Phase als der »wilde« Terror eingegangen. Etwa 25 000 »Schutzhäftlinge« sind bis Ende April 1933 allein in Preußen polizeilich registriert worden. Wie viele tausend weitere in

Hitler ist es gelungen, die Lage zu stabilisieren – an den Rändern immer mit Terror und ungewöhnlicher Härte. Es hat einige tausend Menschen in dieser Phase der nationalen Revolution das Leben gekostet, sie sind ermordet, erschlagen worden. Aber das hat die Masse der Deutschen nicht als zentrales Problem gesehen.

Götz Aly, Historiker

improvisierte SA-Keller verschleppt und dort Opfer viehischer Misshandlungen wurden, ist ungewiss. Schätzungen zufolge waren es mindestens 45 000 – Buchführung war keine Stärke der SA-Folterknechte, im Gegensatz zu ihren Nachfolgern von der SS. Schilderungen aus den ersten »wilden« Konzentrationslagern lesen sich wie Passagen aus Dantes »Inferno«. »Auf dem Fußboden lagen auf einer Strohschütte die Gefangenen, die sich bei unserem Eintritt auf das ›Achtung!‹ des Stubenältesten hin taumelnd erhoben«, schrieb der spätere Gestapo-Chef Rudolf Diels über einen Besuch im KZ Sonnenburg bei Küstrin. »Der Anblick der Gefangenen war schlechthin unbeschreiblich. Es waren Gestalten wie aus einem Spuk oder dämonischen Traum. Aus den zerbeulten und zerfetzten Kleidern ragten verquollene Köpfe heraus wie Kürbisse, gelb, grün und bläulich angelaufene Gesichter, die nichts mehr von einem Menschengesicht an sich hatten. Die bloßen Körperteile waren mit Striemen und geronnenem Blut bedeckt.«

Die Aussagen von Diels, der auch den Begriff »wildes Lager« prägte, sind jedoch mit Vorsicht zu genießen. Diels, der im April 1934 aufgrund von Kompetenzstreitigkeiten aus der Gestapo ausschied und sich nach dem Krieg als Widerstandskämpfer gegen das NS-Regime gerierte, versuchte auf diese Weise, seine eigene, äußerst fragwürdige Rolle im Netzwerk des Terrors herunterzuspielen. Seine Aussagen seien der Ausgangs-

In der Hedemannstraße wurden wir mit dem Gummiknüppel hochgeknüppelt, bis zum dritten Stock. Da war eine normale Stube, mit Stroh ausgebreitet. Da hockten eine Frau, das Gesicht blutverschmiert, und zwei weitere Gefangene, darunter ein jüdischer Bürger namens Kindermann. Der wurde geholt, und sie haben ihn vollständig verprügelt, die ganze Brust, alles blutete. Und dann sagte der, der da die Leitung hatte: »Der Kindermann muss mal baden gehen.« Daraufhin hörten wir einen großen Schrei, und Kindermann wurde aus dem Fenster geworfen.

Walter Sarow, inhaftiert in einem »wilden« KZ in Berlin

Oben: »Fragwürdige Rolle«: Rudolf Diels (rechts), der erste Chef der Gestapo, im Gespräch mit dem »Reichsführer SS« Heinrich Himmler
Unten: »Folterhölle an der Oder«: Im stillgelegten ehemaligen Gefängnis Sonnenburg wurde eines der berüchtigtsten frühen Konzentrationslager eingerichtet

punkt der Legende, dass die Exzesse des Frühjahrs 1933 allein der SA und der SS zuzuschreiben seien, »gegen die sich Polizei und Verwaltung nicht hätten durchsetzen können«, so der Leiter der Gedenkstätte Deutscher Widerstand, Johannes Tuchel. Tatsächlich habe es bereits im Frühjahr 1933 eine enge Zusammenarbeit zwischen der SA und staatlichen Dienststellen gegeben. »Lokal, regional und überregional kann nicht von ›wilden‹ Lagern, das heißt Haftstätten außerhalb staatlicher Kontrolle oder ohne staatliche Beteiligung, gesprochen werden, sondern eher von ›frühen‹ Konzentrationslagern«, so Tuchel. Gerade an der Einrichtung des KZ in Sonnenburg, das Anfang April 1933 in einer wegen Baufälligkeit geschlossenen ehemaligen Haftanstalt eröffnet wurde, sei Diels entscheidend beteiligt gewesen.

Auch der Kommunist Ernst Schneller wurde nach einem Monat Haft im Gefängnis Moabit in das als »Folterhölle« berüchtigte Lager Sonnenburg gebracht. Die Wachmannschaften – hauptsächlich SA-Männer aus Berlin und Frankfurt/Oder sowie eine Göring direkt unterstellte Polizeieinheit – waren auch verglichen mit dem Personal anderer, gleichzeitig eingerichteter Lager wegen ihrer außergewöhnlichen Brutalität und Willkür berüchtigt. Alles, was an sadistischen Quälereien denkbar ist, sei in

»Vom Schicksal des Vaters wussten wir wenig«: Ernst Schneller während eines Familienausflugs. Links Tochter Annemarie

Sonnenburg praktiziert worden, berichteten ehemalige Gefangene. Auch Schneller wurde von SA-Leuten grausam misshandelt – ausgerechnet am Maifeiertag 1933. »Als er zurückkehrte«, berichtete ein Mithäftling später, »ging er aufrecht und lächelte. Erst beim Baden sahen wir, wie sie ihn zugerichtet hatten. Sein ganzer Körper, von den Schulterblättern bis zu den Kniekehlen, sah blau und schwarz aus und war dick angeschwollen.«

Schnellers Frau und Kinder lebten derweil in ständiger Sorge. »Vom Schicksal unseres Vaters wussten wir wenig«, erinnerte sich seine Tochter Annemarie. »Seine seltenen Briefe klangen immer zuversichtlich und liebevoll. Eines Tages bekamen wir ein Paket. Absender: ›Schutzhäftling Schneller‹. Dieses Paket enthielt, von Blut und Eiter vollständig durchtränkt, Wäsche meines Vaters.« Jetzt war auch der Familie klar, was sich hinter dem harmlos klingenden Ausdruck »Schutzhaft« verbarg. Schnellers Frau Hilde gelang es gemeinsam mit anderen Angehörigen, Berichte über die Zustände in Sonnenburg und anderen Lagern ins Ausland zu schmuggeln. Bald erschienen in ganz Europa nicht nur in kommunistischen Blättern Beiträge über die »Folterhölle« an der Oder.

Aber auch in den ab März 1933 systematisch eingerichteten und auf Dauer angelegten Konzentrationslagern der SS ging es nur graduell ziviler zu. Muster für alle weiteren Lager wurde das KZ Dachau. Am 20. März hatte der »Reichsführer SS« Heinrich Himmler, seit der Absetzung der bayerischen Landesregierung am 9. März amtierender Polizeipräsident von München, auf einer groß angelegten Pressekonferenz in der bayerischen Landeshauptstadt die Errichtung des Lagers bekannt gegeben: »Hier werden die gesamten kommunistischen – und soweit notwendig: Reichsbanner- und marxistischen – Funktionäre, die die Sicherheit des Staates gefährden, zusammengezogen«, hieß es im *Völkischen Beobachter*. Es sei nicht auf Dauer möglich, die verhafteten Kommunisten in den Gerichtsgefängnissen festzuhalten – und ebenso unmöglich, sie freizulassen. Der in der Öffentlichkeit noch weitgehend unbekannte Himmler fügte hinzu: »Wir haben diese Maßnahme ohne jede Rücksicht auf kleinliche Bedenken getroffen in der Überzeugung, damit zur Beruhigung der nationalen Bevölkerung und in ihrem Sinne zu handeln.«

Die Idee, Gegner in Lager zu sperren, war nicht neu. Die Briten hatten bereits Ende des 19. Jahrhunderts im Burenkrieg »Concentration Camps« für die Zivilisten der Gegenseite errichtet, in denen entsetzliche Zustände herrschten und zahlreiche Insassen starben. Ein paar Jahre später internierten deutsche Kolonialtruppen während des Krieges in Deutsch-Südwestafrika zehntausende aufständische Hereros in Lagern, in denen die Todesrate zeitweise 45 Prozent betrug. Derart brutale Methoden imponierten Hitler. Schon 1921 hatte er erklärt, man sollte Juden in Konzentrationslager nach englischem Vorbild einsperren. Eine im Umfeld des Hitler-Putsches von 1923 entstandene nationalsozialistische Notverfassung sah vor, »sicherheitsgefährliche Personen und unnütze Esser… in Sammellager zu verbringen«. Wer sich dem Zugriff zu entziehen versuchte, solle erschossen werden. Im August 1932 verkündete der *Völkische Beobachter* schließlich für den Fall der NS-Machtübernahme die »sofortige Verhaftung und Aburteilung aller kommunistischen und sozialdemokratischen Funktionäre«, verbunden mit der »Unterbringung Verdächtiger und intellektueller Anstifter in Konzentrationslagern«.

Aus dem ersten Hundert KZ-Gefangener, die am 22. März 1933 auf dem Gelände einer aufgelassenen Dachauer Munitionsfabrik eintrafen, wurden rasch tausende, innerhalb weniger Jahre zehntausende und im Zweiten Weltkrieg schließlich Millionen in tausenden Lagern. Zu den ersten Morden kam es in Dachau schon am 12. April – nur zwei Tage, nachdem SS-Männer zur Bewachung der Häftlinge hinzugezogen worden waren. Dachau wurde zum Muster- und Ausbildungslager für alle SS-Wachmannschaften und existierte von allen Konzentrationslagern am längsten: Erst am 29. April 1945 konnte die US-Army das Lager befreien.

Alle, die behaupten, von KZs nichts gewusst zu haben, sind bestenfalls Verdrängungskünstler. Wir hatten sehr früh, schon im Jahr 1933, ein kleines Gebet: »Lieber Gott, mach mich stumm, dass ich nicht nach Dachau kumm.«

Egon Hanfstaengl, Sohn von Ernst Hanfstaengl

Die Nationalsozialisten machten aus der Existenz des KZ kein Geheimnis. Zeitungen berichteten wiederholt aus Dachau und aus anderen Lagern. Auf diese Weise erfüllten die Konzentrationslager einen doppelten Zweck, wie der Historiker Johannes Tuchel schreibt. Vordergründig dienten sie den Nationalsozialisten der möglichst gründlichen Ausschaltung ihrer politischen Gegner durch »Konzentration« im Lager. Gleichzeitig jedoch erzeugten die Lager eine repressive Drohkulisse, die ihre abschreckende Wirkung in weite Bevölkerungskreise ausstrahlte. »Die Repression, der die Bevölkerung durch die Existenz der Konzentrationslager ausgesetzt war, beruhte auf einem Doppeleffekt von scheinbarer Ruhe und latenter Beunruhigung«, so Tuchel. Beruhigend schien es für viele Bürger, dass die Zeit der politischen Straßenkämpfe zwischen links und rechts, die die letzten Jahre der Weimarer Republik geprägt hatten, nunmehr vorüber war. Beunruhigend dagegen war, dass die Bedrohung der Lagerhaft praktisch jeden treffen konnte. Die Folgen waren Anpassung in allen gesellschaftlichen Bereichen und die gründliche Ausschaltung fast jeglicher oppositioneller Ansätze. »Sei still, sonst kommst du nach Dachau!«, hieß es bald nicht nur im Münchener Umkreis.

Bei der Einlieferung am 20. Mai habe ich schon die Nummer zweitausend und etliches gehabt. Da waren es also schon über zweitausend politische Gefangene.

Karl Füß, damals Häftling in Dachau

Auch für den SPD-Politiker Wilhelm Hoegner war diese Gefahr spätestens seit der Märzwahl mit Händen zu greifen: »In diesen Tagen war es reiner Zufall, ob man nicht von einer Stunde auf die andere auf der Flucht erschossen wurde oder im Konzentrationslager saß. Man musste Glück haben, darauf kam alles an. Ich hatte Glück bis zuletzt, während von meinen Freunden einer nach dem andern trotz größter Vorsicht in die Hände der politischen Polizei, der SS Himmlers, fiel.« Mehrfach entging er seiner Verhaftung nur um Haaresbreite und lebte seitdem mit einem Bein bereits in der Illegalität. Er hielt sich nur noch selten in seiner Wohnung auf, traf sich mit seinen Genossen in den Hinterzimmern von Wirtshäusern und übernachtete meist unter fremden Namen in Hotels am Münchener Hauptbahnhof.

Ich hätte alles getan, dass ich nicht in ein solches Lager kam. Die Lager hatten einen schlimmen Ruf, es gab nur Gerüchte, man wusste ja gar nicht, wo die Menschen abgeblieben sind. Aber ich wusste, dass ein Bekannter von uns, der entlassen worden ist, zum Schweigen verurteilt war und kein Wort darüber geredet hat, was in dem Lager mit ihm passiert ist. Und das hat wiederum Angst gemacht.

Gerd Schmückle, damals Schüler

»Ohne jede Rücksicht auf kleinliche Bedenken«: Ankunft neuer »Schutzhäftlinge« im Konzentrationslager Dachau, April 1933

Ein anschauliches Bild, wie es in den Konzentrationslagern des »Dritten Reiches« zuging, bekam er, als er vor einer Fraktionssitzung Michael Poeschke, einen aus Dachau entlassenen SPD-Landtagsabgeordneten, traf. Dieser, so schrieb Hoegner später, »humpelte mühsam, zerbeult und zerschlagen, ins Zimmer. Wir zogen ihm das blutige Hemd vom Leib. Vom Nacken bis zu den Oberschenkeln und Ellenbogen war die ganze Haut blauschwarz gefärbt, an vielen Stellen geplatzt, das rohe Fleisch mit Blutgerinnsel verklebt. Der Mann war völlig verstört, er zitterte an allen Gliedern und weinte immer wieder.« Poeschke war schon im März in »Schutzhaft« genommen und einige Wochen später nach Dachau gebracht worden. Nach seiner Ankunft wurde er in eine Zelle gesteckt, in der er über eine Stunde mit dem Gesicht zur Wand stehen musste. Hinter ihm stand ein Posten, der drohte, ihn bei der geringsten Bewegung zu erschießen. »Dann wurde der Häftling in einen abgelegenen Raum im Lager gebracht. Riesige SS-Kerle, lange, derbe Stecken in den Händen, warteten bereits. Die Stöcke waren an der Spitze gespalten und mit Geigenharz verschmiert. Zitternde Gefangene standen in eine Ecke gedrängt.

Dann ging es los. Man riss den Opfern die Hemden und Hosen herunter. Dann wurde einer nach dem andern auf den Boden gelegt und vor den Augen seiner Leidensgefährten geschlagen. Je mehr einer schrie, je wilder sich sein zitternder Leib aufbäumte, desto wütender schlugen die Henkersknechte zu.«

Der Kommunist Ernst Schneller war einer derjenigen, die das System der nationalsozialistischen Lager nie mehr verlassen sollten. Im November 1933 verurteilte ihn das Reichsgericht wegen »Anleitung zum Hochverrat« zu sechs Jahren Zuchthaus. Nachdem er diese Strafe abgesessen hatte, überführte man ihn im Juli 1939 ins KZ Sachsenhausen. Als Vorbereitungen zu einer Häftlingsrevolte entdeckt wurden, an denen er führend beteiligt war, wurde er am 11. Oktober 1944 hingerichtet.

Ermächtigung

Während in den Konzentrationslagern weiter gequält, gefoltert und gemordet wurde, setzte draußen die Maschinerie der Verführung zu neuen Höhenflügen an. Ihren vorläufigen Höhepunkt erreichte sie am 21. März mit einem grandiosen politischen Rührstück, dem »Tag von Potsdam«: Hitler als Biedermann, der über den Gräbern der Preußenkönige deren Tradition beschwor. Der pathetische Schulterschluss zwischen Hitlers und Hindenburgs Deutschland, symbolisiert durch ihren Handschlag vor der Garnisonkirche, gilt als der wohl effizienteste Propagandagag aus der Anfangszeit des »Dritten Reiches«. Doch anders als vielfach angenommen, war das hochtrabende Spektakel nicht die originäre Idee des gut eine Woche zuvor ernannten Ministers für »Volksaufklärung und Propaganda«, Joseph Goebbels. »Im Gegenteil verbirgt sich in der Vorgeschichte der Potsdamer Jubelfeier eine chaotische Mischung von überhasteten Entscheidungen und erzwungenen Korrekturen, die das Projekt zeitweise zu einem völligen Fiasko werden zu lassen drohten und seine politischen Urheber mehr als Getriebene denn als souverän Handelnde erscheinen lassen«, urteilt der Potsdamer Historiker Martin Sabrow.

Dieser 21. März 1933 war der Beginn einer vertieften Beziehung zwischen Präsident und Kanzler. Hitler gab Hindenburg die Möglichkeit, sich auf die Rolle des verehrten Feldmarschalls, des Symbols für die Einheit der Nation, zurückzuziehen. Hindenburg verzichtete fortan darauf, seine präsidialen Rechte zu nutzen.

Wolfram Pyta, Historiker und Hindenburg-Biograf

So war es Hitler selbst, der bereits am Abend des Reichstagsbrands auf den Gedanken kam, das neu gewählte Parlament zuerst in Potsdam zusammentreten zu lassen. Er ahnte, wie sehr er mit dieser Geste den sich als Sachwalter der preußisch-deutschen Kaiserreichs verstehenden Hindenburg rühren konnte. Doch erste Sondierungen des NS-geführten Reichsinnenministeriums blieben ohne Ergebnis – unter den Schlössern und Profanbauten der Stadt fand sich kein geeigneter Raum für die mehr als 600 Abgeordneten des Reichstags. In dieser Situation verfiel ein Beamter der Potsdamer Stadtverwaltung auf eine kühne Idee – er schlug die Nutzung der Garnisonkirche für den Staatsakt vor. In der als »Ruhmeshalle Preußens« gepriesenen Kirche waren einst die preußischen Garderegimenter vereidigt worden, sie hatte die Friedens- und Siegesfeiern der Hohenzollern gesehen und beherbergte die Sarkophage des »Soldatenkönigs« Friedrich Wilhelm I. und Friedrichs des Großen. Doch gegen die »Entweihung« der Garnisonkirche regte sich sofort Widerstand innerhalb der evangelischen Kirchenverwaltung, die ihre Ablehnung mit befürchteten »Radauszenen« von kommunistischer und sozialdemokratischer Seite begründete. Das sah auch der von der Kirchenleitung eingeschaltete Hindenburg ähnlich: »Der Herr Reichspräsident steht auf dem Standpunkt, dass am Grabe Friedrichs des Großen unmöglich politische Debatten geführt werden dürften.« Dies brachte die Reichsregierung in arge Bedrängnis – hatte sie doch ihr Vorhaben, die Reichstagseröffnung in der Potsdamer Kirche zu zelebrieren, schon öffentlich bekannt gemacht.

Ein Kompromissvorschlag eines Beamten aus dem Innenministerium rettete schließlich die Situation. Er empfahl eine Dreiteilung des Festakts: zunächst nach Konfessionen getrennte Gottesdienste, dann eine kurze Eröffnungszeremonie in der Garnisonkirche und zuletzt die ordentlichen Beratungen an einem anderen Ort. Dem stimmten schließlich alle Beteiligten zu. Am 8. März fiel im Kabinett die Entscheidung, den Akt vom ursprünglich geplanten Termin Anfang April auf den symbolträchtigen 21. März zu legen: Es war der Tag des Frühlingsanfangs; außerdem hatte just 62 Jahre zuvor die erste Sitzung des Reichstags unter Bismarck stattgefunden – eine Traditionslinie, an die die Nazis anzuknüpfen vorgaben. Zwar hatte der Österreicher Hitler an Preußen kein wirkliches Interesse, doch wusste er um die Wirkung des um Hindenburg aufgebauten Mythos im bürgerlichen Lager.

Von souveräner Regie kann in dieser Vorgeschichte keine Rede sein, in der Zufälle, Kompromisszwänge und Adhoc-Entscheidungen eine erheblich größere Rolle spielten als der von Goebbels reklamierte Anspruch, die Reichstagseröffnung zum ersten Mal im Stil »nationalsozialistischer Formgebung« abzuhalten.

Martin Sabrow, Historiker

Erst jetzt, als die Rahmenbedingungen des Potsdamer Tages schon festgelegt waren, betrat auch Goebbels die Szenerie und trieb die Vorbereitung des Festakts voran. Zunächst musste er jedoch noch mit Kompromissen leben. Zwar waren in der Stadt hunderttausende Menschen auf den Beinen und die Häuser festlich geschmückt – doch es überwog nicht das Hakenkreuz, sondern die schwarz-weiß-rote Fahne des Kaiserreichs. Nicht die Braunhemden der SA dominierten die Szenerie, sondern die Uniformen der Kaiserzeit. Im Mittelpunkt stand nicht allein die Person des NS-»Führers«, sondern der frenetisch umjubelte Hindenburg. Dennoch sorgte Goebbels mit einer flächendeckenden Rundfunkübertragung dafür, dass die von ihm gewünschte Botschaft im ganzen Reich vernommen wurde. »Seine entscheidende Leistung bestand in der medialen Mobilmachung der deutschen Gesellschaft, die den zeremoniellen Staatsakt in ein Gemeinschaftserlebnis nationaler Identitätsstiftung auf dem Wege des Mitmachens und des Mithörens verwandelte«, so Martin Sabrow.

Wie zuvor festgelegt, begann der Tag mit getrennten Gottesdiensten für die katholischen und protestantischen Abgeordneten des Reichstags. Es fehlten lediglich die Parlamentarier der beiden Arbeiterparteien. Die SPD-Fraktion hatte es von sich aus vorgezogen, dem Potsdamer Spektakel fernzubleiben. »Keiner von uns war so tief gesunken, dass er die Siegesfeier der Nationalsozialisten als geschlagener Gegner freiwillig mitgemacht hätte«, bestätigte Wilhelm Hoegner. Die Reichstagsabgeordneten der KPD dagegen waren, wie Innenminister Frick zehn Tage zuvor zynisch erklärt hatte, »durch dringende und nützlichere Arbeit ... in den Konzentrationslagern« verhindert.

Leer blieben freilich auch die Plätze des Reichskanzlers und seines frisch ernannten Propagandaministers in der katholischen Stadtkirche Sankt Peter-und-Paul. Goebbels hatte Hitler überzeugen können, an diesem schwarz-weiß-rot dominierten Festtag zumindest ein genuin nationalsozialistisches Ausrufezeichen zu setzen: Während in Potsdam der Berliner Domkapitular den göttlichen Segen für die »Leiter des neuen Staates« erbat, zogen es Hitler und Goebbels vor, auf einem Berliner Friedhof an den Gräbern »ermordeter SA-Kameraden« Kränze niederzulegen. In einer später verbreiteten Erklärung begründeten sie ihre Abwesenheit damit, dass die katholischen deutschen Bischöfe Führer und Mitglieder der NSDAP als »Abtrünnige der Kirche« bezeichnet und dies noch nicht widerrufen hätten.

Der in der Uniform des kaiserlichen Generalfeldmarschalls erschienene

Oben: »Genuin nationalsozialistisches Ausrufezeichen«: Statt am Gottesdienst teilzunehmen, gedachten Hitler und Goebbels am Morgen der »Gefallenen der Bewegung«
Unten: »Vermählung zwischen den Symbolen der alten Größe und der jungen Kraft«: Die zeitgenössische Propagandapostkarte verdeutlicht die Botschaft des »Tages von Potsdam«

Oben: »Die Einheit der Nation wiederherstellen«: In seiner Ansprache in der Garnisonkirche redete Hitler dem Reichspräsidenten geschickt nach dem Mund
Unten: »Unerschütterliche Ausdauer«: Nach dem Staatsakt nahm Hindenburg einen Vorbeimarsch von Einheiten der Reichswehr, der SA und weiteren Wehrverbänden ab

Reichspräsident Hindenburg wohnte derweil dem evangelischen Gottesdienst in der Nikolaikirche bei, wo Generalsuperintendent Otto Dibelius zum Bibelwort »Ist Gott für uns, wer mag wider uns sein?« predigte. Dibelius erinnerte an den August 1914 und verglich die patriotische Stimmung jener Tage mit dem aktuellen nationalen »Aufbruch« in Deutschland: »Durch Nord und Süd, durch Ost und West geht ein neuer Wille zum deutschen Staat, eine Sehnsucht, nicht länger, um mit Treitschke zu reden, einer der erhabensten Empfindungen im Leben eines Mannes zu entbehren, nämlich den begeisterten Aufblick zum eigenen Staat.« Dibelius' Mahnung, die »deutsche Zukunft« im Glauben an Gott zu gestalten, ging in der völkischen Hochstimmung hoffnungslos unter.

Gemeinsam mit der gesamten Zentrumsfraktion besuchte auch die Abgeordnete Clara Siebert den katholischen Gottesdienst. Die 1873 geborene Lehrerin war nach dem Ersten Weltkrieg ins politische Leben getreten und im Juli 1932 in den Reichstag gewählt worden. Mit dem Schlagwort von der Gleichberechtigung der Geschlechter konnte sie freilich nichts anfangen. Als ihre Berufung sah sie »ein Hineintragen von weiblichen Geistes- und Seelenwerten in die Bildung unseres Gemeinschaftslebens«. Ihre tief empfundene Religiosität ließ sie jedoch frühzeitig die Gefahren der NS-Bewegung erkennen, deren Gottlosigkeit sie abstieß. Der 30. Januar 1933 war für sie ein Schock. In ihr Tagebuch trug sie ein: In dem Augenblick, da sie die Nachricht von Hitlers Machtergreifung erhalten habe, sei ihr das Schlusswort von vielen ihrer Vorträge eingefallen: »Mütter, legt euren Söhnen nicht das Todesurteil in die Urne mit dem Stimmzettel für Hitler!« Nun jedoch, so prophezeite sie, habe der Reichspräsident selbst das Todesurteil über das deutsche Volk gesprochen.

Wegen der zahlreichen Nationalsozialisten, die Plätze in den vorderen Reihen zugewiesen bekommen hatten, mussten die Abgeordneten des Zentrums weit hinten sitzen. Der Tag hatte für sie mit einem Eklat begonnen: Als die Fraktionsmitglieder am Morgen von Berlin aus mit Bussen nach Potsdam gebracht werden sollten, waren plötzlich Kriminalbeamte aufgetaucht, die darangingen, die Fahrgäste nach Waffen zu durchsuchen. Erst nach einem Anruf bei Göring ließen die Beamten von ihrem Tun ab. Als die Parlamentarier schließlich nach dem katholischen Gottesdienst zur Garnisonkirche gingen, wurden sie aus dem Publikum mit Schmährufen bedacht: »Pfui, Zentrum!« Clara Siebert war wie vor den Kopf gestoßen.

Mich hat der Tag von Potsdam berührt. Die Geste des greisen Generalfeldmarschalls und Reichspräsidenten von Hindenburg gegenüber dem Reichskanzler Adolf Hitler vor der Potsdamer Garnisonkirche hat mich versöhnt mit dem Ereignis, weil ich glaubte, dass nunmehr, anknüpfend an die Tradition des Preußentums, ein neuer Geist neue Maßstäbe auch in der deutschen Demokratie setzen würde. Ich glaubte an das Funktionieren der Weimarer Verfassung, und ich glaubte an geordnete Verhältnisse, denen Hitler unterworfen sein würde.

Erich Mende, damals Schüler

Sie habe sich mit den Geschehnissen nicht mehr auseinandersetzen können, berichtete sie später; sie habe nur noch beten können.

Kurz vor zwölf Uhr mittags trafen dann das »alte« Deutschland in Gestalt des fünfundachtzigjährigen Reichspräsidenten und das »neue« Deutschland in Gestalt des 43 Jahre alten Reichskanzlers auf den Stufen der Garnisonkirche aufeinander. Der Gefreite des Ersten Weltkriegs ging auf den Generalfeldmarschall zu, machte eine tiefe Verbeugung und reichte ihm die Hand – ein Händedruck, der später millionenfach reproduziert die neu gewonnene nationale Einheit zu symbolisieren schien. Genau diese Verbindung beschwor Hindenburg dann in knappen Worten, nachdem er die Kirche betreten, vor der leeren Kaiserloge kurz verharrt und zum Gruß den Marschallstab erhoben hatte und der Choral von Leuthen – »Nun danket alle Gott« – verklungen war: Das deutsche Volk habe sich am 5. März mit einer klaren Mehrheit hinter die durch sein Vertrauen berufene Regierung gestellt und ihr damit die verfassungsmäßige Grundlage für ihre Arbeit gegeben. Die Mitglieder des Reichstags und alle Deutschen rief er auf, die Regierung in ihrem »schweren Werk« zu unterstützen. »Möge der alte Geist dieser Ruhmesstätte auch das heutige Geschlecht beseelen, möge er uns frei machen von Eigensucht und Parteizank und uns in nationaler Selbstbesinnung und seelischer Erneuerung zusammenführen zum Segen eines in sich geeinten, freien, stolzen Deutschland.«

Diese Verbeugung Hitlers vor dem alten Hindenburg hat viele bewogen, zu Hitler Ja zu sagen.

Albrecht Schönherr, damals Theologiestudent in Berlin

Geschickt knüpfte Hitler, der seinen Auftritt nicht im Braunhemd, son-

In der Reichstagswahl vom 5. März hat unser Volk sich mit einer klaren Mehrheit hinter diese durch mein Vertrauen berufene Regierung gestellt und ihr hierdurch die verfassungsmäßige Grundlage für ihre Arbeit gegeben.

Aus der Rede Hindenburgs in der Garnisonkirche, 21. März 1933

dern ganz staatsmännisch im schwarzen Cut absolvierte, an den pathetischen Tonfall des Reichspräsidenten an. Er pries den Glanz des alten Reiches, beklagte den Verfall durch Revolution und Republik und bekundete schließlich den »unerschütterlichen Willen, das große Reformwerk der Reorganisation des deutschen Volkes und des Reiches in Angriff zu nehmen und entschlossen durchzuführen«. Nachdem der Reichspräsident durch sein Verstehen die Vermählung vollzogen habe »zwischen den Symbolen der alten Größe und der jungen Kraft«, sei es jetzt an der Zeit, sich »über die Beengtheit eines doktrinären parteimäßigen Denkens« emporzuheben, um die Einheit der Nation wiederherzustellen. Nur mit einem Nebensatz erwähnte er diejenigen, die an dieser Einheit keinen Anteil hatten: Sie würden »unschädlich« gemacht werden. Er schloss mit einem Loblied auf Hindenburg, den »Schirmherrn der Bewegung«, und der obligatorischen Anrufung der »Vorsehung«, die angesichts der Größe der Aufgabe Mut und Beharrlichkeit verleihen möge.

Danach erhob sich das Auditorium, und Hindenburg stieg hinab in der Gruft der Preußenkönige, wo er zum Gedenken Kränze niederlegte. Währenddessen erklang in der Kirche das »Niederländische Dankgebet« und hallten draußen 21 Salutschüsse. »Am Schluss sind alle auf das Tiefste erschüttert«, notierte Goebbels in sein Tagebuch. »Ich sitze nahe bei Hindenburg und sehe, wie ihm die Tränen in die Augen steigen.« Unzweifelhaft sei der Festakt von erheblicher Bedeutung für das Binnenverhältnis zwischen dem Reichspräsidenten und seinem Kanzler gewesen, so Hindenburg-Biograf Wolfram Pyta. »Hitler hatte in den Augen Hindenburgs einen beträchtlichen Vertrauensvorschuss erworben. Es war kein Zufall, dass Hitler kurze Zeit später ohne den lästigen Aufpasser Papen unter vier Augen mit Hindenburg sprechen konnte und dass es ihm gelang, im Verlauf des Frühjahrs 1933 zum Lieblingskanzler Hindenburgs zu avancieren.« Nach Potsdam sei die Beziehung zu Hitler immer mehr zu einer Herzensangelegenheit für den Reichspräsidenten geworden, der Hitler jetzt immer häufiger als »seinen Kanzler« titulierte. Dazu trug auch bei, dass Hitler Hindenburg auch im weiteren Verlauf des Potsdamer Tages weitgehend das Feld überließ. Nach dem Festakt in der Garnisonkirche nahm der Reichspräsident eine stundenlange Parade ab, die von Eliteeinheiten der Reichswehr mit klingendem Spiel angeführt wurde, denen zahlreiche »nationale Verbände« von SA und Stahlhelm bis hin zur Hitlerjugend und einer Abordnung des NS-»Bundes Deutscher Mädel« folgten. Während Hindenburg die Marschkolonnen mit unerschütterlicher Ausdauer durch Heben und Senken seines Marschallstabs grüßte und neben ihm in der ersten Reihe Veteranen der Kriege von 1864, 1866 und 1871 aufgeboten waren, hielt sich Hitler in demonstrativer Bescheidenheit im Hintergrund.

Insgesamt hat der Tag von Potsdam seine Wirkung auf Beteiligte, in- und ausländische Beobachter sowie die breite Öffentlichkeit nicht verfehlt. Fürst Ernst zu Hohenlohe-Langenburg, der Hindenburg aus dem Ersten Weltkrieg kannte, schrieb an den Reichspräsidenten, welch starken Eindruck die Zeremonie bei ihm hinterlassen hatte. In der Tat schien das Schauspiel von Potsdam genau jenes konservative Zähmungskonzept zu demonstrieren, das dem »Engagement« Hitlers durch Hindenburg zugrunde lag. Indem sich Hitler vermeintlich der preußischen Tradition gebeugt hatte, schien er doch noch ins Netz des überkommenen Konservativismus gegangen zu sein. Das Aufatmen im national gesinnten deutschen Bürgertum war unüberhörbar, vernebelte das Rührstück von Potsdam doch all die hässlichen Begleiterscheinungen der »nationalen Erhebung«. Selbst der von den Nazis als »Systemdichter« geschmähte Schriftsteller Erich Ebermayer, dessen Vater als Oberreichsanwalt in der ersten Hälfte der zwanziger Jahre entschlossen gegen rechte Gewalttäter vorgegangen war, notierte: »Niemand kann sich der Erschütterung entziehen. Auch Vater ist tief beeindruckt. Mutter stehen Tränen in den Augen.« Es sei nicht zu leugnen, so Ebermayer, dass Hitler gewachsen sei. Aus dem Demagogen und Hetzer scheine sich ein wirklicher Staatsmann zu entwickeln.

Zur breiten Wirkung des »Tages von Potsdam« trug bei, dass die Zeremonie nicht nur in sämtlichen Rundfunkstationen übertragen, sondern auch mit Aufmärschen, Feldgottesdiensten, Glockengeläut und Ansprachen in Tausenden von Städten nachvollzogen wurde. »Wie eine Sturmwelle ist gestern die nationale Begeisterung über

Wie zahlreiche Beobachter übereinstimmend notierten, dominierte am 21. März nicht das nationalsozialistische Hakenkreuz, sondern in erdrückendem Übermaß das kaiserliche Schwarz-Weiß-Rot im Farbenmeer der geflaggten Häuser und Straßen Potsdams.

Martin Sabrow, Historiker

> **Es war eine schöne Feier. Und da dachte man, wenn das in dem Geiste jetzt vorangeht, dann wird es klappen.**
> Isabel von Papen

Deutschland hinweggefegt«, jubelte die *Berliner Börsen-Zeitung* am 22. März. Sie habe »Dämme überflutet, die manche Parteien gegen sie errichtet hatten, und Türen aufgebrochen, die ihr bis dahin trotzig verschlossen gewesen sind«. Eine bayerische Provinzzeitung verkündete sogar, das deutsche Volk habe sich jetzt von einem Albdruck befreit, der viele Jahre auf ihm gelastet habe. »Möge der 21. März der Tag gewesen sein des Beginnes einer in sich unzerreißbar geschlossenen, alle gutgesinnten Volkskreise umfassenden freien deutschen Volksgemeinschaft auf christlicher, nationaler und sozialer Grundlage.«

Tausende von Gemeinden trugen in den kommenden Wochen Hitler und in einem Aufwasch meist auch Hindenburg ihre Ehrenbürgerschaft an, Straßen und Plätze wurden nach dem NSDAP-»Führer« und dem Reichspräsidenten benannt und ganze Wälder von »Hitler-Eichen« oder »Hitler-Linden« gepflanzt. Nur wenige Deutsche, soweit sie nicht Anhänger der Linksparteien waren, konnten und wollten sich der Suggestivkraft des Schauspiels noch entziehen. Erich Ebermayer äußerte sich in seinem Tagebuch verblüfft über einen Freund, der von den Ereignissen völlig unberührt geblieben sei: »Er hält alles nur für abgekartetes Theater, wird keinen Augenblick schwankend in seiner instinktiven Abneigung: ›Ihr werdet's schon noch erleben!‹, sagt der Einundzwanzigjährige. Ich schweige beschämt und zerrissen.«

Nur zwei Tage später sollte sich zeigen, wie recht der junge Mann hatte. Im Umfeld der Krolloper, die von nun an Bühne für das Siechtum des deutschen Parlaments war, hatte sich die Szenerie im Vergleich zum »Tag von Potsdam« komplett verändert. Statt der Uniformen des Kaiserreichs beherrschten jetzt die Braunhemden der SA das Bild. Statt der Polizei sorgte die SS für »Ordnung«. Statt Schwarz-Weiß-Rot stand das Hakenkreuz im Mittelpunkt. Statt »Nun danket alle Gott« wurden Parolen gebrüllt: »Wir wollen das Ermächtigungsgesetz – sonst gibt's Zunder!«

Die »Reichstagsbrandverordnung« hatte den schrankenlosen Missbrauch der Exekutive ermöglicht. Polizei und Verwaltung waren neben der SA zum zweiten Knüppel der »nationalen Revolution« geworden. Gesetze aber konnte man mit der Reichstagsbrandverordnung nicht erlassen.

Dazu war nur das Parlament oder der Reichspräsident mit seinen Notverordnungen, den bewährten Quasigesetzen, berechtigt. Das Ermächtigungsgesetz musste also her, das die Regierung selbst zum alleinigen Gesetzgeber machte. Aus rein machttechnischer Sicht war das eigentlich überflüssig, denn Hitler war ja längst im Besitz diktatorischer Gewalt. Doch warum die Maske fallen lassen, den Schein der Legalität aufgeben, solange es auch anders ging? Im legalen Gewand ließ sich das Ausmaß der Diktatur bestens verharmlosen. »Recht und Ordnung« hatten auf das deutsche Bürgertum noch immer beruhigende Wirkung. Das vernebelte den Blick dafür, dass mit den fünf knapp gefassten Artikeln des Ermächtigungsgesetzes die demokratische Verfassung der Weimarer Republik endgültig in Trümmer geschlagen wurde: Reichsgesetze sollten fortan von der Regierung beschlossen werden können, ebenso Verfassungsänderungen. Das Ausfertigungs- und Verkündigungsrecht für Gesetze ging vom Reichspräsidenten auf den Reichskanzler über. Nach Artikel 4 wurde der Reichsregierung auch das alleinige Recht zu Verträgen mit fremden Staaten zugestanden. Der fünfte und letzte Artikel schließlich war dazu angetan, wiederum trügerische Hoffnungen zu wecken: Die Gültigkeit des Gesetzes wurde auf vier Jahre beschränkt und an die »gegenwärtige Reichsregierung« gebunden.

Im Kabinett hatte Hitler keinerlei Widerstände gegen die schrankenlose Ausweitung seiner Macht zu befürchten. Die schwachen Einwände der Koalitionäre Hugenberg und Papen, die die Ausbootung des Reichspräsidenten befürchteten, konnte dessen Büroleiter, Staatssekretär Otto Meißner, umgehend entkräften: Die Mitwirkung des Reichspräsidenten am Ermächtigungsgesetz sei nicht erforderlich, dieser werde seine Mitwirkung auch nicht verlangen. In der Tat habe Hindenburg jetzt keinerlei Anlass mehr gesehen, in die Tagespolitik einzugreifen, bestätigt denn auch dessen Biograf Wolfram Pyta. Der Reichspräsident sei zu der Überzeugung gekommen, dass seine historische Mission mit dem Stabwechsel an Hitler erfüllt sei. »Hitler gab Hindenburg die Möglichkeit, sich auf die Rolle des verehrten Feldmarschalls, des Symbols für die Einheit der Nation, zurückzuziehen. Hindenburg verzichtete fortan darauf, seine präsidialen Rechte zu nutzen.«

Mit allerlei Geschäftsordnungstricks und falschen Versprechungen versuchten die Nazis, das Zustandekommen der erforderlichen parla-

»Das Ermächtigungsgesetz muss so weit gefasst werden, dass von jeder Bestimmung der Reichsverfassung abgewichen werden kann«: NS-Innenminister Frick referiert im Reichskabinett

mentarischen Mehrheit für das Ermächtigungsgesetz vorab zu sichern. Ausgangspunkt der Überlegungen war Artikel 76 der Reichsverfassung, der für ein verfassungsänderndes Gesetz eine doppelte Zweidrittelmehrheit vorsah – zwei Drittel der Abgeordneten mussten anwesend sein, und wiederum zwei Drittel der Anwesenden mussten dem Gesetz zustimmen. Diese Vorgaben waren Anknüpfungspunkt für einigermaßen komplizierte Rechenexempel: 647 Abgeordnete waren am 5. März in den Reichstag gewählt worden. Die 81 Parlamentarier der KPD würden freilich, so viel war sicher,

Es wurde mit allen Mitteln gearbeitet, um dieses Votum des Reichstags herbeizuführen.
Wolfram Pyta, Historiker und Hindenburg-Biograf

ihr Mandat nicht antreten können – sie waren in den Untergrund abgetaucht oder im KZ inhaftiert. Somit waren faktisch nur 566 Abgeordnete zu berücksichtigen.

Dass die Abgeordneten der SPD dem Gesetz ihre Zustimmung verweigern würden, schien voraussehbar. Fraglich war allerdings die Haltung der kleineren Parteien, die einschließlich der BVP insgesamt 32 Mandate hielten. Den größten Unsicherheitsfaktor bildete dabei das katholische Zentrum, in dessen Führung sich Gegner und Befürworter des Ermächtigungsgesetzes die Waage hielten. Hitler setzte deshalb auf eine Doppelstrategie: Einerseits warb er öffentlich um die Stimmen des Zentrums, weil diese für seine Regierung »eine Prestigestärkung gegenüber dem Auslande bedeuten« würden. Andererseits ließ er hinter den Kulissen prüfen, ob eine ausreichende Mehrheit nicht auch ohne die 73 Mandate der katholischen Fraktion zustande kommen könnte.

Die sicheren Stimmen der Regierungskoalition aus NSDAP und Deutschnationalen ergaben zusammen 341 Mandate. Nach dem etwas verzwickten Zählmaß der doppelten Zweidrittelmehrheit bedeutete das, dass die Regierung das Ermächtigungsgesetz mit ihrer knappen absoluten Mehrheit aus eigener Kraft gegen die Stimmen aller anderen Parteien hätte durchsetzen können, sofern nicht mehr als 511 Abgeordnete an der entscheidenden Sitzung teilnehmen würden. Dies war jedoch trotz des Wegfalls der kommunistischen Mandate und der Verhaftung einiger SPD-Parlamentarier »legal« nicht zu garantieren.

Würde die Regierung dagegen die 32 Stimmen der übrigen bürgerlich-konservativen Parteien einschließlich der Bayerischen Volkspartei erringen können, so hätte das die Zahl der Jastimmen auf 373 erhöht. Das hieß, dass eine halb so große Anzahl Neinstimmen – nämlich bis zu 186 – verkraftet werden konnte, ohne den Abstimmungserfolg zu gefährden. Bei diesem Szenario hatte man lediglich dafür zu sorgen, dass die Zahl der tatsächlich *anwesenden* Reichstagsabgeordneten auf 559 begrenzt blieb. Dies stellte insofern kein Problem dar, als neben den 81 KPD-Abgeordneten auch mehrere Sozialdemokraten inhaftiert waren. Die Stimmen des Zentrums waren nach diesem Rechenexempel also nicht mehr unbedingt für die Verfassungsänderung notwendig.

Trotzdem konzentrierte sich Hitler weiterhin vor allem darauf, das Zentrum zu gewinnen. Am 20. März hatte eine Delegation der Katho-

Das katholische Zentrum ist gespalten. Während der ehemalige Reichskanzler Brüning (linkes Bild, rechts) noch Anfang März 1933 auf die Weimarer Verfassung schwört, plädiert der Parteivorsitzende Prälat Kaas (rechtes Bild) für das Ermächtigungsgesetz

likenpartei Bedingungen für die Zustimmung zum Ermächtigungsgesetz genannt. Diese betrafen vor allem die Sicherung des christlichen Einflusses in Schule und Erziehung, den Bestand der deutschen Länder und ihrer mit dem Vatikan abgeschlossenen Konkordate, die Rechte des Reichspräsidenten und eine angesichts der absehbaren Entlassungswelle von sogenannten »Parteibuchbeamten« eine Bestandsgarantie für Staatsdiener, die dem Zentrum angehörten. Der ehemalige Reichskanzler Heinrich Brüning und andere Fraktionsmitglieder warnten vor dem Handel mit Hitler, der eventuelle Zusagen am Ende doch nicht einhalten werde. Der Parteivorsitzende Ludwig Kaas, Theologe, Jurist und Anhänger einer autoritären nationalen Sammlungspolitik, hielt dagegen, dass man nur mit einer Zustimmung zum Ermächtigungsgesetz die eigenen Vorstellungen zumindest teilweise durchsetzen konnte. Bei Kaas wirkte nicht zuletzt das Trauma des Kulturkampfs aus der Bismarckzeit nach. Der Parteiführer wollte das Zentrum nicht noch einmal wie in den 1870er-Jahren in die Rolle des »Reichsfeindes« manövrieren.

Prälat Kaas war sichtlich für das Ermächtigungsgesetz. Er war jemand, der das Zentrum doch etwas weggeführt hatte vom Parlamentarismus, dem Geist der Zeit folgend.

Jürgen Falter, Historiker und Wahlforscher

Kaas' Position war insofern nachvollziehbar, als er einerseits wie zahlreiche andere Politiker der Ansicht war, dass sich Hitlers augenblickliche Popularität angesichts der immensen

Schwierigkeiten, die vor seiner Regierung lagen, schnell verbrauchen würde. Die Nationalsozialisten hatten zudem im Vorhinein kein Hehl daraus gemacht, dass sie sich bei einem Scheitern im Parlament mit rücksichtsloser Gewalt holen würden, was die Abgeordneten ihnen verwehrten. War es da nicht besser, den eigenen Einfluss in die Waagschale zu werfen und das Gesetz so weit wie möglich abzumildern? 1919 hatte das Zentrum gemeinsam mit den Sozialdemokraten das Projekt »Republik« in Angriff genommen – und hielt sich zugute, Deutschland auf diese Weise vor dem Bolschewismus bewahrt zu haben. Sollte man deshalb nicht auch jetzt die Zeichen der Zeit erkennen und mit Hitler gehen, um zu versuchen, die Hand am Steuer zu behalten? Dies galt umso mehr, als Hitler Prälat Kaas am 20. März die Bildung eines beratenden Gremiums zugesichert hatte, dessen Mitglieder in Zukunft laufend über die Maßnahmen, die aufgrund des Ermächtigungsgesetzes geplant waren, informiert werden sollten.

»Hier ringen wir, jeder für sich, mit der Stellungnahme zu dem unerhörten Ermächtigungsgesetz. ... Die Zwangslage wird uns wohl zu einer Zustimmung bringen.«

Eugen Bolz (Zentrum), Brief vom 22. März 1933

Mögen all diese Hoffnungen und Wunschbilder aus heutiger Betrachtungsweise auch naiv erscheinen – in der zugespitzten politischen Situation dieser Tage schien der gesunde Menschenverstand der Handelnden wie betäubt. Dazu trug nicht zuletzt der von den Nazis systematisch aufgebaute, enorme zeitliche Druck bei. Beratungen der jeweiligen Parteigremien oder Verständigungen der Parteien untereinander waren in der Eile kaum möglich. Verschiedene Parlamentarier bemühten sich zwar, Klarheit über die Meinung anderer Fraktionen zu bekommen. So suchte der spätere Bundespräsident Theodor Heuss, der für die liberale, auf fünf Abgeordnetensitze zusammengeschrumpfte Deutsche Staatspartei in den Reichstag gewählt worden war, am Vorabend der Abstimmung das Gespräch mit Brüning. Dieser berichtete ihm vom Prozess der Entscheidungsfindung in der Zentrumspartei und seinen eigenen Bedenken gegen eine Zustimmung zum Ermächtigungsgesetz. Brüning seinerseits hatte zudem Kontakt mit Hitlers Kabinettskollegen Hugenberg aufgenommen, der seine eigene Partei zunehmend in die Rolle des Zauberlehrlings gedrängt sah – die der nationalsozialistischen Geister, die sie gerufen hatte,

Hitler hat das gutgläubige und blauäugige Zentrum mit der BVP belogen, indem er sagte: Das Christentum bleibt die Grundlage unserer sittlichen Ordnung.

Otto Gritschneder, Rechtsanwalt und Publizist

nicht mehr Herr wurde. Der DNVP-Vorsitzende deutete gegenüber Brüning an, dass die Deutschnationalen einen Ergänzungsantrag zur Vorlage des Ermächtigungsgesetzes einbringen würden, der den Einfluss Hitlers begrenzen sollte. Alle diese Aktionen steigerten eher noch die Verwirrung der politischen Akteure, statt zur Klärung der eigenen Standpunkte beizutragen, und ließen eine Zustimmung zum Gesetz fast unumgänglich oder doch zumindest als das kleinere Übel erscheinen.

Hitler hatte die Straße auf seiner Seite – und das war zu dieser Zeit wahrscheinlich das stärkste Machtmittel überhaupt.

Jürgen Falter, Historiker und Wahlforscher

Der Boden war bereitet – den Rest sollte die sorgsam inszenierte Drohkulisse besorgen. Die Krolloper war an diesem 23. März 1933 von SA- und SS-Einheiten umstellt. Der Weg von den Fraktionsräumen im unzerstörten Teil des Reichstags zum wenige hundert Meter entfernten provisorischen Parlamentsgebäude wurde für viele Abgeordnete zum Höllengang. Nicht wenige Parlamentarier, vor allem die Mitglieder der Sozialdemokratischen Partei, befürchteten, dass sie den Saal nicht mehr lebend würden verlassen können – zumal wenn das Ermächtigungsgesetz nicht die notwendige Mehrheit bekommen würde. »Wilde Sprechchöre empfingen uns: ›Wir wollen das Ermächtigungsgesetz!‹«, schilderte Wilhelm Hoegner die Situation. »Junge Burschen, das Hakenkreuz an der Brust, musterten uns frech, versperrten uns schier den Weg, ließen uns richtig Spießruten laufen und riefen uns Schimpfworte zu wie ›Zentrumsschwein‹, ›Marxistensau‹.« Der ehemalige SPD-Reichsinnenminister Carl Severing und der Lübecker Reichstagsabgeordnete Julius Leber wurden noch auf dem Weg ins Parlament von der Polizei festgenommen. Auch in der Krolloper selbst, deren Bühne eine riesige Hakenkreuzfahne zierte, wimmelte es von bewaffneter SA und SS, was das Drohpotenzial weiter erhöhte.

Als schließlich Hitler vor den Abgeordneten erschien, hatte auch er sich in augenfälliger Weise vom Staatsmann zurückverwandelt in den Parteiführer – der schwarze Cut hatte ausgedient, jetzt war wieder das Braunhemd en vogue. Wie so oft begann er seine Rede mit einem düsteren Gemälde des Niedergangs seit dem November 1918, dem sich allein die nationalsozialistische Bewegung entgegengestemmt und schließlich den Sieg davongetragen habe. Dann umriss er in sehr allgemein gehal-

Die Rumpffraktion begab sich nach der Krolloper. Es war ein Spießrutenlaufen. Um die Krolloper zehntausend Nazis. Im Plenarsaal sind die Abgeordneten von einem mehrfachen Kordon SS umgeben. Die Regie, einerseits zum Einschüchtern, andererseits um die brutalste Machtergreifung zu dokumentieren, ist nicht schlecht.

Otto Buchwitz (SPD), 1950

tenen Worten das Programm des »nationalen Wiederaufbaus«. Ziel sei die Herstellung einer »wirklichen Volksgemeinschaft«, Beseitigung der Arbeitslosigkeit sowie »Rettung« des Mittelstands und des Bauerntums. Die Länder würden nicht beseitigt, müssten freilich in Zukunft in »willensmäßiger Übereinstimmung« mit dem Reich agieren. Der Reichstag werde nicht aufgelöst, sondern »von Zeit zu Zeit« über die getroffenen Maßnahmen unterrichtet. Das Rechtswesen bleibe erhalten, allerdings müssten sich die Richter an eine »Elastizität der Urteilsfindung« gewöhnen. Die Stellung und Rechte des Reichspräsidenten blieben unberührt, ebenso die der Kirchen. Die beiden christlichen Konfessionen seien überdies wichtigste Faktoren bei der »Erhaltung des Volkstums«. Hitler hatte damit einige der Kaas'schen Forderungen fast wortwörtlich übernommen. Doch dann folgten den beschwichtigenden Versprechen Drohungen: Seine Regierung bestehe auf der Verabschiedung des Ermächtigungsgesetzes, rief Hitler abschließend aus. »Sie zieht in jedem Falle eine klare Entscheidung vor. Sie bietet den Parteien des Reichstags die Möglichkeit einer ruhigen deutschen Entwicklung und einer sich daraus in der Zukunft anbahnenden Verständigung; sie ist aber ebenso entschlossen und bereit, die Bekundung der Ablehnung und damit die Ansage des Widerstands entgegenzunehmen. Mögen Sie, meine Herren«, schloss er seine Rede, »nunmehr selbst die Entscheidung treffen über Frieden oder Krieg.« Unter dem begeisterten Jubel seiner Anhänger verließ Hitler das Rednerpult, und die Fraktionen zogen sich zu Beratungen zurück.

Vor allem für die Abgeordneten der Zentrumspartei wurde diese Entscheidung zur Zerreißprobe. Für Clara Siebert war es die »schwerste Stunde« ihres politischen Lebens. In ihr habe nur ein »Nein« gelebt, schrieb sie später. Auch Brüning wandte sich weiterhin leidenschaftlich gegen die Annahme des Ermächtigungsgesetzes: Lieber solle man in

Oben: »Frieden oder Krieg«: In seiner Rede am 23. März 1933 machte Hitler unmissverständlich klar, welche Folgen eine Ablehnung des Gesetzes durch die Abgeordneten haben würde
Unten: »Inszenierte Drohkulisse«: Blick in das Plenum der Krolloper. Deutlich sichtbar sind die an den Ausgängen postierten SA- und SS-Männer

Ehren untergehen, als den Nationalsozialisten die Hand zu bieten. Das Schicksal des Zentrums in Hitlers Reich sei ohnehin bereits besiegelt, eine Zustimmung würde das Ende nur noch hinauszögern. Der ehemalige Reichskanzler Joseph Wirth berichtete seinen Fraktionskollegen unter Tränen von seinem Kampf gegen den Linksextremismus in den Anfangstagen der Republik. Die Weimarer Verfassung biete ihm weiterhin die beste Gewähr zur Aufrechterhaltung von Ruhe und Ordnung, sein Reichsbanner bleibe schwarz-rot-gold. Schließlich verließ er weinend das Zimmer. Clara Siebert musste ihn zurückholen. Kaas dagegen warb um Zustimmung: »Keine Härte des Schicksals macht uns frei von der Erfüllung unserer Pflicht. Das Vaterland ist in höchster Gefahr, wir dürfen nicht versagen!«, so erinnerte sich Clara Siebert in einem Bericht an die Worte des Fraktionsvorsitzenden, die ihren Eindruck nicht verfehlten. »Um mich herum hörte ich sprechen von drohendem Bürgerkrieg, die Straße würde freigegeben, wenn wir nicht die Ermächtigung annehmen würden.« Eine Probeabstimmung der Fraktion brachte dennoch kein klares Ergebnis – mindestens ein Dutzend Abgeordnete sprachen sich weiterhin gegen das Gesetz aus. Schließlich konnte Kaas die Fraktion mit seinem Vorschlag eines »entpersönlichten Votums« überzeugen – nicht der Einzelne sollte für sich entscheiden, sondern die Fraktion als Ganzes das Votum der Mehrheit mittragen.

Zum Stimmungsumschwung trug zudem bei, dass Kaas den Parlamentariern einen auf Betreiben Brünings entworfenen Brief in Aussicht stellte, in dem Hitler die dem Zentrum gemachten Zusagen schriftlich garantieren sollte. Als der Brief weder nach Ende der Beratungspause noch im Plenum nach Abschluss der ersten Lesung des Ermächtigungsgesetzes eingetroffen war, wurde Prälat Kaas zu Hitler geschickt. Der Reichskanzler erklärte im Brustton der Überzeugung, der Brief sei bereits unterschrieben und an Innenminister Frick weitergeleitet worden. Als das Schreiben nach Abschluss der zweiten Lesung immer noch nicht da war, sprach Kaas den Innenminister nochmals auf das fehlende Papier an. Frick versicherte, der Brief sei bereits in seinem Büro abgegangen, vermutlich jedoch habe der Bote Schwierigkeiten, durch den dich-

> **Prälat Kaas [erklärte], dass niemand die Verantwortung für eine Einzelabstimmung übernehmen könne; diese Verantwortung sei zu schwer – das Votum könne nur entpersönlicht sein, nur ein einheitliches Votum schaffe Entpersönlichung in der Annahme des Ermächtigungsgesetzes.**
> Clara Siebert

»Schwerste politische Stunde«: Die Zentrumsabgeordnete Clara Siebert (links, hier bei einer Erstkommunion) berichtete von heftigen Auseinandersetzungen in ihrer Fraktion, die sich schließlich auf eine »entpersönlichte« Abstimmung einigte

ten Sicherungskordon um die Krolloper zu gelangen. Er werde aber ganz bestimmt noch während der Abstimmung eintreffen. Tatsächlich jedoch war die ganze Sache ein ausgemachter Bluff – es kam niemals irgendein Schreiben an.

In der Krolloper hatte nach der Wiederaufnahme der Sitzung unterdessen der SPD-Vorsitzende Otto Wels unter dem Schweigen des Plenums und den von draußen hereindringenden Schlachtgesängen der SA das Wort ergriffen. Es war klar, dass das Versöhnungsangebot Hitlers seiner Fraktion genauso wenig galt wie den bereits im Vorfeld ausgeschlossenen Kommunisten. In einer mutigen Rede legte Wels noch einmal ein aufrichtiges Bekenntnis zur Demokratie und Rechtsstaatlichkeit ab und begründete die Ablehnung des Ermächtigungsgesetzes durch die 94 verbliebenen Sozialdemokraten. Auf Gewalt und Unrecht lasse sich keine Volksgemeinschaft gründen. Ihre erste Voraussetzung sei gleiches Recht. Tatsächlich jedoch würden die besiegten Gegner der NSDAP behandelt, als wären sie vogelfrei. »Freiheit und Leben kann man uns nehmen, die

»Freiheit und Leben kann man uns nehmen, die Ehre nicht«: Otto Wels (Mitte, hier 1932 mit seinen SPD-Parteigenossen Otto Braun, links, und Carl Severing, rechts) begründete im Reichstag die Ablehnung seiner Fraktion

Ehre nicht!«, rief er aus und fügte hinzu, dass es auch den Nationalsozialisten nicht gelingen werde, das Rad der Geschichte zurückzudrehen und die Sozialdemokratie zu vernichten. Die machtpolitische Tatsache der NS-Herrschaft müsse seine Partei anerkennen, ihr bliebe der Appell an das Rechtsbewusstein des Volkes. Mit einem Gruß an die »Verfolgten und Bedrängten« schloss er seine Rede. »Wir grüßen unsere Freunde im Reich. Ihre Standhaftigkeit und Treue verdienen Bewunderung. Ihr Bekennermut, ihre ungebrochene Zuversicht verbürgen eine hellere Zukunft.«

Der Eindruck dieser Rede auf die Abgeordneten der SPD sei furchtbar gewesen, berichtete Wilhelm Hoegner. »Müde, schleppend ging Otto Wels auf seinen Platz zurück. Er war ein Berliner Kind, und selten verließ ihn sonst bei einer Lage der angeborene Mutterwitz. Sein starker Wille war bekannt, und man sagte ihm nicht ganz mit Unrecht diktatorische Anwandlungen nach. Aber heute war seine starke Stimme gepresst, sein Wille gebrochen, sein breiter Rücken gebeugt. Und doch hatte er, der einfache Arbeiter, in dieser schweren Stunde die Würde und den Stolz der

Nach den Verfolgungen, die die Sozialdemokratische Partei in der letzten Zeit erfahren hat, wird billigerweise niemand von ihr verlangen oder erwarten können, dass sie für das hier eingebrachte Ermächtigungsgesetz stimmt.

Rede von Otto Wels im Reichstag, 23. März 1933

Sie reden von Verfolgungen. Ich glaube, es sind wenige unter uns hier, die nicht die Verfolgungen von Ihrer Seite im Gefängnis büßen mussten. … Sie sagen weiter, dass die Kritik heilsam sei. Gewiss, wer Deutschland liebt, der mag uns kritisieren; wer aber eine Internationale anbetet, der kann uns nicht kritisieren!

Hitlers Entgegnung auf die Rede von Otto Wels, 23. März 1933

Geschlagenen gleich einem König der Vorzeit bewahrt.«

Doch für solcherart Gefühle hatte Hitler keinen Sinn. Obwohl Wels seine Rede im Ton maßvoll und in der Form würdig vorgetragen hatte, versetzte sie Hitler in einen Zustand äußerster Erregtheit. »Spät kommt ihr, doch ihr kommt!«, rief er seinem Vorredner zu, indem er zum Redepult stürmte und sich alsbald in eine Schimpftirade hineinsteigerte, in deren Verlauf er den Sozialdemokraten jegliches Recht auf die Vertretung nationaler und sozialer Interessen sowie das Gefühl für die nationale Ehre und wirkliches Rechtsempfinden absprach. Zunächst hätten die Leute seiner Fraktion noch versucht, den Reichskanzler mit Zwischenrufen zu berichtigen, so Hoegner. Doch dadurch sei das Missfallen der SA- und SS-Leute erregt worden, die sich halbkreisförmig um die Fraktion formiert hatten. Nachdem Sätze gefallen seien wie »Maul halten!«, »Landesverräter!«, »Ihr werdet heute noch aufgehängt!«, habe man von weiteren Bemerkungen abgesehen und sich auf das Schlimmste gefasst gemacht.

Bejubelt von seinen eigenen Parteigenossen, legte Hitler jetzt endgültig die staatsmännische Zurückhaltung ab und gab im Eifer des Gefechts mehr von seinem Wesen preis, als ihm in dieser Situation lieb sein konnte. Die Sozialdemokraten seien wehleidig, wenn sie »jetzt schon« von Verfolgungen sprächen. Um die eigene »Revolution« fortsetzen zu können, hätte man es gar nicht nötig gehabt, den Reichstag noch einmal einzuberufen. Man appelliere in dieser Stunde dennoch an das Parlament, zu genehmigen, was man sich hätte ohnehin nehmen können. »Des Rechts wegen tun wir es – nicht weil wir die Macht überschätzen, sondern weil wir uns am Ende mit denen, die vielleicht heute noch von uns getrennt sind, aber doch an Deutschland glauben, einst vielleicht leichter finden können. Denn ich möchte nicht in den Fehler verfallen, Gegner bloß zu reizen, statt sie entweder zu vernichten oder zu versöhnen.« Der Stern der SPD sei gesunken – sie werde nicht mehr benötigt, tönte er zum

Schluss. Er wolle gar nicht, dass die SPD für das Ermächtigungsgesetz stimme. »Deutschland soll frei werden, aber nicht durch Sie!«

»Das klatschte und schnalzte wie Peitschenhiebe auf unsere Köpfe, das fiel wie fressendes Feuer auf uns herab.«
Wilhelm Hoegner (SPD), *Flucht vor Hitler*

Begleitet von frenetischem Applaus und stürmischen »Heil!«-Rufen seiner Anhänger, verließ Hitler das Podium. Noch nie sei einer so »abgestochen« worden, triumphierte Goebbels tags darauf. Wels sei abgeseift worden, dass die Fetzen geflogen seien. Auch Hugenberg dankte Hitler für die »glänzende Abfertigung des Marxistenführers«. In der Tat war Hitlers scheinbar spontane Rede eine ebenso zynische wie geschickte Replik, die jene rhetorische Schlagfertigkeit aufblitzen ließ, der er nicht zuletzt seinen Aufstieg aus dem Dunstkreis der Münchener Bierkeller an die Spitze des Deutschen Reiches verdankte – wenn auch nicht ganz ausgeschlossen ist, dass er das Redemanuskript von Wels, das vorab an die Pressevertreter gelangt war, bereits kannte. Dennoch habe die Rede enthüllt, »worauf sich Hitler und die Nationalsozialisten stützten: auf Rhetorik und Gewalt«, so der Historiker Hans-Ulrich Thamer.

Was folgte, waren die mehr oder weniger schamhaften Anmerkungen der übrigen Parteienvertreter, mit denen sie ihre Zustimmung zu dem Gesetz begründeten. Wenn auch in Nuancen verschieden, so ähnelten sich die Argumente doch auf bemerkenswerte Weise. Man glaube, beim »nationalen Aufbauwerk« nicht abseits stehen zu dürfen; man hoffe, mit dem Dabeisein den eigenen Einfluss auf die weitere Entwicklung bewahren zu können; und man habe zwar durchaus auch Besorgnisse mitzuteilen, die freilich angesichts des Ernstes der Stunde zurückzustehen hätten. Innerhalb weniger Minuten wurden daraufhin die im Gesetzgebungsprozess vorgesehenen zwei weiteren Lesungen erledigt – ohne jegliche weitere Beratung.

Die überwiegende Mehrzahl der Abgeordneten entschied sich schließlich in der Schlussabstimmung für den »Frieden« mit Hitler. Als Göring das Ergebnis bekannt gab, stürmten die NSDAP-Abgeordneten zur Regierungsbank vor und stimmten mit erhobenem rechten Arm das »Horst-Wessel-Lied« an. 444 Abgeordnete des Deutschen Reichstags hatten Hitler jene »Ermächtigung« erteilt, welche auf scheinbar legalem Weg die Diktatur etablierte. Die deutsche Demokratie hatte Selbstmord begangen. Nachdem noch am selben Abend auch die Vertretung der Länder – der bereits gleichgeschaltete Reichsrat – zugestimmt hatte, waren Reichspräsident und Parlament endgültig entmachtet. Hitler hatte nun auch formal die ganze Macht in seinen Händen. Keine zwei Monate nach der unerwarteten Chance des 30. Januar saß der Diktator fest im Sattel. Der *Völkische Beobachter* jubelte: »Ein historischer Tag. Das parlamentarische System kapituliert vor dem neuen Deutschland. … Das große Unternehmen nimmt seinen Anfang! Der Tag des Dritten Reiches ist gekommen.«

Man kann trefflich über die Annahme des Ermächtigungsgesetzes durch die bürgerlichen Parteien streiten. Der spätere Bundespräsident Theodor Heuss hat sich sein »Ja« von damals immer wieder vorwerfen lassen müssen. Gewiss, Opposition lässt sich mit der Angst um Leib und Leben nicht entspannt betreiben. Und möglicherweise hat nur die Zustimmung der bürgerlichen Parteien ein Massaker von SA und SS an den Verweigerern verhindert. Auch ist der Einwand berechtigt, die Diktatur habe sich an jenem Tag ohnehin nicht mehr aufhalten lassen. Doch bot der 23. März die letzte Gelegenheit wenigstens für eine Geste des Widerspruchs. Die SPD hat diese Chance genutzt – spät, aber immerhin. Dass allerdings die Liberalen und das Zentrum Hitlers Diktatur auch noch zum Schein der Legalität verhalfen, war bezeichnend für die Erosion der demokratischen Kultur. Deutschland war nicht nur zu schwach, um dem Diktator Widerstand zu leisten, sondern es hatten sich auch schon allzu viele fangen lassen im tödlichen Geflecht von Verführung und Gewalt.

Ob das Ermächtigungsgesetz tatsächlich auf legalem Weg zustande gekommen ist, bleibt letztlich eine akademische Frage. Die Rechtsverletzungen im Vorfeld und am Abstimmungstag selbst widersprachen unzweifelhaft allen rechtsstaatlichen Vorstellungen. Das Wichtigste für Hitler war jedoch der Anschein der Legalität – weil er das Gewissen seiner konservativen Sympathisanten und Mitläufer beruhigte. Die legale Bemäntelung machte es diesen leichter, über all die unschönen und gewalttätigen Begleitumstände der nationalsozialistischen Machteroberung hinwegzusehen. »Wo gehobelt wird, da fallen Späne«, lautete das Motto, unter dem man die Nationalsozialisten einfach gewähren ließ. Als am Ende nicht wenigen bewusst wurde, dass sie Opfer einer fatalen Unterschätzung geworden waren, war es längst zu spät.

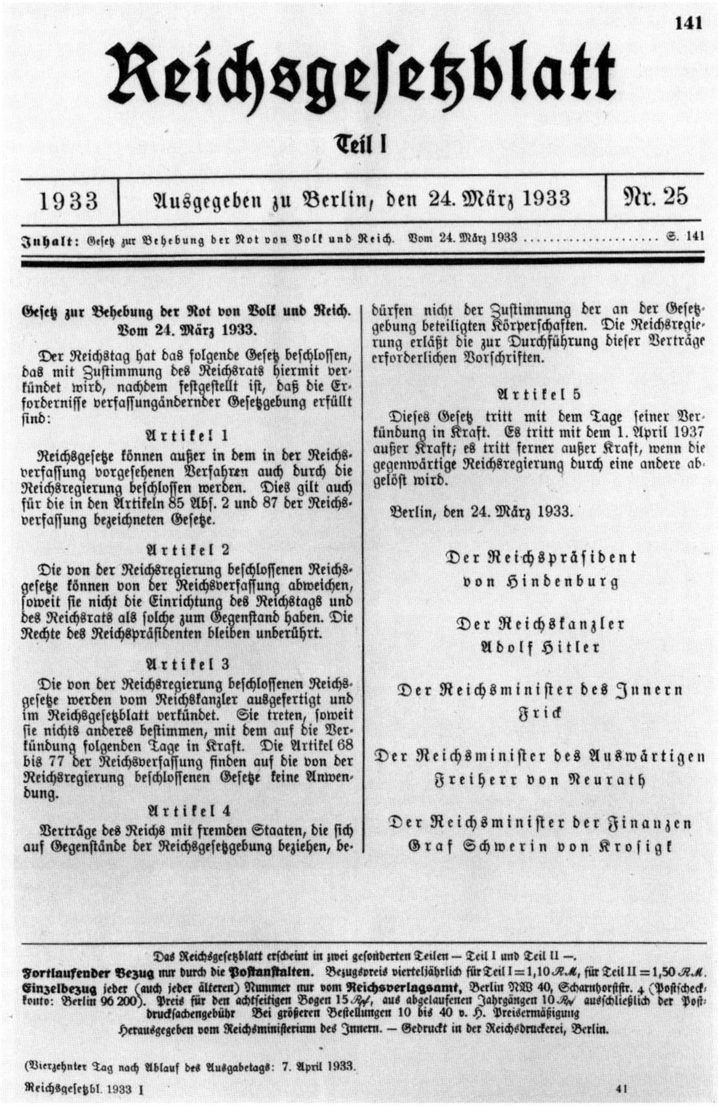

141

Reichsgesetzblatt

Teil I

1933	Ausgegeben zu Berlin, den 24. März 1933	Nr. 25

Inhalt: Gesetz zur Behebung der Not von Volk und Reich. Vom 24. März 1933 .... S. 141

Gesetz zur Behebung der Not von Volk und Reich. Vom 24. März 1933.

Der Reichstag hat das folgende Gesetz beschlossen, das mit Zustimmung des Reichsrats hiermit verkündet wird, nachdem festgestellt ist, daß die Erfordernisse verfassungändernder Gesetzgebung erfüllt sind:

Artikel 1

Reichsgesetze können außer in dem in der Reichsverfassung vorgesehenen Verfahren auch durch die Reichsregierung beschlossen werden. Dies gilt auch für die in den Artikeln 85 Abs. 2 und 87 der Reichsverfassung bezeichneten Gesetze.

Artikel 2

Die von der Reichsregierung beschlossenen Reichsgesetze können von der Reichsverfassung abweichen, soweit sie nicht die Einrichtung des Reichstags und des Reichsrats als solche zum Gegenstand haben. Die Rechte des Reichspräsidenten bleiben unberührt.

Artikel 3

Die von der Reichsregierung beschlossenen Reichsgesetze werden vom Reichskanzler ausgefertigt und im Reichsgesetzblatt verkündet. Sie treten, soweit sie nichts anderes bestimmen, mit dem auf die Verkündung folgenden Tage in Kraft. Die Artikel 68 bis 77 der Reichsverfassung finden auf die von der Reichsregierung beschlossenen Gesetze keine Anwendung.

Artikel 4

Verträge des Reichs mit fremden Staaten, die sich auf Gegenstände der Reichsgesetzgebung beziehen, bedürfen nicht der Zustimmung der an der Gesetzgebung beteiligten Körperschaften. Die Reichsregierung erläßt die zur Durchführung dieser Verträge erforderlichen Vorschriften.

Artikel 5

Dieses Gesetz tritt mit dem Tage seiner Verkündung in Kraft. Es tritt mit dem 1. April 1937 außer Kraft; es tritt ferner außer Kraft, wenn die gegenwärtige Reichsregierung durch eine andere abgelöst wird.

Berlin, den 24. März 1933.

Der Reichspräsident
von Hindenburg

Der Reichskanzler
Adolf Hitler

Der Reichsminister des Innern
Frick

Der Reichsminister des Auswärtigen
Freiherr von Neurath

Der Reichsminister der Finanzen
Graf Schwerin von Krosigk

Das Reichsgesetzblatt erscheint in zwei gesonderten Teilen — Teil I und Teil II —.
Fortlaufender Bezug nur durch die **Postanstalten.** Bezugspreis vierteljährlich für Teil I = 1,10 RM, für Teil II = 1,50 RM. **Einzelbezug** jeder (auch jeder älteren) Nummer nur vom **Reichsverlagsamt,** Berlin NW 40, Scharnhorststr. 4 (Postscheckkonto: Berlin 96 200). Preis für den achtseitigen Bogen 15 Rpf, aus abgelaufenen Jahrgängen 10 Rpf ausschließlich der Postdrucksachengebühr Bei größeren Bestellungen 10 bis 40 v. H. Preisermäßigung
Herausgegeben vom Reichsministerium des Innern. — Gedruckt in der Reichsdruckerei, Berlin.

(Vierzehnter Tag nach Ablauf des Ausgabetags: 7. April 1933.

Reichsgesetzbl. 1933 I   41

»Anschein der Legalität«: Das »Gesetz zur Behebung der Not von Volk und Reich«, so der offizielle Name, verschaffte Hitler auf scheinbar verfassungskonformem Weg diktatorische Vollmachten

Ich habe erlebt, dass ein jüdischer Rechtsanwalt bei einer Vernehmung so stark geschlagen wurde, dass er vor meinen Augen gestorben ist.

Paul Tollmann, Kommunist, Gefangener der SA

Schon in den ersten Wochen nach der »Machtergreifung« hatten sich die Ausschreitungen der nationalsozialistischen Basis auch immer wieder gegen jüdische Bürger und jüdische Einrichtungen gerichtet. Dies war wenig verwunderlich, gehörte Hass auf »den Juden« doch zum Grundrepertoire der NS-»Weltanschauung«. Ohne diesen Hass war der Nationalsozialismus schlichtweg nicht denkbar. Bereits am 4. Februar hatte im hessischen Gersfeld in der Rhön die örtliche NSDAP-Führung dazu aufgerufen, die Juden aus ihren Häusern zu holen. Einige Nazis verschafften sich daraufhin Zugang zum Haus eines jüdischen Kaufmanns und misshandelten diesen vor den Augen seiner Familie durch Schläge und Tritte derart schwer, dass er zusammenbrach und ärztlich behandelt werden musste. Wenige Tage später wurde in Breslau ein jüdischer Angehöriger des sozialdemokratischen »Reichsbanners« erstochen. Noch handelte es sich um Einzelfälle. Doch spätestens nach der Märzwahl gaben die braunen Horden ihre Zurückhaltung auf und ließen ihren antisemitischen Aversionen im ganzen Land freien Lauf.

»Ich werde mich nie mehr bei der Polizei beschweren«: Der jüdische Anwalt Dr. Michael Siegel wird am 10. März 1933 von SA-Leuten barfuß und mit abgeschnittenen Hosenbeinen durch München getrieben

Ohne konkrete Anweisungen oder eine gezielte Koordination von oben wurden nun Überfälle auf Juden oder Anschläge auf jüdische Einrichtungen zum Alltag. Auf dem Berliner Kurfürstendamm kam es schon am 6. März zu antijüdischen Ausschreitungen, die in blutige Verfolgungsjagden ausarteten. In Königsberg wurden wenig später Brandanschläge auf Synagogen und jüdische Geschäfte verübt. In Breslau überfiel die SA am 11. März das Gebäude des Amts- und Landesgerichts und nötigte jüdische Rechtsanwälte, Richter und Staatsanwälte, das Gerichtsgebäude binnen weniger Minuten zu verlassen. Am selben Tag wurden in der schlesischen Hauptstadt die Betreiber jüdischer Geschäfte und Warenhäuser gezwungen zu schließen. Ähnliche Boykottaktionen gab es in weiten Teilen des Reiches. So setzte in Würzburg ebenfalls am 11. März eine von einem lokalen NSDAP-Führer angeführte Menschenmenge die Schließung jüdischer Geschäfte durch. In Rostock wurden ein »Epa«-Einheitspreisladen blockiert und die Angestellten misshandelt. Die Polizei schritt nicht ein. In Dortmund trieben am 20. März SA- und SS-Leute einen jüdischen Metzger und seinen Sohn durch die Stadt zu einer Ziegelei, wo sie verprügelt wurden und das »Horst-Wessel-Lied« singen mussten, ehe schließlich der Sohn seinem Vater mit einer brennenden Zeitung den Bart wegsengen musste. In Hersfeld verschleppten am 28. März Nationalsozialisten Juden in ein SA-Lokal, in dem der örtliche SS-Führer eine Ansprache hielt. Anschließend wurden die jüdischen Bürger genötigt, mit Schildern, auf denen zum Boykott der jüdischen Geschäfte aufgerufen wurde, durch die Straßen der Stadt zum Marktplatz zu marschieren. Dort mussten sie eine »freiwillige Erklärung« gegen das »Weltjudentum« abgeben.

Es waren Nachrichten wie diese, die im Ausland heftige Reaktionen hervorriefen. Vor allem in den USA gelang es jüdischen Intellektuellen

»Viele Juden wurden von den Braunhemden geschlagen, bis ihnen das Blut über Kopf und Gesicht strömte. Viele brachen ohnmächtig zusammen und wurden auf der Straße liegen gelassen, bis sie von Freunden oder Passanten aufgehoben und ins Krankenhaus gebracht wurden.«

Manchester Guardian, 10. März 1933

Der Antisemitismus hat eine ganz unwesentliche Rolle in unserem Denken damals gespielt.

Bruno Hähnel, damals NSDAP-Mitglied

»Die Revolution hat sich im Ganzen milde vollzogen. Obwohl zweifellos viele unschuldige Menschen ermordet, eingekerkert oder misshandelt wurden und Deutschlands guter Name als der eines zivilisierten Landes im Ausland ernsthaft gelitten hat, so hätte der Übergang doch auch blutiger sein können.«

Sir Horace Rumbold, britischer Botschafter in Berlin, Bericht vom 21. März 1933

»Alljuda soll den Kampf haben«: Das von Julius Streicher herausgegebene Hetzblatt *Der Stürmer* forderte radikale Maßnahmen gegen das »Weltjudentum«

und Finanziers, rasch die öffentliche Meinung gegen das Deutsche Reich zu mobilisieren. Zur allgemeinen Empörung trugen freilich auch nicht wenige groß aufgemachte Meldungen bei, in denen tatsächliche Vorkommnisse stark aufgebauscht oder mitunter gar frei erfunden wurden. Dies machte es dem NS-Regime leicht, die abenteuerlichsten Geschichten der Auslandspresse zu widerlegen und so zugleich die Masse der Meldungen als »jüdische Gräuelpropaganda« abzutun. Beschränkten sich die Auseinandersetzungen zunächst vor allem auf derartige publizistische Scharmützel, so begannen jüdische Organisationen Mitte März jedoch damit, einen Boykott von deutschen Waren zu organisieren, der bald auch nach

»Jüdische Kriegserklärung an Deutschland?«: Wie hier in London riefen jüdische Organisationen aus Protest gegen die NS-Politik zum Boykott deutscher Wirtschaftsgüter auf

Europa übergriff. In Großbritannien, den Niederlanden, in Frankreich, Griechenland oder Polen – überall kam es zu Käuferstreiks gegen deutsche Produkte. Diese mussten das Deutsche Reich an einer empfindlichen Stelle treffen – seiner wirtschaftlichen Krisenanfälligkeit. Sofort forderten antisemitische Scharfmacher wie der fränkische NSDAP-Gauleiter Julius Streicher einen »Gegenboykott« und schlugen sogar vor, die deutschen Juden in ihrer Gesamtheit als Geiseln zu nehmen.

Hatte Hitler sich seit der »Machtergreifung« in der von ihm selbst zur Schicksalsfrage des deutschen Volkes erhobenen »Judenfrage« aus tak-

Hitler hat in der Anfangszeit die antisemitische Seite seiner Propaganda nicht so in den Vordergrund geschoben wie in den folgenden Jahren.

Wilhelm Grewe, damals Student in Hamburg

tischen Gründen mit öffentlichen Äußerungen zurückgehalten, so sah er sich nun zum Handeln gezwungen. Am 26. März bestellte er Goebbels auf seinen »Berghof« bei Berchtesgaden. Hier »oben in der Einsamkeit der Berge«, schrieb der Propagandaminister in seinem Buch *Vom Kaiserhof zur Reichskanzlei*, habe Hitler einen Entschluss getroffen: »Wir werden gegen die Auslandshetze nur ankommen, wenn wir ihre Urheber oder doch wenigstens Nutznießer, nämlich die in Deutschland lebenden Juden, die bisher unbehelligt blieben, zu packen bekommen. Wir müssen also zu einem groß angelegten Boykott aller jüdischen Geschäfte in Deutschland schreiten. Vielleicht werden sich dann die ausländischen Juden eines Besseren besinnen, wenn es ihren Rassegenossen in Deutschland an den Kragen geht.«

Noch auf dem »Berghof« verfasste Goebbels einen Aufruf, der zwei Tage später an alle Parteigliederungen erging. Sämtliche Ortsgruppen wurden aufgefordert, sofort »Aktionskomitees zur praktischen planmäßigen Durchführung des Boykotts jüdischer Geschäfte, jüdischer Waren, jüdischer Ärzte und jüdischer Rechtsanwälte« zu bilden. Die Aktion werde am 1. April »schlagartig« beginnen und erst auf Befehl der Parteiführung wieder abgebrochen. Kein Deutscher dürfe mehr bei Juden kaufen. Der Boykott solle »bis in das kleinste Bauerndorf hinein vorgetragen werden, um besonders auf dem flachen Lande die jüdischen Händler zu treffen«. Ziel sei es, die »gewissenlose landesverräterische Hetzkampagne gegen das deutsche Volk« zu stoppen. Ab Samstag, Schlag zehn Uhr, so schloss das Pamphlet, werde »das Judentum wissen, wem es den Kampf angesagt« habe.

Goebbels selbst übernahm die propagandistische Vorbereitung und entfachte ein antisemitisches Trommelfeuer in Presse und Rundfunk. Die Organisation der SA- und SS-Trupps dagegen lag in den Händen eines eilig gebildeten »Zentralkomitees zur Abwehr der jüdischen Gräuel- und Boykotthetze« unter der Leitung Streichers. Während der notorische Judenhasser ganz in seinem Element war und verkündete: »Alljuda soll den Kampf so lange haben, bis der Sieg unser ist! Nationalsozialisten, schlagt den Weltfeind!«, regte sich andernorts Widerstand gegen die vorgesehenen Maßnahmen. Vor allem Reichsaußenminister Konstantin

»Bis in das kleinste Bauerndorf«: Auch im pommerschen 1300-Seelen-Nest Glowitz in der Nähe von Stolp wurde das Geschäft des örtlichen jüdischen Textilhändlers boykottiert

Freiherr von Neurath sowie der kurz zuvor ernannte Reichsbankpräsident Hjalmar Schacht warnten vor den Folgen des Boykotts für die deutsche Wirtschaft und das Ansehen Deutschlands im Ausland. Es folgten hektische Verhandlungen hinter verschlossenen Türen, in deren Folge sich westliche Regierungen und auch einige jüdische Organisationen vom Boykott deutscher Waren distanzierten. Hitler zeigte sich von diesen Nachrichten beeindruckt. Vollständig abblasen konnte er die Aktion angesichts der fortgeschrittenen Mobilisierung der Parteibasis freilich nicht mehr. Schließlich einigte man sich darauf, den Boykott auf lediglich einen Tag zu beschränken. Zwar wurde nach außen hin noch an der Fiktion festgehalten, dass er später fortgesetzt werde, wenn die ausländische »Hetze« nicht aufhöre.

»Kauft nichts in jüdischen Geschäften und Warenhäusern! Geht nicht zu jüdischen Rechtsanwälten! Meidet jüdische Ärzte! Zeigt den Juden, dass sie nicht ungestraft Deutschland in seiner Ehre herabwürdigen und beschmutzen können! Wer gegen diese Aufforderung handelt, beweist damit, dass er aufseiten der Feinde Deutschlands steht.«

Boykottaufruf der NSDAP

»Am Dienstag im neuen ›Universum‹-Kino in der Prager Straße. Neben mir ein Reichswehrsoldat, ein Knabe noch, und sein wenig sympathisches Mädchen. Es war am Abend vor der Boykottankündigung. … Er: ›Eigentlich sollte man nicht beim Juden kaufen.‹ Sie: ›Es ist aber so furchtbar billig.‹ Er: ›Dann ist es schlecht und hält nicht.‹ Sie, überlegend, ganz sachlich, ohne alles Pathos: ›Nein, wirklich, es ist ganz genauso gut und haltbar, wirklich ganz genauso wie in christlichen Geschäften – und so viel billiger.‹ Er: schweigt.«

Victor Klemperer, Tagebuch 31. März 1933

Eine tatsächliche Wiederaufnahme war jedoch von vornherein nicht beabsichtigt.

Der Boykott-Tag selbst wurde dann nicht zu dem Erfolg, den zumindest Streicher und seine Helfer sich erhofft hatten. Zwar standen am Morgen des 1. April überall in Deutschland SA- und SS-Leute auf Posten vor jüdischen Geschäften und hinderten Kunden an deren Betreten. Plakate forderten die Menschen auf: »Deutsche, kauft nicht bei Juden.« Doch zu einer einmütigen Demonstration des deutschen Volks gegen das »Judentum« kam es nicht. Vielerorts wurden die Boykottaufrufe einfach ignoriert. So sah sich der *Völkische Beobachter* veranlasst, »die Unvernunft eines Teils des Publikums« zu tadeln, das in München einen wahren Käufersturm auf jüdische Läden ausgelöst habe. Auch in Hannover hätten Kunden versucht, sich teilweise mit Gewalt Zutritt zu den boykottierten Geschäften zu verschaffen. In anderen Städten herrschte in den Einkaufsstraßen fast eine Art Volksfeststimmung, weil neugierige Menschenmassen zusammenströmten und sich das Spektakel aus der Nähe ansehen wollten. Wegen des Sabbats hatten freilich viele jüdische Geschäfte ohnehin geschlossen.

Vom erhofften »Volkszorn« gegen die deutschen Juden war wenig spürbar. Die Bevölkerung begegnete den Maßnahmen äußerst reserviert. Vielfach wurden die betroffenen Juden, wie es in einem Stimmungsbericht aus Rheinhessen hieß, sogar bemitleidet. Auch Sebastian Haffner registrierte einen »weitverbreiteten Schrecken«. Ein »gewisses Murmeln der Missbilligung, unterdrückt, aber hörbar« sei durch Deutschland gegangen. Allerdings habe das nationalsozialistische Gift dennoch Wirkung gezeigt. In Unterhaltungen und Diskussionen sei in der Folge nicht etwa die Antisemitenfrage erörtert worden, sondern die »Judenfrage«. Nicht der Judenhass der Nazis wurde in Zweifel gezogen, sondern die Lebensberechtigung der deutschen Juden: »Jeder fühlte sich auf einmal bemüßigt und berechtigt, sich eine Meinung über die Juden zu bilden und sie zum Besten zu geben. Man machte feine Unterscheidungen zwischen ›anständigen‹ Juden und anderen; wenn die einen, gleichsam zur Rechtfertigung der Juden – Rechtfertigung wofür? wogegen? – ihre wissenschaftlichen, künstlerischen, medizinischen Leistungen anführten, warfen die anderen ihnen gerade dies vor: Sie hätten Wissenschaft, Kunst, Medizin ›überfremdet‹. Überhaupt wurde es schnell allgemein üblich und populär, die Ausübung anständiger und geistig wertvoller Berufe den Juden als Verbrechen oder zum Mindesten als Taktlosigkeit anzurechnen. Man hielt den Verteidigern der Juden stirnrunzelnd vor, dass die Juden aber, höchst verwerflicherweise, einen so und so hohen Prozentsatz der Ärzte, Rechtsanwälte, Presseleute usw. stellten. Man liebte überhaupt, die ›Judenfrage‹ mit Prozentrechnung zu entscheiden.«

Darauf zumindest konnten die Nationalsozialisten aufbauen. Ihre Ausschaltungspolitik gegenüber den deutschen Juden setzten sie nun weniger geräuschvoll fort. Bereits eine Woche nach dem Boykott folgte mit dem sogenannten »Gesetz zur Wiederherstellung des Berufsbeamtentums« die Entfernung von Juden und politischen Gegnern aus dem Staatsdienst. Auf Hindenburgs Intervention wurden zumindest die jüdischen Frontkämpfer des Ersten Weltkriegs von der Regelung ausgenommen. Wenig später schlossen sich analoge Bestimmungen für jüdische Anwälte, Ärzte, Künstler und Studenten an. Geduldet wurden lediglich die Juden in der Wirtschaft, weil man sie zur wirtschaftlichen Gesundung des Reiches brauchte – noch.

Hitler hat dieses Thema »Antisemitismus« danach zurückgefahren und sich in den kommenden Monaten eher als derjenige präsentiert, der das deutsche Volk, sozusagen als der berufene Erbe Hindenburgs, im Inneren einigt.

Wolfram Pyta, Historiker und Hindenburg-Biograf

Nachdem die erklärten Gegner aus ihren Ämtern und Funktionen verjagt worden waren, gelang es dem Diktator nahezu mühelos, die Gesellschaft in den nationalen Gleichschritt einzureihen. Viel Zuckerbrot war da im Spiel und nur wenig Peitsche vonnöten. Vom vormals einflussreichen Industrieverband bis zum Kleingartenverein, von den Sportverbänden bis zur altehrwürdigen Preußischen Akademie der Künste – von allen Seiten trafen Ergebenheitsadressen und Treuegelöbnisse beim »Führer« ein. Loyalitätsbekundungen gingen einher mit personellen Konsequenzen: Jüdische Mitglieder wurden in vorauseilendem Gehorsam aus Vereinen und Verbänden ausgeschlossen. In die Führungspositionen drängten sich »PG's« – Parteigenossen der NSDAP. Deren Zahl war durch eine ungeheure Beitrittswelle bis zum Mai 1933 von 850000 auf 2,5 Millionen angeschwollen. Hitler sah sich wegen der »Verwässerung« der Partei durch die Opportunistenflut der »Märzgefallenen« zum Aufnahmestopp gezwungen.

Die unheimliche Sogwirkung der NS-Bewegung beeindruckte auch Wilhelm Hoegner, als er Ende März mit einigen Fraktionskollegen durch die Arbeiterviertel im Norden Berlins lief, die einst als kommunistische Hochburgen galten. »Jetzt sahen wir alle Häuser mit Hakenkreuzfahnen beflaggt. Wir hörten auf der Straße Arbeiterfrauen, die sich laut und anerkennend über den ›Führer‹ unterhielten. Da sahen wir uns verwundert an. So unaufhaltsam hatten wir uns den Abmarsch der Masse zu Hitler doch nicht vorgestellt.« Das Tempo der selbst auferlegten Anpassung vor allem in der Beamtenschaft verblüffte sogar die NS-Führung. In einer Gesprächsnotiz Görings vom 25. April hieß es, es habe ihn »angewidert und angeekelt zu sehen, wie in seinem Ministerium, dessen Beamtenkörper notorisch zu 60 Prozent aus eingesetzten Severing-Anhängern bestanden habe, schon nach wenigen Tagen die Hakenkreuzabzeichen wie Pilze aus der Erde geschossen seien, und wie schon nach vier Tagen der Hackenknall und die hocherhobenen Hände auf den Korridoren eine allgemeine Erscheinung gewesen seien«.

Der politische Gegner kam ja in Scharen zu uns. Es gab in Essen und anderswo SA-Stürme, die nur aus Kommunisten bestanden.

Bruno Hähnel, damals NSDAP-Mitglied

Die Deutschen – ein Volk von Überläufern? Tatsächlich arrangierte sich die Mehrheit mit dem neuen Mann, den damals niemand einen »Diktator« nannte. Nur eine Minderheit versuchte sich mit der Flucht ins Ausland oder in die »innere« Emigration dem Bann des Hakenkreuzes zu entziehen. Zu ihr gehörte allerdings die Avantgarde der Weimarer Kultur. Mehr als 5000 Angehörige der kulturellen Elite, Intellektuelle und Juden vor allem, flohen bis Kriegsausbruch aus dem Reich, das bald das »Tausendjährige« hieß: Thomas Mann und Albert Einstein waren darunter,

Lion Feuchtwanger oder Bertolt Brecht. Allein dreißig Nobelpreisträger kehrten ihren Lehrstühlen den Rücken. Es war ein Aderlass, von dem sich Deutschland nicht mehr erholte. Dass auch führende Kernphysiker unter den Emigranten waren, die ein paar Jahre später zwar für die USA an der Atombombe bauten, nicht aber für Hitler, war für die Menschheit wenigstens in diesem Sinne ein gewisses Glück.

Diejenigen, die blieben, wie Gustaf Gründgens, Wilhelm Furtwängler oder Heinrich George, mussten damit leben, von der Propaganda zum Aushängeschild und zum Instrument des NS-Regimes gemacht zu werden. Sie alle unterlagen der Kontrolle des Goebbels'schen Propagandaministeriums, das mit seinen sieben Sachressorts Propaganda, Rundfunk, Presse, Film, Theater, Musik und Bildende Kunst den Totalitätsanspruch des Regimes im kulturellen Bereich widerspiegelte. Die Zielvorgabe des Propagandachefs lautete: »Wir wollen die Menschen so lange bearbeiten, bis sie uns verfallen sind.« Nach der Eroberung der staatlichen Macht galt es nun, die Macht über die Meinung der Menschen zu erringen. Die Botschaften waren schlicht und einprägsam: »Du bist nichts, dein Volk ist alles.« – »Ein Volk, ein Reich, ein Führer.« – »Die Juden sind unser Unglück.« Ihr Ungeist wies in dunkle Zeiten zurück, ihrer Verbreitung dienten hochmoderne Mittel. Die Leinwände der Kinos wurden zu Projektionsflächen von Hoffnungen und Hochgefühlen. Lautsprecher auf öffentlichen Plätzen und preiswerte Radiogeräte, Marke »Volksempfänger« – vom Volksmund »Goebbels-Schnauze« getauft – verschafften den neuen Herren im Land die Aura medialer Allgegenwart. Die Massengeometrie der Großkundgebungen, die mystische Magie der Flammen, Farben und Fahnen, der Kultkalender einer völkischen Ersatzreligion ließen die deutschen »Volksgenossen« kaum mehr zur Besinnung kommen. Wer noch seinem Verstand vertraute, der hatte Mühe, aus der Flut von Falschmeldungen, Euphemismen und Halbwahrheiten ein einigermaßen wahrheitsgetreues Bild der Wirklichkeit zu filtern.

Das Schlimmste war das, was ich das große Schweigen nenne: der deutschen Beamten, der deutschen Justiz, der deutschen Kirchen.

Fritz Stern, Historiker, lebte damals in Breslau

Die Presse wurde gleichgeschaltet, der Rundfunk wurde gleichgeschaltet. Damit bekam man nur noch das zu hören, was diese Regierung sich wünschte.

Gerd Schmückle, damals Schüler

Goebbels verfügte über die nötige Gerissenheit, um zu erkennen, dass nicht offenkundige Lüge das Bewusstsein am wirkungsvollsten trübt, sondern manipulierte Wahrheit. Und er war überzeugt, dass sich die Masse nach seinem Willen formen ließ: »Das ist das Geheimnis der Propaganda«, belehrte er seine Parteigenossen, »den, den die Propaganda fassen will, ganz mit den Ideen der Propaganda zu durchtränken, ohne dass er überhaupt merkt, dass er durchtränkt wird. Selbstverständlich hat die Propaganda eine Absicht, aber die Absicht muss so klug und so virtuos kaschiert sein, dass der, der von dieser Absicht erfüllt werden soll, das überhaupt nicht bemerkt.«

Exemplarisch für die Wechselwirkung von Verführung und Gewalt war der Abgang der deutschen Gewerkschaften: Nach der Wahl vom 5. März sah sich der Vorsitzende des Allgemeinen Deutschen Gewerkschaftsbunds (ADGB), Theodor Leipart, bemüßigt, »der Zeit Rechnung zu tragen« und sich von der traditionell nahestehenden SPD zu distanzieren. Er stellte die Mitarbeit des ADGB im neuen Staat in Aussicht und erklärte sich bereit, Vertreter der unbedeutenden NS-Gewerkschaft »Nationalsozialistische Betriebszellenorganisation« zu empfangen, von denen er sich den Ausschluss »marxistischer« Funktionäre diktieren ließ. Leiparts Anbiederungskurs schien schon bald Früchte zu tragen: Ausgerechnet Hitler erklärte den 1. Mai, den traditionellen Tag der Arbeiterbewegung, zum gesetzlichen Feiertag, eine uralte Forderung der Gewerkschaften. In den Gewerkschaftshäusern im Reich machten sich absurde Hoffnungen breit. Tief beglückt rief die ADGB-Führung zur Teilnahme an den geplanten Kundgebungen auf – nicht wissend, dass die Zerschlagung der eigenen Organisation bereits beschlossene Sache war.

Am 1. Mai machten dann tatsächlich Millionen deutsche Arbeiter den ersten »Feiertag der nationalen Arbeit« in Hitlers Reich zu einem gewaltigen Propagandaerfolg für die Nationalsozialisten. Nicht alle Teilnehmer waren wohl aus freien Stücken dabei; dennoch hinterließen die Aufmärsche im ganzen Reich bei den meisten Teilnehmern einen enormen Eindruck – schienen sie doch einen Vorgeschmack auf jene »Volksgemeinschaft« zu bieten, die die Nazis zu errichten vorgaben. Da zogen Manager und Unternehmer gemeinsam mit ihren Arbeitern und Angestellten durch die Straßen; marschierten einstmals sozialdemokratisch und christlich orientierte Gewerkschafter Seit' an Seit' mit NS-Formationen, stimmten

»Der Zeit Rechnung tragen«: Mit einem politischen Kurswechsel versuchte der Gewerkschaftsführer Theodor Leipart die eigene Organisation zu erhalten – vergeblich

»Arbeiter der Stirn« und »Arbeiter der Faust« vereint die Losungen des Regimes an.

Allein an der zentralen Kundgebung am Abend auf dem Tempelhofer Feld in Berlin sollen anderthalb Millionen Menschen teilgenommen haben. Auch wenn diese vom Propagandaministerium verbreitete Zahl wohl etwas zu hoch gegriffen ist, so waren die Dimensionen der ersten Großkundgebung des »Dritten Reiches« gleichwohl gewaltig: Die Teilnehmer wurden auf dem weitläufigen Areal in zwölf riesige Karrees formiert, umgeben von einem Meer von Hakenkreuzfahnen. Die mehr als 1000 Meter lange Stirnseite dominierten drei riesige, zentral angeordnete Hakenkreuzbanner, die von Scheinwerfern angestrahlt wurden. Dort im Zentrum stand die Rednertribüne, von der aus Hitler unter der Parole »Ehret die Arbeit und ehret den Arbeiter« einmal mehr die Schaffung der Volksgemeinschaft verkündete. »Die Millionen Menschen, die in Berufe aufgeteilt, in künstlichen Klassen auseinandergehalten worden sind, die, vom Standesdünkel und Klassenwahn befallen, einander nicht mehr verstehen können, sie müssen wieder den Weg zueinander finden!« Dann versprach er den Hunderttausenden auf dem Tempelhofer Feld und den dank Goebbels zugeschalteten Millionen Zuhörern vor den Radiogeräten Maßnahmen zur Gesundung der Landwirtschaft, ein Arbeitsbeschaffungsprogramm, mit dessen Hilfe die Arbeitslosigkeit überwunden werden sollte, und die Einrichtung eines Arbeitsdienstes, der jeden Deutschen »einmal im Leben zur Handarbeit« bringen sollte. Welchen Eindruck die Veranstaltung sogar auf neutrale Beobachter machte, zeigen die Erinnerungen des französischen Botschafters André François-Poncet. »Ja, es ist wirklich ein schönes, ein wundervolles Fest«, notierte er. »Die Deutschen

»Ungeheurer Eindruck«: Hitler spricht während der Massenkundgebung auf dem Tempelhofer Feld am Abend des 1. Mai 1933

Oben: »Das Ende der Gewerkschaften«: Am 2. Mai 1933 wurde auch die Hamburger Zentrale des SPD-nahen »Zentralverbands der Angestellten« von SA-Trupps besetzt
Unten: »Kraft durch Freude«: NSDAP-Organisationsleiter Robert Ley wurde Leiter der »Deutschen Arbeitsfront«

und auch die Ausländer, die ihm beiwohnen, nehmen den Eindruck mit, dass ein Hauch der Versöhnung und Einigkeit über dem Dritten Reich wehe.«

Doch schon am nächsten Morgen platzte die Illusion wie eine Seifenblase. Schwer bewaffnete SA-Kommandos stürmten die Gewerkschaftshäuser und verschleppten die führenden Arbeiterfunktionäre – darunter auch Leipart – ins KZ. Mitglieder und Vermögen vereinnahmte die neu gegründete »Deutsche Arbeitsfront« (DAF), natürlich unter der Kontrolle eines Hitler-Vasallen, Robert Ley. Nirgends regte sich ein Streik. Doch kaum hatte sich die DAF richtig konstituiert, war sie als Gewerkschaft bereits wieder überflüssig. Das Gesetz über die »Treuhänder der Arbeit« vom 19. Mai übertrug diesen vom Reichsarbeitsministerium berufenen Wirtschaftsführern die verbindliche Regelung von Tarifangelegenheiten. Die DAF war fortan nur noch eine gigantische Propagandamaschine – mit der einzigen Aufgabe, die deutsche Arbeiterschaft in Sinne des Regimes zu disziplinieren.

Die Gewerkschaften waren noch ein organisatorisches Widerlager und standen insofern dem totalen Machtanspruch der Regierung im Wege. Außerdem besaßen sie Vermögen. Das Vermögen war attraktiv.

Wolfram Pyta, Historiker und Hindenburg-Biograf

Leichtes Spiel hatte Hitler auch mit den verbliebenen Parteien. Nur eine, die SPD, musste er verbieten. Gefangen in ihrer legalistischen Tradition, die einen gewaltsamen Kampf um die Macht verhinderte, und zermürbt von den Anfeindungen und Verfolgungen der vorangegangenen Monate, befand sie sich bereits seit März in einem Prozess der stetigen Selbstauflösung. »Wir waren niedergeschlagen, erdrückt von der Wucht der Niederlage und dem Gefühl der eigenen Ohnmacht, ergeben in unser Schicksal, mehr traurig als empört über die Ausschreitungen unserer Gegner, hilflos wie eine Herde, die sich in einer kalten Regennacht frierend unter Bäumen zusammendrängt«, beschrieb Wilhelm Hoegner die desolate Lage seiner einst so stolzen Partei. Reihenweise traten Mitglieder aus, zahlreiche Parteibüros mussten schließen. Die SPD war uneins über den richtigen Kurs – aushalten oder weggehen? Ein Teil der Parteiführung verließ Deutschland und begann damit, in Prag eine sozialdemokratische Exilorganisation aufzubauen. Die sozialdemokratische Reichstagsfraktion dagegen ließ sich – wenn auch unter Zwang – noch einmal für Propagandazwecke ein-

»Erdrückt von der Wucht der Niederlage«: Der SPD-Parteivorstand im Prager Exil: Erich Ollenhauer, Hans Vogel, Otto Wels, Friedrich Stampfer, Siegmund Crummenerl, Albert Grzesinski (v. r. n. l.)

spannen und stimmte am 17. Mai nach einer »Friedensrede« Hitlers einer Regierungserklärung zu, die für die Gleichberechtigung Deutschlands bei den Abrüstungsverhandlungen plädierte. Am 22. Juni war dann die erste Ausgabe der im Exil erscheinenden Parteizeitung der Vorwand, die Betätigung der Partei im Reich endgültig zu untersagen und das Parteivermögen einzuziehen.

Wilhelm Hoegner war aufgrund des »Gesetzes zur Wiederherstellung des Berufsbeamtentums« bereits im April als Richter aus dem Staatsdienst entlassen worden. Seine Mandate als Landtags- und Reichstagsabgeordneter wurden kassiert. Nachdem er mehrfach nur mit Glück seiner Verhaftung entgangen war, entschied er sich schließlich schweren Herzens, Hitlers Deutschland zu verlassen. Im Juli emigrierte er nach Österreich, später in die Schweiz. Erst im Juni 1945 kehrte er nach München zurück. 1946/47 und von 1954 bis 1957 amtierte er als bayerischer Ministerpräsident – als einziger Sozialdemokrat, der dieses Amt in Bayern jemals bekleidete.

Zuletzt fraß die NS-»Revolution« auch ihre konservativen Steigbügelhalter: SA-Leute nehmen ein DNVP-Mitglied in »Schutzhaft«. Berlin, 21. Juni 1933

Die anderen Parteien, entkräftet vom massenhaften Mitgliederschwund in Richtung NSDAP, ersparten sich den zweifellos »ungesunden« Widerstand, lösten sich selbst auf oder ließen sich gleich von der NSDAP schlucken, wie die Deutschnationalen Hugenbergs. Den härtesten Brocken, das katholische Zentrum, knackte Hitler mithilfe des Papstes. Der Abschluss des Konkordats, einer Art von »Freundschaftsvertrag« zwischen dem Diktator und dem Vatikan, versüßte der Partei die Aufgabe. Der Parteivorsitzende Ludwig Kaas, der bei der Annahme des Ermächtigungsgesetzes eine solch unheilvolle Rolle gespielt hatte, hatte die Partei schon wenige Tage nach der entscheidenden Reichstagssitzung quasi führerlos zurückgelassen, um in Rom an den Konkordatsverhandlungen mitzuwirken. Bis zu seinem Tod 1952 sollte er nicht nach Deutschland zurückkehren. Das Konkordat sicherte die Position der katholischen Kirche in Deutschland – und opferte dafür den deutschen politischen Katholizismus. Am 5. Juli trat das

Kaas hat die Partei im Stich gelassen. Er ist nach diesem verhängnisvollen Auftritt nach Rom gegangen, obwohl er noch Parteivorsitzender gewesen ist, und hat die Partei führungslos zurückgelassen.

Wolfram Pyta, Historiker und Hindenburg-Biograf

»Die Menschen bearbeiten«: Auf dem Domplatz im westfälischen Münster wurde ein »Schandpfahl« für »undeutsche« Literatur errichtet, Mai 1933

Adolf Hitler hat daher gewonnenes Spiel, und er hat diese Partie mit geringem Aufwand gewonnen: Er musste nur pusten – das Gebäude der deutschen Politik stürzte zusammen wie ein Kartenhaus.

André François-Poncet, französischer Botschafter in Berlin

Die Nazis selbst waren überrascht, wie schnell es ging, wie schnell die großen Institutionen, die damals noch existierten, ihre Gleichschaltung hingenommen haben.

Fritz Stern, Historiker, lebte damals in Breslau

Zentrum freiwillig von der politischen Bühne ab. Clara Siebert zog sich nach dem Ende ihrer Partei in die innere Emigration zurück und schrieb religiöse Texte und Stücke. Nach dem Attentat auf Hitler am 20. Juli 1944 wurde sie für einige Tage von der Gestapo inhaftiert.

Mit der Selbstauflösung des Zentrums waren das Parteiensystem und die Weimarer Republik Geschichte. Am 14. Juli 1933, ausgerechnet am Jahrestag der Französischen Revolution, erklärte der Reichskanzler und »Führer« der NSDAP Deutschland per Gesetz zum Einparteienstaat, genau genommen zum Staat seiner Partei. Am selben Tag wurde auch die parlamentarische Demokratie in Deutschland endgültig zu Grabe getragen: Ein Gesetz über Volksabstimmungen setzte an die Stelle der parlamentarischen Willensbildung die nachträgliche Akklamation per Volksentscheid. Der französische Botschafter François-Poncet kommentierte das unrühmliche Ende bitter: Die deutsche Demokratie habe nichts retten können, nicht einmal ihr Gesicht.

Die Bilanz des ersten halben Jahres der Regierung Hitler war schlechterdings atemberaubend. Weimar war begraben, die Deutschen hatten der Republik nicht eine Träne nachgeweint. Die politischen Parteien waren aufgelöst, Länder und Verbände gleichgeschaltet, die wichtigsten Gegner vernichtet. Die Fundamente des »Führerstaates« waren gelegt. Hitlers Herrschaft im eigenen Land schien unangreifbar. Thomas Mann schrieb in jenen Tagen hellsichtig: »Nur ein Krieg könnte sie stürzen.« Jeder andere Politiker hätte wohl innegehalten und versucht, das Erreichte zuerst einmal zu sichern. Hitlers konservative Steigbügelhalter leiteten daraus die trügerische Hoffnung ab, die Dynamik der braunen Revolution käme nun endlich zum Stillstand. Seine mäßigenden Reden jener Wochen nährten solche Illusionen. »Es sind mehr Revolutionen im ersten Ansturm gelungen, als gelungene aufgefangen und zum Stehen gebracht worden«, mahnte er seinen ungeduldigen Anhang und warnte, man dürfe nicht »herumsuchen, ob noch etwas zu revolutionieren« sei.

Das waren Töne, die auf entschiedenen Widerstand stießen – vor allem beim Millionenheer der SA. Was die Parteiarmee im Zuge der Machtergreifung an Posten und Einflussmöglichkeiten hatte erobern können, war weit hinter den Erwartungen nicht weniger Mitglieder zurückgeblieben. Man würde nicht dulden, »dass die deutsche Revolution einschläft oder auf halbem Wege von Nichtkämpfern verraten wird«, verkündete SA-Chef Ernst Röhm deshalb lautstark. »Ob es ihnen passt oder nicht – wir werden den Kampf weiterführen. Wenn sie endlich begreifen, um was es geht: *mit* ihnen! Wenn sie nicht wollen: *ohne* sie! Und wenn es sein muss: *gegen* sie!« Nachdem Hitler fast alle innenpolitischen Feinde ausgeschaltet hatte, drängte nun ein Problem in den Vordergrund: die Beseitigung der Feinde in den eigenen Reihen.

Machtkampf

> **Röhm hat sich als politischer Soldat gesehen. Er ging davon aus, dass die Führungsrolle in der nationalsozialistischen Bewegung und im neuen Staat den Soldaten zufiel. Insofern war er ein ernst zu nehmender machtpolitischer Konkurrent Hitlers.**
>
> Peter Longerich, Historiker

Eine kleine Autokolonne raste in den frühen Morgenstunden durch das idyllische Oberbayern. Doch die Wageninsassen hatten keinen Blick für die Schönheiten der Landschaft. Eine anstrengende Nacht lag an diesem 30. Juni 1934 bereits hinter ihnen, als sie sich um 5.30 Uhr in drei Autos von München aus auf den Weg zum Kurort Bad Wiessee gemacht hatten. Im ersten Wagen saßen Adolf Hitler, SA-Obergruppenführer Viktor Lutze und Rudolf Heß. Im zweiten fuhren Polizeibeamte und SS-Männer, den Abschluss bildete das Fahrzeug mit Joseph Goebbels und Hans Hausböck, einem einfachen SA-Mann, einem der vielen kleinen Rädchen in der funktionierenden NS-Terrormaschine. Gegen halb sieben näherte sich der Konvoi seinem Ziel, der Pension Hanselbauer am Tegernsee. Die Wirtin erkannte die hohen Gäste. Was sie nicht ahnen konnte: Der »Führer« war gekommen, um eines der letzten Hindernisse zu beseitigen, das seinen Weg zur totalitären Herrschaft versperrte. Lange hatte er gezaudert und den Auseinandersetzungen rivalisierender Gruppierungen zugesehen. Nun war er vom Getriebenen zum Antreiber geworden. Zum ersten und einzigen Mal war er persönlich dabei, als es darum ging, sich die Hände schmutzig zu machen.

Wenige Stunden zuvor war Hitler mit seiner Privatmaschine in Bonn aufgebrochen. Im Hotel »Dreesen« in Bad Godesberg hatte er sich endgültig zu einer folgenschweren Entscheidung durchgerungen. Ein Putsch der SA stehe unmittelbar bevor, so suggerierten ihm die Dokumente, die ihm die NS-Hierarchen vorgelegt hatten. »Dies ist die schwärzeste Stunde meines Lebens«, hatte er bei seiner Ankunft in München geklagt, als er die

Oben: »Die schwärzeste Stunde meines Lebens«: In der Bad Wiesseer Pension Hanselbauer verhaftete Hitler seinen Duzfreund Ernst Röhm
Unten: »In einer gewissen Sicherheit gewähnt«: Der SA-Chef (mit Hut) während seines Urlaubs am Tegernsee

neuesten Berichte zur angeblichen Lage gehört hatte. Hitlers »Freund« Ernst Röhm war mit seiner SA nach der offiziellen »Machtergreifung« ein permanentes Problem geworden, nun schien er sogar die Position des »Führers« zu bedrohen. Dabei war in den vergangenen 18 Monaten für den neuen Reichskanzler alles so gut gelaufen.

Der deutsche Diktator hatte seine Macht kontinuierlich ausgebaut und strebte scheinbar unaufhaltsam der absoluten Herrschaft entgegen. Die Parteien: verboten; das Parlament: entmachtet; die Presse: gleichgeschaltet. Eine politische Opposition existierte nicht mehr, seit die SPD ein Jahr zuvor wegen angeblichen Landes- und Hochverrats verboten worden war und andere Parteien sich »freiwillig« aufgelöst hatten. Weite Teile des Regierungsapparats und der Verwaltung waren fest in der Hand Hitlers und seiner Paladine. Im Reich war das Parlament nach dem Ermächtigungsgesetz nur noch Bühne für die großen Reden der NS-Demagogen. In den Ländern des Reiches waren die letzten frei gewählten Volksvertretungen aufgelöst, Reichsstatthalter sorgten für die reibungslose Umsetzung der »vom Reichskanzler aufgestellten Richtlinien der Politik«. Derart von parlamentarischen und föderalen Fesseln befreit, konnte Hitler »durchregieren«.

Andere potenzielle gesellschaftliche Machtfaktoren waren entweder aus dem Weg geräumt, wie die unabhängigen Gewerkschaften, gleichgeschaltet, wie die Standesorganisationen der Wirtschaft, oder hatten sich, wie der Heilige Stuhl in Rom schon vor einem Jahr mit einem Reichskonkordat, mit der NS-Führung arrangiert. Was die Öffentlichkeit erfahren durfte, bestimmte Joseph Goebbels mit seinem Propagandaapparat; Zeitungen und das moderne Radio waren zum Lautsprecher der neuen Machthaber degeneriert; Widerspruch wurde unverzüglich geahndet, dafür sorgte der Terror der nationalsozialistischen Bataillone von NSDAP und SA.

Und doch existierten noch immer drei Machtfaktoren, die Hitlers endgültigem Triumph im Weg standen, drei Personen und Institutionen, die ihn aufhalten, sogar hätten ausschalten können. Da war zunächst der Reichspräsident. Der greise Amtsinhaber galt noch immer als Ikone der konservativen deutschen Eliten. Ausgerechnet Paul von Hindenburg war in der Endphase der auch von ihm wenig geliebten Weimarer Republik zum letzten Symbol der »alten« Staatlichkeit aufgestiegen. Doch auch wenn die Republik längst ausgedient hatte, so war anderthalb Jahre nach der Machtergreifung des nationalsozialistischen Kanzlers seinem Amt ein entscheidender Rest von Macht geblieben: Als Oberbefehlshaber stand er formal noch immer an der Spitze der Armee, des zweiten Trägers staatlicher Gewalt, die noch nicht in der Hand der neuen Machthaber war. Reichspräsident und Reichswehr – gemeinsam hätten sie dem Treiben Hitlers Einhalt gebieten können, auch noch im beginnenden Sommer 1934.

Die Armee spielte bei der Konsolidierung des Regimes eine entscheidende Rolle, denn die Armee hatte den Machtfaktor in der Hand, um dieses Regime zu stürzen. Die Armee hätte – theoretisch gesprochen – Hitler jederzeit wegputschen können.

Sönke Neitzel, Historiker

Die Reichswehr hätte jederzeit, wenn sie sich einig gewesen wäre, die Macht übernehmen können. Sie hatte das Waffenmonopol, zumindest das Monopol der schweren Waffen.

Jürgen Falter, Historiker und Wahlforscher

Der neue deutsche Kanzler und seine braunen Paladine hatten durchaus Respekt vor der Reichswehr, nicht im Sinne von Hochachtung, aber doch hinsichtlich ihrer potenziellen Stärke. »Blomberg und Hitler brauchten sich gegenseitig«, konstatierte die Blomberg-Biografin Kirstin Schäfer. »Hitler bedurfte Blombergs als Galionsfigur, um das militärische Establishment sanft zu stimmen, um sich mit ihnen versöhnt zu zeigen. Blomberg brauchte Hitler, um seine militärpolitischen Ambitionen durchfechten zu können.« Dabei stand die militärische Führung insgesamt dem neuen Kanzler zum Teil distanziert, zum Teil wohlwollend gegenüber. Abwarten, so lautete die grundsätzliche Devise der Militärs. Die Reichswehr sei unpolitisch, hieß es, seit Generaloberst Hans von Seeckt auch der Rumpfarmee der Weimarer Republik politische Abstinenz verordnet hatte – zulasten der Demokratie, die Unterstützung benötigt hätte. Genau diese Zurückhaltung wurde jedoch immer häufiger von hohen Militärs wie Walther von Reichenau infrage gestellt – zugunsten der Nationalsozialisten, die diese Unterstützung dankbar annahmen. Reichenau war Chef des Ministeramts im Reichswehrministerium und besetzte damit eine zentrale Position als Stabschef sowie persönlicher Berater der entscheidenden Figur im militärischen Machtspiel: Werner von Blomberg. Der Reichswehrminister in Hitlers Kabinett, vom Reichspräsidenten noch vor dem neuen Reichskanzler und nicht auf dessen Vorschlag, wie es die Verfassung vorsah, ernannt, ging in die Geschichtsbücher ein, weil er 1938 im Rahmen einer Krise, die auch seinen Namen

»Entscheidender Machtfaktor«: Reichswehrminister Blomberg (links, mit Hitler während eines Manövers im Herbst 1933) und dessen Berater Walther von Reichenau plädierten für eine Annäherung der Armee an das NS-System

trug, gestürzt wurde. Blombergs »unstandesgemäße« Ehe mit einer Dame von zweifelhaftem Ruf hatte einen Skandal heraufbeschworen, doch seine unselige Rolle bei Hitlers Griff nach der totalen Macht ist eine intensivere Betrachtung wert. Der Reichswehrführung ist von Historikern lange Zeit ein zweckrationales Handeln zugute gehalten worden. Doch auch die Generalität hatte Handlungsalternativen, auf die sie verzichtete, um sich freiwillig dem neuen Herrn anzudienen, weil man glaubte, gemeinsame Interessen zu haben..

Die größte Gefahr für Hitlers Machtanspruch ging aber – ein Treppenwitz der Geschichte – ausgerechnet von den eigenen Leuten aus: von einem der wenigen Duzfreunde des »Führers: Ernst Röhm, dem Mann, der als Stabschef an der Spitze der »Sturmabteilung« stand. Im Herbst 1919 hatten sich der ehemalige Gefreite Adolf Hitler und Exhauptmann Ernst Röhm bei der »Eisernen Faust« kennengelernt, einer der vielen rechtsnationalistischen Gruppierungen von Gestrandeten des verlorenen Krieges, die in München gegen die »rote Gefahr« aus Berlin kämpften. Röhms »Ordnungsdienst« sorgte für Ruhe bei den Versammlungen des begnadeten Demagogen Hitler. Es war die Geburtsstunde der SA und der Beginn

Man darf nicht annehmen, dass die SA nur ein Haufen brutaler Schläger war. Es gab viele in der SA, die an den Sozialismus glaubten. Sie hatten zwar nur eine krude Vorstellung vom Sozialismus, aber daran glaubten sie. Und darin wurden sie von Hitler bitter enttäuscht.

Herbert Crüger, ehem. SA-Mann und KPD-Mitglied

einer ungewöhnlichen Freundschaft. 15 Jahre später hatten sie gemeinsam den nationalsozialistischen Umsturz geschafft. Der kleine Redner war auf dem Weg zum »Führer« des Großdeutschen Reiches, und Ernst Röhm kommandierte keine prügelnden Rabauken mehr, sondern eine millionenstarke Parteiarmee, die nach neuen Aufgaben suchte. Der Philosoph Oswald Spengler prophezeite ein Jahr vor den blutigen Ereignissen des Juni 1934: »Jede revolutionäre Bewegung kommt mit einer Avantgarde von Prätorianern zum Sieg, die dann nicht mehr gebraucht wird. Der wirkliche Herr zeigt sich in der Art, wie er sie verabschiedet, rücksichtslos, undankbar, nur auf sein Ziel blickend. Für das er die richtigen Männer erst zu finden hat.« An diesem 30. Juni hatte sich Hitler mit seinen Paladinen auf den Weg gemacht, dieses Problem zu lösen – endgültig und brutal, wie es Kennzeichen seines Regimes war. Der Diktator hatte sich nach langem Zögern entschieden. Er wusste nun, was er mit der SA, seinen Prätorianern, machen würde, und er hatte die Helfer, die er brauchte, um sein Ziel zu erreichen – rücksichtslos, undankbar und nur eines vor Augen: seine persönliche unumschränkte Macht.

Im Frühsommer 1934 stand Hitler vor einem Problem, das sich seit Monaten verschärfte. Die Euphorie der ersten Monate war verflogen. Die wirtschaftlichen Rahmenbedingungen hatten sich nach Anfangserfolgen, die nicht den Nazis zu verdanken waren, die sie aber vollmundig für sich reklamierten, wieder verschlechtert. Nun wiesen die ökonomischen Basiswerte wieder nach unten: Der Export sank, die Devisen schrumpften, und die Arbeitslosenzahlen stagnierten. Nach einem Jahr nationalsozialistischer Herrschaft drohte der Elan des Aufbruchs zu erlahmen. Die Unzufriedenheit wuchs – vor allem in den Reihen der »Sturmabteilung«. Diese nach dem Krieg zu kurz Gekommenen hatten geglaubt, im Kampf für Hitler und gegen die verhasste Republik ihre Chance gefunden zu haben. Doch nach dem Sieg ihres »Führers« erwarteten sie noch immer vergebens den

Wir wissen aus sehr vielen Stimmungsberichten, gerade aus dem Winter 1933/34, dass wieder Ernüchterung einsetzte. Es war nur gelungen, etwa ein Drittel der Arbeitslosen von 1932 in reguläre Beschäftigungsverhältnisse zu bringen.

Peter Longerich, Historiker

Lohn für ihre »Leistungen«. Die meisten wollten einfach versorgt sein, sie suchten einen Job. Und mehr als ein Jahr nach der Machtübernahme war das in sehr vielen Fällen noch nicht gelungen. Kein Wunder also, dass sie sich noch immer benachteiligt fühlten. Zwar sollten SA-Männer bei der Arbeitsvermittlung bevorzugt werden, doch die Arbeitgeber zeigten trotz anderslautender Bekundungen wenig Lust, ausgerechnet schlecht oder gar nicht ausgebildete SA-Männer mit zweifelhaftem Rüpelimage zu beschäftigen. »Das waren die übelsten, nutzlosen Nichtstuer, gestrandete Existenzen, die dort Betätigung fanden«, so erlebte Otto Gritschneder als Student die SA-Männer in München. Dies war keine Einzelerfahrung: »Ein großer Teil der Braunhemden war geprägt durch jahrelange Arbeitslosigkeit. Junge Männer, die sich über Jahre hinweg in Straßenkämpfen ausgetobt hatten«, schreibt Peter Longerich, der sich intensiv mit der Geschichte der SA auseinandergesetzt hat. Alkohol spielte in der SA eine nicht unwichtige Rolle. Die Angehörigen solcher undisziplinierten Horden in das »normale« Arbeitsleben einzugliedern war keine einfache Aufgabe. Die SA-Spitze sah das naturgemäß anders: »Wenig nationalsozialistisches Verständnis« und »wenig Neigung zur Einstellung alter SA-Männer«, beschwerte sich die SA-Führung im Juni 1934. Tatsächlich wiesen die Arbeitsamtstatistiken aus, dass der Anteil der Arbeitslosen unter den SA-Angehörigen über dem Reichsdurchschnitt lag. Die Braunhemden fühlten sich noch immer als Verlierer und um den Lohn ihres Einsatzes gebracht. Doch wenn SA-Leute für das normale Ar-

»Alte Kämpfer klagen über schlechte Entlohnung und wenig nationalsozialistisches Verständnis ihrer Arbeitgeber. Bei diesen mitunter wenig Neigung zur Einstellung alter SA-Männer.«

Rundschreiben der SA-Führung, 21. Juni 1934

Immer wieder muss ich die Feststellung machen, dass alte verdiente Kämpfer trotz der sich vielfach bietenden Möglichkeiten noch nicht voll bezahlte, gut entlohnte Arbeit gefunden haben

Karl Ernst, Berliner SA-Führer, Oktober 1933

Die SA-Führer spielten sich von der Machtübernahme bis zum 30. Juni 1934 wie die Herren auf und missachteten das Recht. Ich habe das in einer Kleinstadt selbst erlebt: Da ging der SA-Führer in einen Laden, kaufte ein paar Schuhe und bezahlte sie nicht.

Ulrich de Maizière, damals Reichswehr

»Gestern Staatsfeind, heute Staatsbürger«: Arbeitslose SA-Leute wurden auch als Dorfschullehrer eingesetzt. Foto von April 1934 aus Lauenburg/Pommern

beitsleben nur bedingt verwendungsfähig waren, wozu dann? Die Truppe, die sich, mehr noch als die Partei, als Avantgarde der Bewegung empfand, wollte im neuen nationalsozialistischen Staat eine wichtige Rolle spielen. Genau das versprach Ernst Röhm seinen Männern. Nur welche? Hier hatte sich Hitler nicht festgelegt.

Wo aber zentrale Ziele fehlten, suchten sich die regionalen Gliederungen eigene Betätigungsfelder. Und genau das wurde zum Problem für die Berliner NS-Führung. Innenminister Frick beschwerte sich im Oktober 1933 über »neue Übergriffe unterer Führer und Mitglieder der SA«. Passanten waren schon lange nicht vor den SA-Schlägerbanden sicher. Nun geschah es sogar immer häufiger, dass Polizisten von marodierenden SA-Trupps verprügelt wurden, wenn sie derem Rowdytum entgegentraten. Wo Auflehnung gegen das System bislang einzige Existenzberechtigung war, konnte man nun nicht einfach einen Hebel umlegen. Dieses Problem wurde sogar in erstaunlicher Selbsterkenntnis von der SA thematisiert: »Für den Kampf der SA waren keine Bürger zu gebrauchen. Idealisten,

»Wenig Neigung zur Einstellung alter SA-Männer«: Auch 1934 lag der Anteil von Arbeitslosen unter den SA-Angehörigen noch über dem deutschen Durchschnitt

Menschen voller Unruhe, ewige Soldaten haben ihn ausgefochten. Ihr unruhiges Blut fließt auch jetzt noch in der SA. Kann es so schnell zur Ruhe kommen?«, heißt es in Kurt Stelzers zeitgenössischem Roman *Schicksal SA*. Gestern Staatsfeind, heute Staatsbürger – ein schwieriger Weg. Vor allem deshalb, weil nicht nur die Psychologie, sondern auch die schiere Masse der SA weitere Schwierigkeiten verursachte: Nach der Machtergreifung war die SA schnell von 300 000 auf 800 000 Mann angewachsen. Durch die im Rahmen der Gleichstellung erfolgte Angliederung des »Stahlhelms« und anderer paramilitärischer Verbände ehemaliger Frontsoldaten übersprang die Mitgliederzahl deutlich die Millionengrenze. Die SA war schon bald größer als die NSDAP. Daraus ergab sich zwangsläufig die Tatsache, dass eine solche Riesenorganisation sehr heterogen zusammengesetzt war. Nur einer von zehn Sturmmännern war schon vor der Machtergreifung bei der SA, lediglich jeder dritte auch Mitglied der NSDAP. Und mancher der vielen Neuen stand ohnehin im Verdacht, nur die Seite gewechselt zu haben und früher in kommunistischen Kampfgruppen aktiv gewesen zu sein. »Beefsteakstürmer« lautete die verächtliche Bezeichnung für diejenigen, die als »innen rot, außen braun« galten. Wie diesen disparaten und eigenständigen Haufen kontrollieren?

Was für die einen ein Problem darstellte, war für den anderen ein Pfund, mit dem er wuchern konnte. Auf die enorme Mitgliederzahl, die Kampfbereitschaft und Unzufriedenheit der SA baute Ernst Röhm seine eigenen Machtansprüche. Er glaubte, nicht nur ein Argument zu haben, sondern viereinhalb Millionen. So viele Männer hörten im Sommer 1934 auf sein Kommando, wenn man alle Männer der diversen Organisationen, die unter dem Dach der Obersten SA-Führung standen, zusammenzählt. Sein ohnehin vorhandener Hang zur Überheblichkeit steigerte sich zum Größenwahn. Er sonnte sich darin, dass seine »Braunhemden« ihn im gleichen Atemzug wie den »Führer« nannten und die Massenaufmärsche der SA-Männer mit dem Ruf endeten: »Unserem Führer Adolf Hitler und unserem Stabschef Ernst Röhm ein dreifaches

Es sind ganze Züge der kommunistischen Schalmeienkapellen, die sich großer Beliebtheit erfreuten, zur SA gegangen, und dann mit Schalmeienklang den Hakenkreuzfahnen voranmarschiert.

Fritz Hippler, späterer NS-»Reichsfilmintendant«

»Tatsächlich lässt sich ein massenweiser Übertritt ehemaliger Kommunisten in die SA ebenso wenig nachweisen wie für die Zeit vor der Machtübernahme.«

Peter Longerich, Historiker, *Die braunen Bataillone*

»Die braunen Bataillone«: Ein SA-Aufmarsch während des Nürnberger NSDAP-Parteitags im September 1933

Sieg Heil«. Auch um den Mann an der Spitze der SA, dort eigentlich nur Stellvertreter des »Führers«, rankte sich schon bald ein Personenkult. In Nürnberg gab es ein »Ernst-Röhm-Haus«, SA-Ausbildungsstätten erhielten ihre Weihe als »Ernst-Röhm-Schule«. Wo immer der vierschrötige Chef der SA auftrat, gab es Jubelarien in der SA-Presse, seine Reden wurden unmilitärisch lang und länger. Seine Hauspostille *Der SA-Mann*

»Der Bonaparte des Dritten Reiches«: SA-Chef Ernst Röhm nach seiner Ernennung zum »Minister ohne Geschäftsbereich« im Dezember 1933

druckte seitenlang jedes seiner öffentlichen Worte. Einen der unfreiwillig komischen Höhepunkte der Glorifizierung erlebten die Leser aus Anlass des 46. Geburtstags Röhms. Im Detail schilderte das SA-Blatt, wer was und wie zum Ehrentag des »geliebten Stabschefs« gesagt hatte. Kein Wunder also, dass sich beispielsweise Reichswehrminister Werner von Blomberg über den »Bonaparte des Dritten Reiches« lustig machte. Doch so wenig der General von seinem Gegenspieler auch hielt, er erkannte, dass dieser »unsympathische Anarchist mit seinem verbrecherischen Klüngel« nach Macht strebte. Denn genau das hatte Röhm vor: Er wollte die SA zunächst als eigenständigen Machtfaktor im nationalsozialistischen Staat etablieren, als dritte Säule neben Polizei und Reichswehr. Dabei erklärte er in einem Befehl an seine Truppe vom 15. Januar 1934: »Die SA wird ihr Ansehen in den Dienst des nationalsozialistischen Staates stellen.« Wer sich so äußert, der versteht sich als unabhän-

Röhm war für Blomberg eine absolut grauenerregende Gestalt. Er sah in ihm einen Emporkömmling, einen Bonaparte, der versuchte, Macht zu ergattern.

Kirstin Schäfer, Historikerin und Blomberg-Biografin

gige Macht und reklamiert für sich, eine solche Leistung auch verweigern zu können. Denn für seine SA und im Wissen um das Potenzial seiner Millionenarmee wollte der SA-Chef noch mehr: einen »braunen Sozialismus«. Es gelte, »die Einheit nationalen und sozialistischen Wollens« zu vollenden, schwadronierte er und träumte davon, »den letzten Volksgenossen hineinzuziehen in den seelischen und geistigen Umbruch der Nation«. Diesen ideologischen Anspruch einer permanenten Mobilisierung schrieb Röhm seinen Männern immer wieder ins Stammbuch. Und die Theorie schlug sich in einer ganz praktischen Aufgabe nieder, die das nächste große Ziel beschrieb: Die SA sollte zum Kern eines neuen, nationalsozialistischen Volksheeres werden. Und neben einer solchen Milizarmee war für die alte Reichswehr letztlich kein Platz mehr. Röhms plakativ formulierter Wunschtraum: »Der graue Fels muss in der braunen Flut untergehen«.

Er machte einen wenig vertrauenerweckenden Eindruck. Ein richtig brutaler Schlägertyp, wie aus dem Verbrecheralbum.
Raban von Canstein, Wehrmachtsoffizier, über Röhm

Die Auseinandersetzung um die SA, die in der Folgezeit entbrannte, ist ein Paradebeispiel für den Machtkampf, wie er zu den Charakteristika des NS-Systems gehörte: Verschiedene Organisationen und Ämter stritten um Zuständigkeiten, Kompetenzen und möglichst großen Einfluss im »Dritten Reich«. Historiker beschrieben diese Art Konflikt später als »Dualismus von Staat und Partei« und erkannten darin ein zentrales Merkmal der totalitären Herrschaft Hitlers. Praktisch bedeutete dies nichts anderes, als dass alte und selbst ernannte neue Eliten dabei waren, sich vom Fell des von den Nazis erlegten »Bären« Deutschland einen möglichst großen Anteil zu sichern. Die einen wollten ihren bisherigen Einfluss bewahren oder ausbauen, die anderen strebten danach, Macht erst noch zu gewinnen und diese dann zu mehren. Bei diesem Gerangel gab es keinen eindeutigen Frontverlauf, die Kontrahenten befehdeten sich untereinander, miteinander und gegeneinander, sie schmiedeten Koalitionen, die nur für einen konkreten Einzelfall galten und ständig wechseln konnten. Einzige Konstante und Fixpunkt im System: der »Führer«, um dessen Gunst die Repräsentanten der NS-Organisationen ebenso buhlten wie die Vertreter der alten staatlichen Eliten. Alle diese Partikulargewalten im »Dritten Reich« bezogen ihre Macht allein aus der Unterstützung durch den Mann an der Spitze, sie waren so Werkzeuge der originären und außerhalb jeder anderen Norm stehenden »Führer«-Gewalt. Auch dafür sollte der Endpunkt der nun eskalierenden Auseinandersetzung ein typisches Exempel werden. Symptomatisch für Hitlers Weg zur totalitären Macht ist schließlich auch die Rolle, die der »Führer« dabei spielte: Er war nicht der Motor, der die Ereignisse planvoll vorantrieb, er war aber auch nicht ein Spielball anderer Kräfte, die ihn für eigene Ziele benutzt haben könnten. Vielmehr war er die unerlässliche Integrationsfigur und Drehscheibe des Geschehens, der die Ereignisse lange treiben ließ und sich erst im letzten Moment spontan für die Lösung entschied, von der er sich den größten persönlichen Nutzen versprach. Dieser »letzte Moment« auf dem Weg zur totalen Macht war im Juni 1934 gekommen. Zu diesem Zeitpunkt tobte der bis dahin mörderischste Kampf um die Vorherrschaft im »Dritten Reich«, bei dem sogar die Führungsrolle Hitlers auf dem Spiel stand. Alles drehte sich dabei um Ernst Röhm und seine SA, die es mit einer ganzen Reihe mächtiger Gegner zu tun hatten.

»Für die SA oder sonstige Teilorganisationen der Partei besteht heute und für künftige Zeiten nicht die geringste Notwendigkeit, ein Eigendasein zu führen. … Und die Billigung des Führers fänden sie niemals.«

Heß, Artikel in den *NS-Monatsheften*, Januar 1934

Da waren zum Beispiel Parteigrößen wie Rudolf Heß. Der »Stellvertreter des Führers« sah die Stellung seiner NSDAP gefährdet und deren Mitglieder diskriminiert. Auch die Gauleiter als regionale »Führer« mussten sich mit den SA-Größen ihres Herrschaftsbereichs auseinandersetzen. Es war ein andauerndes und sich ständig verschärfendes Aneinanderreiben zwischen Partei und SA-Funktionären, mit permanenten Warnungen, die ihren Höhepunkt in einer Rundfunkansprache vom 25. Juni 1934 erreichten, als Heß an die Adresse des SA-Stabschefs gerichtet erklärte: »Wehe dem, der die Treue bricht im Glauben, durch eine Revolte der Revolution dienen zu können!«

Auch ein anderer hoher NS-Funktionär hatte Ambitionen, denen die SA im Weg stand: Heinrich Himmler. Er bekleidete bis dahin lediglich eine Dienststellung innerhalb der SA und war Hitler noch nicht direkt unterstellt. Doch die Basis für seine kommende Sonderstellung war bereits geschaffen, denn seine kleine Spezialeinheit hatte der »Führer« mit Bedacht ausgewählt: »Ich sagte mir damals, dass ich eine Leibwache bräuchte, die, wenn sie auch klein war, mir bedingungslos ergeben wäre und sogar gegen

Oben: »Nicht die geringste Notwendigkeit für ein Eigendasein«: Rudolf Heß (rechts) wollte den Einfluss des SA-Stabschefs begrenzen
Unten: Noch in der zweiten Reihe: SS-Chef Himmler und SS-Gruppenführer Kurt Daluege mit Röhm bei einem SS-Treffen im August 1933

> **Himmler gelang es bis zum Frühjahr 1934, nach und nach die politischen Polizeien in den einzelnen deutschen Ländern zu übernehmen, zuletzt in Preußen im April 1934. Dieser Aufstieg Himmlers war nur möglich, weil im Hintergrund immer die Drohung der zweiten Revolution durch die SA stand.**
> Peter Longerich, Historiker

ihre eigenen Brüder marschieren würde.« Formal der SA zugeordnet und äußerlich lediglich durch schwarz umrandete Hakenkreuzbinden und Mützen zum Braunhemd von ihr zu unterscheiden, erschienen die wenigen SS-Männer lange Zeit wie stumme Begleiter der braunen SA-Kolonnen. Nun trachtete Himmler nach mehr Einfluss und Eigenständigkeit für seine »Schutzstaffel« (SS), die er als Elite zum entscheidenden Herrschaftsinstrument Hitlers machen wollte.

Neben einem machtpolitischen Kalkül spielten auch persönliche Animositäten der NS-Spitze mit: Röhm hatte beispielsweise die Aufnahme von Joseph Goebbels in die SA abgelehnt: »Einen Klumpfuß kann ich nicht gebrauchen«, hatte er in Anspielung auf die Gehbehinderung des Propagandachefs erklärt. Und sogar öffentlich wagten SA-Männer, sich über dessen Behinderung lustig zu machen: »Die Lüge hat ein kurzes Bein«, hieß die Abwandlung eines deutschen Sprichworts auf einem SA-Banner. Freund, Feind, Parteifreund – selten traf diese ironische Steigerungstrias mehr zu als bei der Beschreibung des Umgangs der Nazi-Größen miteinander. Göring war für Röhm ein »korrupter Morphinist«, Goebbels ein »politischer Pimpf« oder eine »minderwertige Kreatur« – ihr menschenverachtender Duktus erstreckte sich auf die Mitglieder der eigenen Clique, die jedoch nicht nur mit sich selbst beschäftigt war.

Denn da waren die staatlichen Organe, die nun von NS-Größen geführt wurden: So erlebte Göring als preußischer Ministerpräsident, wie die SA seine Beamten unter Druck setzte und die Polizei Probleme mit dem Terror der Braunhemden bekam. Zudem reklamierte die SA den Status einer offiziellen Hilfspolizei für sich. Mittlerweile war auf lokaler Ebene eine Reihe von SA-Funktionären zu Polizeipräsidenten aufgestiegen und hatte damit Befehlsgewalt über die örtlichen Polizeieinheiten erhalten. Bei der aufkeimenden Auseinandersetzung um die Kontrolle der Polizei störte die SA nicht zuletzt die Pläne Görings, in Preußen eine »Geheime Staatspolizei« (Gestapo) auf-

> **Die obere SA-Führerschaft war versorgt. Ihnen war es gelungen, nach dem 30. Januar in staatliche Positionen einzudringen. Viele Polizeipräsidenten etwa waren SA-Führer. Das stand in ganz großem Widerspruch zu der Lebenssituation der normalen SA-Angehörigen, die meistens nach wie vor Arbeitslose waren.**
> Peter Longerich, Historiker

»Einen Klumpfuß kann ich nicht gebrauchen«: Goebbels als Zuhörer einer Rede Röhms im April 1934. Die Abneigung zwischen dem Propagandaminister und dem SA-Chef war gegenseitig

zubauen. Auch das nationalsozialistisch geführte Innenministerium und das Justizministerium sahen jeweils ihre traditionelle Zuständigkeit durch die SA-Aktivitäten infrage gestellt: Ob durch eigenmächtige Hausdurchsuchungen bei mutmaßlichen Regimegegnern oder durch wilde Konzentrationslager – immer wieder reklamierten die braunen Horden staatliche Kompetenzen für sich. Die NS-Staatsminister bekamen im Kampf gegen die eigenen Funktionäre Unterstützung von unerwarteter Seite. Denn auch die nationalkonservativen Bündnispartner Hitlers fürchteten um ihre Pfründen. Deutschlands Eliten in Staat und Wirtschaft sorgten sich vorgeblich nur um ihre ideologischen Werte, tatsächlich bangten sie vor allem um ihre materiellen Privilegien. Die Angst vor einem »braunen Bolschewismus« ging um in den besseren Kreisen des Staates.

Schließlich war da neben der Vielzahl innerparteilicher Widersacher und staatlicher Gegenspieler noch eine weitere mächtige Organisation, die Röhm mit dem Herrschaftsanspruch für seine SA in Unruhe versetzte: die Reichswehr. Die meisten Offiziere standen in der preußischen Militärtradition und sahen sich als Elite, für die Disziplin und Pflichtgehorsam zentrale Werte waren. Doch ihr Anspruch, einziger »Waffenträger der Nation« zu sein, wurde ihr nun von den plebejischen braunen Horden streitig gemacht.

Es war eine mächtige Allianz, die Ernst Röhm gegen sich aufgebracht hatte und die im Stabschef der SA einen gefährlichen Kontrahenten um ihre ganz persönlichen Führungsambitionen sehen mussten. Dem Herausforderer war das egal: »Sie müssen sich daran gewöhnen, dass wir da sind und da bleiben werden«, erklärte Röhm selbstbewusst. Gedanken darüber, dass viele Hunde des Hasen Tod sein könnten, machte er sich nicht. »Ich habe doch meine SA«, wischte er diesbezügliche Einwände vom Tisch. Vor allem vertraute er auf den Rückhalt bei seinem Duzfreund: Adolf Hitler, der ihm schon so viel hatte durchgehen lassen – nicht zuletzt seine Homosexualität. Schon beim Wiederaufbau der SA hatte Röhm neben ehemaligen Berufsoffizieren auch gute Freunde aus dem Münchener Homosexuellenmilieu geholt und in zentrale Führungspositionen gebracht. Seine Neigungen waren bekannt. Eine Münchener Zeitung druckte im Juni 1931 Belege gegen die »warme Bruderschaft im Braunen Haus«, und noch im Januar 1933 spielte Bert Brecht in seinem Spottlied »Der Marsch ins Dritte Reich« ironisch auf die Vorliebe des SA-Chefs an: »Wir wollen neue Uniformen kaufen / Der Hauptmann Röhm, liebt uns nicht ohne die / Es ist ein langer Weg zum Dritten Reiche / Ein bisschen Liebe macht ihn halb so schwer / Es ist ein hoher Baum die deutsche Eiche / Und kameradschaftlich sei der Verkehr.«

Die erotische Präferenz Röhms hatte sogar schon die Justiz beschäftigt. Zwei Jahre vor der Machtergreifung hatte die Berliner Staatsanwaltschaft gegen ihn ein Ermittlungsverfahren eingeleitet, nachdem persönliche Briefe aufgetaucht waren, deren Echtheit der SA-Stabschef in einem früheren Prozess bestätigt hatte. Zu einer Verurteilung wegen Verstoßes gegen § 175 kam es nicht – eine »aktive Rolle« konnte nicht zweifelsfrei nachgewiesen werden. Der Mann an der Spitze eines Regimes, das in den zwölf Jahren seiner Herrschaft gleichgeschlechtliche Liebe mit mörderischer Konsequenz verfolgte, das Homosexuelle ins Konzentrationslager steckte und ermordete, duldete diese Neigung bei Ernst Röhm. Warum? Der Bremer Historiker Lothar Machtan behauptet, Adolf Hitler sei selbst

»Was ich will, weiß Adolf genau«: Noch stützte der NSDAP-»Führer« seinen umstrittenen SA-Stabschef latent homosexuell veranlagt gewesen. Seine Belege sind allerdings dürftig. Die Erklärung, warum Hitler die sexuelle Neigung Röhms akzeptierte, ist weitaus banaler: Er brauchte ihn und seine Truppe. Also erklärte er den internen Kritikern: »Die SA ist kein Mädchenpensionat, sondern eine Truppe rauer Krieger.« Solange es keine stichhaltigen Beweise gebe, werde er keine Konsequenzen ziehen, beschied er die Röhm-Gegner und machte deutlich, dass ihm daran auch nicht gelegen war. Zu wichtig war für ihn dieser Mann beim Kampf um die Macht. Also spielte er den Ahnungslosen, der sich erst nach den Ereignissen Ende Juni 1934 über die »Abnormität« entrüstete. Im deutschen Volk entstand daraufhin als politischer Flüsterwitz die Frage: »Was wird er wohl sagen, wenn er erfährt, dass Goebbels einen Klumpfuß hat?«

Solange Röhm auf Hitlers Unterstützung bauen konnte, blieb offen, wer im Machtpoker am Ende triumphieren würde. Und Hitler als unumstrittenes Zentrum und Quell der Macht legte sich zunächst nicht fest – wie stets in solchen Fällen. Klar war nur, dass die Auseinandersetzung nicht mit Glacéhandschuhen geführt werden würde. Martin Bormann hatte schon 1932 die Beseitigung Röhms vorgehabt, jedoch musste ein dafür engagiertes Mordkommando wieder zurückgepfiffen werden. Die frühen Planungen belegen jedoch: Ausschaltung – das bedeutete für die Nazis nicht nur kaltstellen, sondern auch kaltblütigen Mord. Und auch das potenzielle Opfer, die SA, war da nicht zimperlich. »Dass man einen Mann um die Ecke bringt, das wird bei uns nicht so tragisch aufgefasst. Eine solche Einrichtung gehört mit zu unserer Organisation«, schwadronierte der hohe SA-Funktionär Georg Bell, drei Jahre lang persönlicher Sekretär Ernst Röhms. »Wir sagen, das ist Selbstschutz. Sie sagen da: Mord. Ich finde nichts dabei, wenn einer aus moralischen Gründen im Interesse der Partei beseitigt wird.« Der Röhm-Intimus erlebte es nicht mehr, dass sich diese Einstellung auch gegen seinen Chef richten würde, Bell wurde bereits am 3. April 1933 in Österreich von einem Unbekannten erschossen. Und im Sommer 1934 sollten Bormann und Konsorten die Möglichkeit zu einer zweiten Chance bekommen. Denn Ernst Röhm wurde tatsächlich zur Gefahr für die NS-Führung und Adolf Hitler. Es drohte eine »zweite Revolution«.

Schon im Mai 1933 hatte der Stabschef der SA deutlich gemacht: »Der Feste sind genug gefeiert. Ihre Aufgabe, die nationalsozialistische Revolution zu vollenden und das nationalsozialistische Reich zu schaffen, liegt noch vor ihr.« Und unter der programmatischen Überschrift »S.A. und deutsche Revolution« schrieb er im Juni 1933 in den *Nationalsozialistischen Monatsheften*: »Wer nun unser Weggenosse sein wollte bei flammenden Fackelzügen und nun glaubt, die deutsche Revolution mitgemacht zu haben – der gehe heim. Er verwechselt die nationale Erhebung mit der deutschen Revolution! Dieses Ziel ist noch längst nicht erreicht.« Revolution – das war von Anfang an ein Schlüsselwort der NS-Bewegung und besonders der Braunhemden. Vor dem 30. Januar 1933 richteten sich die revolutionären Bemühungen gegen das »System« der verhassten Republik. Aber auch nach der Machtergreifung bediente sich die NS-Führung zunächst weiterhin der Revolutionsrhetorik – vor allem dann, wenn es galt, der eigenen Opfer zu gedenken. Dann ließ Propagandachef Goebbels ein Heldenbegräbnis inszenieren wie etwa in Köpenick, wo er bei einer Grabrede für SA-Männer, die »in Ausübung ihres Dienstes« von einem Sozialdemokraten erschossen wurden, erklärte: »Es war eine Revolution, es ist eine Revolution, und es wird eine Revolution bleiben. Und jeder der dafür lebt, lebt für die Revolution, und jeder der dafür stirbt, der stirbt für die Revolution.«

Wenn die Spießerseelen meinen, dass es genüge, wenn der Staatsapparat ein anderes Vorzeichen erhalten hat, dass die »nationale« Revolution schon zu lange dauert, so pflichten wir ihnen hierin ausnahmsweise gern bei: Es ist in der Tat hohe Zeit, dass die nationale Revolution aufhört und dass daraus die nationalsozialistische wird!

Röhm, Juni 1933

Doch schon bald sollte klar werden, dass für zahlreiche NS-Funktionäre der 30. Januar 1933 der Tag des Sieges der nationalsozialistischen

»Bei einem Aufmarsch der Thüringer SA bei Jena erklärte der Gruppenführer Lasch, ein dicker, brutal aussehender Mann von geringem Bildungsgrad, die Revolution sei noch nicht beendet. Sie finde erst ihren Abschluss, wenn der SA-Staat gebildet sei. Als ich den ebenfalls anwesenden Gauleiter fragte, was man denn unter SA-Staat verstehe, zuckte er die Achseln. Lasch hatte offenbar aus der Schule geplaudert.«

Maximilian Freiherr von Weichs, *Erinnerungen*

Revolution war. Und mit der Ernennung ihres »Führers« zum Reichskanzler sowie der anschließenden radikalen Veränderung des Rechtssystems war für viele Nazi-Bonzen Hitlers Revolution beendet. Der Mob, der auf der Straße dazu beigetragen hatte, die Macht zu erobern, sollte nun Ruhe geben. Das war denn auch bald die neue Botschaft der NS-Führung. In einer Ansprache vor den Reichsstatthaltern verkündete Hitler am 6. Juli 1933 das offizielle Ende der nationalsozialistischen Revolution: »Die Revolution ist kein permanenter Zustand«, lautete sein kategorisches Urteil. Vielmehr gelte es, »den frei gewordenen Strom der Revolution in das sichere Bett der Evolution hinüberzuleiten«. Nachdrücklich erteilte er der bisher geduldeten Anwendung spontaner Gewalt eine Absage: »irgendwelche Organisationen oder Parteistellen dürfen sich nicht Regierungsbefugnisse anmaßen, Personen absetzen und Ämter besetzen.« Das richtete sich – ohne dass Hitler es offen aussprach – vor allem an die SA. Und seine Paladine stimmten ein in den Chor derer, die den Schlussakkord der Revolution intonierten. Innenminister Frick erklärte, wer weiterhin von einer Revolution rede, »der lehnt sich gegen den Führer selbst auf und wird dementsprechend behandelt«, und Hermann Göring zog am 22. Juli 1933 einfach einen Schlussstrich. Er verkündete eine Generalamnestie für alle Straftaten, die im Zuge der »Errichtung des nationalsozialistischen Staates begangen« worden seien, und legte als Stichtag das Datum der »Führer«-Erklärung zum Ende der Revolution fest. Seine unmissverständlich Warnung für den Fall anschließender Übergriffe: »Alle mit den Strafgesetzen nicht im Einklang stehenden Handlungen werden unnachsichtig geahndet werden.«

Revolutionen, die nur Anarchie treiben, verdienen diesen Namen nicht.... Die Regierung hält ein waches Auge über jene getarnten bolschewistischen Elemente, die von einer zweiten Revolution sprechen.
Goebbels, Rede 17. Juli 1933

Nur einer hielt sich mit Beschwörungen vom Ende der Revolution zurück: Ernst Röhm. Er blieb seiner Überzeugung auch weiter öffentlich treu: »Ein gewaltiger Sieg ist errungen. Nicht der Sieg schlechthin«, erklärte er in den *Nationalsozialistischen Monatsheften*, denn »die nationale Erhebung ist nur eine Teilstrecke der deutschen Revolution.« Er wolle stattdessen die permanente Revolution, die ständige Bewegung hin zum großen Ziel: Und das sei »das aus nationalistischem und sozialistischem Geist wiedergeborene Deutschland«. Auf dem Weg dahin wollte er jeden Widerstand brechen und meldete seinen Anspruch als Hüter der wahren Lehre an: »Manche lieben uns nicht, weil wir als die von Hitler bestellten Garanten wahrer deutscher Revolution es nicht dulden, dass wieder ein Geist des Bürokratismus und der Bonzokratie, der Feigheit und Unterwerfung Platz greift, sondern weil wir darauf achten, Revolutionäre zu bleiben.« Stand man in der »Systemzeit« in Gegnerschaft zum Staat, so betrachtete sich die SA nun als »gesunde Opposition«, die in einem erstarrenden »Dritten Reich« der dynamische Faktor sein wollte.

So waren für ihn die Schlagworte die gleichen geblieben wie vor dem 30. Januar 1933. Geändert hatten sich jedoch die Adressaten. Dem Vorwurf des Bonzentums sahen sich nun die NS-Funktionäre ausgesetzt – und davon gab es im »Dritten Reich« mehr denn je. 373 000 Amtsträger benötigte die NSDAP für die Betreuung von 2,5 Millionen Mitgliedern. Zum Vergleich: Die als »verbonzt« diffamierte SPD brachte es selbst in ihren mitgliederstärksten Zeiten auf gerade einmal 10 000 Parteifunktionäre.

Bei seiner Kritik an Parteigenossen fand Röhm deutliche Worte: »Schauen Sie sich diese Kerls an«, lästerte er im engsten Kreis seiner Vertrauten. »Wir müssen sie bald loswerden. Erst dann kann die richtige Revolution beginnen.« Das Weltbild der SA-Avantgarde war schlicht, sehr schlicht. Auf der einen Seite standen Röhms »braune Revolutionäre«, auf der anderen die verachteten »Bonzen und Goldfasane«. Doch nicht nur die vermeintlichen Missstände in der eigenen Partei nahm Röhm aufs Korn. In einer Rede vom 18. April 1934 hatte er zum wiederholten Mal scharfe Kritik an den Zuständen in den von Nationalsozialisten geführten staatlichen Ministerien geübt: »In einer unbegreiflichen Milde hat das neue Regime bei der Machtübernahme mit den Trägern und Handlangern des alten und noch älteren Systems nicht rücksichtslos aufgeräumt. Heute noch sitzen in beamteten Stellen Menschen, die des Geistes der nationalsozialistischen Revolution noch keinen Hauch versprüht haben.« Die unverhohlene Drohung an diese Adresse: »Wir brechen ihnen aber bestimmt und erbarmungslos das Genick, wenn sie diese reaktionäre Gesinnung zu betätigen wagen.«

Einerseits war es genau das, was Hitler wollte: die permanente Einschüchterung der angeblichen Gegner des Regimes, zugleich jedoch das Aufzeigen einer Alternative – beides sollte wie ein Damoklesschwert über den Entscheidungsträgern hängen, um sie gefügig zu machen. Doch je

»Die steigenden Spannungen innerhalb der Partei waren spürbar, ich wusste von der Abneigung Reichenaus und der Armee gegen die SA und davon, dass Röhm und seine Braunhemden sich nach der Machtergreifung um ihren Anteil betrogen fühlten.«

Ernst Hanfstaengl, *Zwischen Weißem und Braunem Haus*

länger dieses kontinuierliche Bedrohungsszenario andauerte, desto mehr wurde es zur existenziellen Gefahr für seine eigene, noch nicht hundertprozentig gefestigte Position. Noch war Hitler auf die aktive Unterstützung seitens der alten Eliten angewiesen. Er brauchte ihre Kenntnisse, eine funktionsfähige Verwaltung, eine florierende Wirtschaft und auch eine professionelle Armee. Und genau an dieser Stütze von Hitlers Macht sägte nun die SA. In einer unmissverständlichen öffentlichen Kriegserklärung an »Spießer und Nörgler« kündigte Röhm an: »Ob es ihnen passt oder nicht – wir werden unseren Kampf weiterführen. Wenn sie endlich begreifen, um was es geht: mit ihnen! Wenn sie nicht wollen: ohne sie! Und wenn es sein muss: gegen sie.«

Intern kritisierte er sogar den Mann, der an der Spitze jener Bewegung stand, welcher er zum Sieg verhelfen wollte. Dabei machte er auch klar, wen er für seine SA als Hauptgegner ansah, die Reichswehr: »Was ich will, weiß Adolf genau. Ich habe es ihm oft genug gesagt. Kein zweiter Aufguss der alten kaiserlichen Armee. Aber der Hitler tut mich vertrösten. Er will die fertige Armee erben. Hernach will er sie nationalsozialistisch erziehen. Wo da nachher revolutionärer Geist herkommen soll! Es bleiben alte Böcke, Kerls, die den neuen Krieg sicher nicht gewinnen«, ereiferte er sich im Kreis seiner Vertrauten. In seinem Hang zur Selbstüberschätzung sprach er von sich als dem »Scharnhorst der neuen Armee«. So wie der große preußische Militärreformer glaubte er von sich, ein neues Organisationsprinzip für eine moderne Armee gefunden zu haben, das allein der neuen Art, Krieg zu führen, gerecht werden würde. Seine klare Alternative: Die SA sollte zum Kern eines neuen, nationalsozialistischen Volksheeres werden. Seine Sturmmänner sollten als SA-Miliz die alte militärische Elite ersetzen.

»Um ihren Anteil betrogen gefühlt«: Männer einer Berliner SA-Standarte im März 1934

Die Ansprüche aller Seiten waren damit klar. Doch der Mann, der allein eine Entscheidung hätte treffen müssen, legte sich nicht fest – noch nicht. Stattdessen gab er Signale, aus denen jede Seite heraushören konnte, was sie gern hören wollte. Zum einen ermutigte Hitler die SA, wie beispielsweise am 19. März 1934 in München: »Die Revolution muss weitergehen.« Es blieb nicht bei Lippenbekenntnissen. Anfang 1934 hatte Röhm ein wertvolles Zugeständnis errungen. Ein Jahr lang hatte er versucht, die wirtschaftliche Situation der SA zu verbessern. Wenn es um die Finanzierung seiner Braunhemden ging, spürte er schmerzlich, wie sehr seine Sturmabteilung gegenüber Partei und SS ins Hintertreffen geriet. »Während die politischen Leiter die höchsten Staatsstellen erklimmen und auch die SS in der Lage ist, bis zu den Stürmen herab eine gerechte Finanzierung durchzuführen, hat die SA das Gefühl, zur Seite gedrückt und benachteiligt zu werden«, hatte er im Mai 1933 dem Schatzmeister der NSDAP geklagt. Röhm brauchte Geld, die permanenten SA-Aktivitäten waren teuer. Zumindest sollten die mehr als 70 000 Funktionäre eine finanzielle Entschädigung für ihr zeitaufwendiges Engagement er-

»Hitler spricht zu seiner SA. Ganz aus dem Herzen. Hinreißend. Dann werden die Standarten geweiht. Mit der Blutfahne. Und jedes Mal geben die Kanonen Salut. Das ist Gottesdienst. Da brauchen wir die Pfaffen nicht mehr. Heil SA. Unsere Garde.«

Goebbels, Tagebuch 4. September 1933

»Wenn der Soldat um einer guten oder schlechten Politik willen kämpfen und werben soll, will er über diese Politik auch zu bestimmen haben!«

Artikel Röhms im *SA-Mann*, »Die SA im neuen Staat«, Dezember 1933

halten. Dann öffnete das Reichsinnministerium auf Weisung Hitlers seine Schatulle. Monatlich flossen bis Mai 1934 fast acht Millionen Reichsmark an die SA. Höhepunkt der Demonstration seiner Hochachtung, die Hitler seinem alten Kampfgenossen entgegenzubringen schien, war ein sehr persönlicher, fast freundschaftlicher Brief, der am 31. Dezember 1933 im *Völkischen Beobachter* abgedruckt wurde: »Es drängt mich, Dir, mein lieber Ernst Röhm, für die unvergänglichen Dienste zu danken, die Du der Bewegung und dem deutschen Volk geleistet hast. Und Dir zu versichern, wie sehr ich dem Schicksal dankbar bin, solche Männer wie Dich als meine Freunde und Kampfgenossen bezeichnen zu dürfen.« Als sichtbares Zeichen seiner Anerkennung hatte der Reichskanzler seinen »alten Kampfgenossen« am 1. Dezember ins Kabinett berufen: als Minister ohne Geschäftsbereich. Röhm hatte so zwar keine konkrete Zuständigkeit, aber eine Perspektive. Im Kabinett konnte er der Vorstellung von einem SA-Ministerium anhängen, dem später eventuell das Reichswehrministerium angegliedert werden würde. Röhm fühlte sich geschmeichelt, sah die SA in seiner Person in den Staatsapparat eingebaut und damit akzeptiert. Doch solche Treueschwüre – was gelten sie in einem Kampf um die Macht?

Denn da war noch die andere Seite des Adolf Hitler. Der gewiefte Taktiker hatte auch Röhms Gegenspieler in der Reichswehr wiederholt seiner Wertschätzung versichert. Der deutsche Diktator betrieb von Anfang an ein doppeltes Spiel. Schon am 3. Februar 1933, nur vier Tage nach seiner Ernennung zum Kanzler, war Hitler auf Einladung seines Reichswehrministers zu seinem Antrittsbesuch bei der Reichswehr erschienen. Im Bendlerblock machte er der militärischen Führung große Versprechungen und warb um Unterstützung: Nach den Aufzeichnungen Horst von Mellenthins, des damaligen Adjutanten beim Chef der Heeresleitung, sprach Hitler von der Wiederherstellung der deutschen Macht, wobei der Wehrpolitik wesentliche Bedeutung zukomme. Und dann einer der entscheidenden Sätze für die anwesenden Offiziere: »Die von mir geschaffene Organisation ist nicht geschaffen zum Waffentragen, sondern zur moralischen Erziehung des Einzelnen.« Dies war eine klare Absage an die Bestrebungen Röhms, die SA zum Waffenträger der Nation zu machen. Diese Aufgabe war auch in Zukunft für die Reichswehr vorgesehen. So versprach es Hitler. Ihr Einsatzgebiet sollte nicht im Inneren liegen, »dafür habe ich andere Mittel«. Die Armee brauche er bei der Auseinandersetzung mit den äußeren Gegnern, denn er sei sicher, »dass die letzten Konflikte durch Gewalt ausgetragen werden müssen«. Hitler sprach von der Förderung des Wehrwillens, von personeller und materieller Aufrüstung; er bekannte sich zur allgemeinen Wehrpflicht. Das war Musik in den Ohren der Generalität. Kein Politiker der Weimarer Republik hatte so unverblümt und überzeugend versprochen, sich für die »Wiederwehrhaftmachung« ein- und sich damit über geltendes Recht hinwegzusetzen. Bis dahin würde es allerdings ein weiter Weg sein, denn die Fesseln des Versailler Vertrags saßen eng und fest.

Die Stärke des Heeres war auf 100 000 Soldaten begrenzt, ein Achtel des Vorkriegsstandes. Lediglich 15 000 Mann durften in der Kriegsmarine dienen. Verboten waren sowohl Produktion als auch Besitz von Kampfgas, Panzern, Flugzeugen und Unterseebooten. Die Siegermächte des Weltkriegs hatten die allgemeine Wehrpflicht abgeschafft, den Generalstab aufgelöst, das Rheinland entmilitarisiert und besetzt. Bei genauer Betrachtung hatte die Rumpf-Reichswehr kaum mehr Rechte als eine Polizeitruppe. Nach Artikel 160 des Versailler Vertrags sollte das Heer »ausschließlich zur Aufrechterhaltung der Ordnung innerhalb des Gebietes und als Grenzschutz« dienen. Nicht nur, dass die Größe der Armee drastisch beschnitten war – da es keine Wehrpflicht gab, konnten keine militärischen Reserven aufgebaut werden, die im Ernstfall hätten mobilisiert werden können. Kurzum: Die Versailler Bestimmungen waren ein Albtraum für jeden Militär. Kein Wunder, dass über die gesamte Zeit der Weimarer Republik die Generalität versuchte, das enge Korsett zu sprengen. Und nun kam ein Mann, der genau das wollte und von der Wiederherstellung deutscher Größe sprach. Allzu gern waren die hohen Offiziere deshalb bereit, dem Werben Hitlers zu folgen: »Ich möchte Sie bitten, mir hierbei zu helfen, und ich verspreche, Ihnen zu helfen. Ich setze mich dafür ein, die Macht zu bekommen, die Vorbedingung für mein Ziel ist. Ihnen kann ich nur für Ihre Arbeit die Voraussetzung schaffen.«

Röhm hat sehr auf den politischen Charakter dieser Armee geachtet als bewaffneter politischer Arm einer Massenorganisation. Das war etwas ganz anderes als die Reichswehr, die war klein, aber professionell.

Sönke Neitzel, Historiker

Zu diesem Zeitpunkt musste der frisch gekürte Kanzler noch um Unterstützung bitten – bald würde er das nicht mehr nötig haben.

Röhm selbst sah lange Zeit in solchen Bekundungen Hitlers nur eine raffinierte Irreführung der alten Eliten und befürchtete schlimmstenfalls, Hitlers Ratgeber würden seinen »Führer«, der eigentlich mit ihm übereinstimmte, in eine falsche Richtung beeinflussen. Doch er würde »den Adolf« aus den »Fesseln« dieser »dummen und gefährlichen Subjekte« befreien, erklärte er im kleinen Kreis. Und er konnte darauf verweisen, dass sein »Führer« im persönlichen Gespräch stets vom kommenden Tag der Abrechnung sprach und den Anspruch der SA explizit nie zurückgewiesen habe.

Doch auch seine Gegenspieler an der Spitze der Reichswehr konnten die Rückendeckung durch den »Führer« für sich reklamieren. In seiner Rede zum ersten Jahrestag der Machtergreifung am 30. Januar 1934 machte Hitler seine interne Unterstützung der Reichswehr öffentlich: NSDAP und Reichswehr seien die »zwei Stützen« des nationalsozialistischen Staates, erklärte er und entzog damit der Dreisäulentheorie Röhms scheinbar jeden Boden. Wobei er allerdings im nächsten Atemzug nicht vergaß, die SA als »unerschütterliche Garde der nationalsozialistischen Revolution« zu loben. Blomberg berichtete nach dem Krieg bei der Vernehmung durch die Siegermächte, wie die Reichswehrführung diese Janusköpfigkeit in den Äußerungen Hitlers interpretierte: »Der Führer versuchte sein gewohntes Spiel, die widerstreitenden Kräfte auszubalancieren.« Was der Militärfachmann als ausgleichen empfand, war in Wirklichkeit das, was man gemeinhin als »gegeneinander ausspielen« bezeichnet. Denn genau darin bestand Hitlers grundsätzliche Strategie in Machtfragen: die jeweiligen Organisationseinheiten unter dem Gesichtspunkt der aktuellen Verwendbarkeit als Instrument einzusetzen. In einem bestimmten Punkt unterstützte er die eine Seite, um im nächsten Moment in einer anderen Frage der Gegenseite beizupflichten – das war sein Herrschaftsprinzip: »Divide et impera«, teile und herrsche und achte darauf, dass sich keine Seite sicher sein kann, sich dauerhaft in der Gunst des »Führers« zu sonnen.

Dieses Verhalten wurde im konkreten Streit zwischen SA und Reichswehr um die militärische Führungsrolle durch die äußeren Rahmenbedingungen verkompliziert. Die alliierten Siegermächte hatten für SA und Reichswehr aufgrund der strengen Restriktionen des Versailler Vertrags ein gemeinsames Angriffsziel geschaffen und mit dieser Interessenidentität sowohl die Braunen als auch die Feldgrauen zu einer zwangsweise gemeinsamen Vorgehensweise veranlasst. Bei der Umgehung von Rüstungsbeschränkungen, bei der Möglichkeit zur Mobilisierung der Bevölkerung und in der Frage (vor-)militärischer Ausbildung waren die innerdeutschen Rivalen aufeinander angewiesen, denn für eine 100 000-Mann-Armee, die ohne Wehrpflichtige auskommen musste, waren die Millionen SA-Männer eine dringend benötigte militärische Reserve. Die SA durfte manches, was der Armee verboten war. Militärische Grundausbildung im großen Maßstab – das ging nur in der SA. Kein Wunder, dass Blomberg im Oktober 1933 die Zusammenarbeit zwischen SA und Reichswehr intensivieren ließ. Und auch für Hitler ergab sich hier die Möglichkeit, zwei Probleme mit einem Schlag zu lösen: Zum einen konnte er verdeckt die Aufrüstung und Wiedereinführung der Wehrpflicht vorbereiten, zum anderen bot diese Aufgabenteilung die ideale Chance, der SA die dringend gesuchte neue Aufgabe zu geben und so der wachsenden Unzufriedenheit zu begegnen.

»Wehrsport« hieß es offiziell, wenn Röhm seine Männer für das SA-Sportabzeichen trainieren ließ. Die militärische Ausrichtung wurde angesichts der zu absolvierenden Übungen rasch offensichtlich, denn zu den Leistungsprüfungen gehörten nicht nur klassische Leichtathletik-Disziplinen wie 100- und 3000-Meter-Lauf, Weitsprung, Kugelstoßen und Keulenweitwurf, sondern auch Gepäckmärsche über 25 Kilometer, Kleinkaliberschießen auf 50 Meter Entfernung und Keulenzielwurf, wobei das Sportgerät eine verblüffende Ähnlichkeit mit der in der Armee gebräuchlichen Stielhandgranate aufwies. Wer sich durch Ausdauer und Treffsicherheit bewährte, der durfte beim »Geländesport« das Orientieren und Bewegen in unbekanntem Gelände üben. Das Programm erinnerte nicht von ungefähr an die spätere militärische Grundausbildung. Das war keine sportliche Fitness, die trainiert wurde, sondern eine kaum kaschierte Hilfeleistung im Sinne der Armee. Bei der militärischen Ausbildung außerhalb des Heeres hatten die Braunhemden bald eine wichtige Funktion, die ihr sogar von ihren Konkurrenten in den grauen Uniformen bereitwillig zugestanden wurde. Bis dahin hatten die Militärs auf das »Reichskuratorium für

»Dringend benötigte militärische Reserve«: »Wehrsport«-Übungen bei der SA ersetzten die nach dem Versailler Vertrag stark eingeschränkte militärische Grundausbildung in der Reichswehr

»Offenkundige Militarisierung«: Im Verlauf des Jahres 1934 wurden die Anstrengungen der SA-Führung immer deutlicher, die eigene Truppe umfassend zu bewaffnen

Jugendertüchtigung« (RKJ) gesetzt, eine am 13. September 1932 gegründete Organisation zur Wehrerziehung der deutschen Jugend. Dahinter standen die Generäle Wilhelm Groener und Kurt von Schleicher. Die »Stählung des Körpers, die Erziehung der Jugend zu Zucht, Ordnungsliebe und Kameradschaft und zur Opferbereitschaft für die Gesamtheit«, wie es Reichspräsident von Hindenburg zur Aufgabe des RKJ erklärt hatte, oblag nun offiziell der SA und der neu gegründeten Dienststelle »Ausbildungswesen der SA«. Dafür wurden die Führer der Sturmabteilungen an insgesamt 263 Schulen im Reich ausgebildet, von der Reichsschule für SA-Sport am Truppenübungsplatz Döberitz bis hin zur Reichshunde- und Brieftaubenschule in Teltow.

Nachdem Röhms Braunhemden bei der vormilitärischen »Wehrhaftmachung« ihrem Monopolanspruch Nachdruck verliehen hatten, ging der Stabschef der SA daran, die gleichen Ambitionen auf den gesamten militärischen Bereich auszudehnen. Röhm verlangte selbstbewusst, der SA als dritter Säule neben Reichswehr und Polizei den ihr gebührenden Platz einzuräumen: »Seite an Seite mit der bewaffneten Macht. Nicht als Teil von ihr.« Die eigentliche Bombe ließ Röhm mit einer schriftlichen Antwort auf ein Memorandum von Blombergs hochgehen, die er am 1. Februar 1934 dem Minister per Kurier zukommen ließ. Der Text ist nicht mehr erhalten, doch Generalmajor Maximilian Freiherr von Weichs erinnerte sich später genau an den folgenschweren Inhalt: »Ich betrachte die Reichswehr nur noch als Ausbildungsschule für das deutsche Volk«, habe Röhm mitgeteilt. »Die Kriegführung ist in Zukunft Sache der SA.« Damit hatte er der Reichswehrführung den Fehdehandschuh hingeworfen. »Und es war klar, dass Blomberg sich diese Forderung nicht gefallen lassen konnte.«

Der Reichswehrminister informierte am nächsten Tag seine Generalskollegen, die ebenfalls empört reagierten. »Heute eingegangene Gegendenkschrift Röhms fordert nicht mehr und nicht weniger als Folgendes: Das Gesamtgebiet der Landesverteidigung ist die Domäne der SA. Die Wehrmacht hat die Aufgabe, Mannschaften und Führer auszubilden und sie als fertiges Material der SA zu überweisen. Die militärischen Führer treten als Berater den SA-Führern an die Seite«, notierte Generalleutnant Curt Liebmann. Es hätte die Umkehrung der bisherigen Aufgaben bedeu-

»Landesverteidigung ist Sache der Wehrmacht«: Reichswehrminister Blomberg und Werner von Fritsch, Chef der Heeresleitung, pochten auf die Zusagen Hitlers für die Armee

tet und wäre einer Degradierung der Reichswehr gleichgekommen. Nicht nur der neue Chef der Heeresleitung, General Werner Freiherr von Fritsch, beteuerte, »sich mit aller Kraft und seiner ganzen Person den Ansprüchen der SA« zu widersetzen. Gemeinsam drängten die hohen Militärs auf eine

Entscheidung des »Führers«. Blomberg erklärte nach dem Krieg bei seiner Befragung durch die Siegermächte am 24. September 1945, dass er in einem Gespräch beim Reichskanzler klargemacht habe, was passieren würde, wenn das Waffenmonopol der Reichswehr infrage gestellt werden würde: »Ich warnte den Führer, dass wir deutschen Soldaten unsere Position mit unserem Leben verteidigen würden und dass er alsbald mit einem Bürgerkrieg rechnen müsse.« Ein Bürgerkrieg der Reichswehr gegen die Parteiarmee – das wäre nur ein Menetekel für das gewesen, was Hitler am meisten fürchten musste: einen Putsch der Armee. Der Reichswehrminister erinnerte den »Führer« daran, was er bei seinem ersten Auftritt vor der Generalität versprochen hatte: »Von dem Prinzip, dass alle Waffen der Wehrmacht gehören und dass die gesamte Landesverteidigung allein Sache der Wehrmacht ist, darf um keinen Fingerbreit abgewichen werden«. Doch das war gestern. Zu Beginn des Jahres 1934 marschierte die SA längst nicht mehr nur grölend durch die Straßen, sie probte auch in groß angelegten Geländeübungen für den Ernstfall. Mit den im Januar 1934 aus der SA rekrutierten SA-Stabswachen stand eine permanent bewaffnete Einheit von rund 5000 Mann bereit, die nicht nur mit Fackeln, sondern auch mit Karabinern ausgestattet waren. Die Militarisierung war offenkundig, und dabei war nur ein Teil der Bewaffnungsanstrengungen sichtbar. Im Sommer 1934 hatte die SA in geheimen Lagern 177000 Karabiner und fast 2000 Maschinengewehre gehortet. Dem ehemaligen Hauptmann Ernst Röhm kam nun das zugute, was er während seiner militärischen Laufbahn in den Generalstäben des kaiserlichen Heeres gelernt hatte: Nachschub und Ausrüstung zu planen. Diese Fähigkeiten nutzte der Meister der Organisation, um seine SA mit schweren Infanteriewaffen auszurüsten und der Reichswehr damit das Wasser abzugraben. Viele NS-Funktionäre sahen es wie der Goebbels-Freund und Hamburger Gauleiter Karl Kaufmann: »Röhm hielt stur an dem Gedanken fest: Die deutsche Wehrmacht muss der SA gehören, und ich muss ihr Führer, Oberbefehlshaber oder Reichswehrminister sein.«

Blomberg hat im Frühjahr 1934 versucht, einen Ausgleich zu schaffen zwischen Reichswehr und SA, was an den immer stärker werdenden Machtansprüchen Röhms scheiterte.
Kirstin Schäfer, Historikerin und Blomberg-Biografin

Nun drohte der Konflikt zu eskalieren. Hitler musste eine Entscheidung fällen. Am 28. Februar 1934 versammelte er im Bendlerblock die beiden Kontrahenten: An diesem symbolischen Datum – man feierte den 101. Geburtstag Alfred von Schlieffens, des geistigen Vaters der Angriffsplanungen im Weltkrieg – trafen sich die Spitzen von Reichswehr, SA und SS zu einer Art Friedensgipfel. Wieder war Generalmajor von Weichs dabei, als Hitler erklärte, wie er sich die künftige Aufgabenteilung vorstelle: Der »Führer« zeigte sich entschlossen, ein Volksheer mit der Reichswehr als Basis, gründlich ausgebildet und mit modernsten Waffen ausgerüstet, aufzustellen. Diese neue Armee müsse nach fünf Jahren für jede Verteidigung, nach acht Jahren auch für den Angriff geeignet sein. Und was die Rolle der SA anging, so hatte Hitler klare Vorstellungen: »Eine Miliz, wie sie Röhm vorschlage, sei aber nicht einmal zur kleinsten Landesverteidigung geeignet«, beschrieb von Weichs zufrieden die Einschätzung des »Führers«. »Die SA müsse sich auf innenpolitische Aufgaben beschränken.«

»Bei den militärischen Zuhörern herrschte nach dieser Rede das Gefühl der Befriedigung darüber vor, dass die Heeresleitung einen ausgesprochenen Erfolg über die Parteiorganisation davongetragen hatte und dass es den Anschein hatte, als ob Hitler sich in erster Linie auf das Heer stützen wollte.«

Maximilian Freiherr von Weichs, *Erinnerungen*

Damit beendete Hitler alle Spekulationen Röhms, die SA könne die Reichswehr künftig einmal ablösen. Dabei hatte der »Führer« unmissverständlich deutlich gemacht: »Wer mir bei dieser, meiner historischen Aufgabe, in den Arm fällt, den werde ich zerschlagen.«

Dieser plötzliche Sinneswandel hatte einen einfachen Grund: die Änderung der internationalen Lage. Auf der Abrüstungskonferenz in Genf hatten sich mittlerweile französische Hardliner durchgesetzt, welche die von den Briten vorgeschlagene allmähliche Lockerung der gegen die Deutschen verhängten Restriktionen ablehnten. Die Reaktion der Betroffenen folgte prompt. Am 14. Oktober 1933 teilte der deutsche Außenminister Konstantin Freiherr von Neurath dem Präsidenten der Internationalen Abrüstungskonferenz, Arthur Henderson, mit, dass die deutsche Regierung sich »gezwungen sieht, die Abrüstungskonferenz zu verlassen«. Adolf Hitler erklärte kurz darauf vor dem deutschen Reichstag, dass unter solchen Voraussetzungen »wir zu unserem Leidwesen auch nicht mehr in der Lage sein würden, dem Völkerbund anzugehören oder an internationalen Konferenzen teilzunehmen«. Den Austritt aus dem Völkerbund nutzte Hitler zu einem propagandistischen Coup, als er sich in einer Volksbefragung am 12. November 1933 die Zustimmung jedes »deutschen Man-

»Millionen besoffen gemacht«: Die Reichstagswahl von November 1933 und die mit ihr verbundene Volksabstimmung über den Austritt Deutschlands aus dem Völkerbund waren nur mehr eine Farce nes und deutscher Frau« zu seiner Politik geben ließ. Hitler-Gegner wie Victor Klemperer waren über das Ergebnis entsetzt: »Ich will auch noch anerkennen, dass durch die wochenlange maßlose und maßlos verlogene ›Friedenspropaganda‹ Millionen besoffen gemacht wurden. Trotz alledem: Als nun gestern der Triumph veröffentlicht wurde: 93 Prozent Stimmen für Hitler! ... ich fange auch an, an die Macht und die Dauer Hitlers zu glauben. Es ist grässlich.«

Die Novemberwahl 1933 war keine freie Wahl mehr. Man hatte keine Wahlmöglichkeiten, man hatte einen Quasiwahlzwang.

Jürgen Falter, Historiker und Wahlforscher

Hitler glaubte nun, freie Hand in Sachen Aufrüstung zu haben. Damit würde die Reichswehr nicht mehr auf die Dienste der SA angewiesen sein. Der Umweg zur neuen deutschen Militärstärke würde nicht mehr über eine SA-Milizarmee als »Reichswehr light« führen müssen. Nach diesem außenpolitischen Befreiungsschlag hatte die deutsche Generalität schnell reagiert und in einem Memorandum den Aufbau eines Heeres von 21 Divisionen mit einer vorläufigen Gesamtstärke von 300 000 Mann vorgesehen. Nach Wiedereinführung der Wehrpflicht sollten deutsche Männer künftig wieder ein Jahr lang in der Reichswehr den Dienst mit der Waffe absolvieren können – selbstverständlich zu friedlichen Zwecken. Die Reichswehr betrachtete das Thema Milizheer damit als erledigt. Genau so hatte Hitler beim Gipfeltreffen der internen Kontrahenten am 28. Februar 1934 entschieden.

Blomberg sah die Reichswehr auf der Siegerstraße und interpretierte die Äußerungen Hitlers als »packenden und erschütternden« Appell, Frieden zu halten. Röhm hingegen hatte es mehr als Aufforderung zur Kapitulation verstanden. Immerhin setzte er am selben Tag seine Unterschrift unter eine Vereinbarung, wonach die SA ausschließlich vor und nach der aktiven Militärzeit gefragt war – vorher zur Ausbildung, danach zur Betreuung ehemaliger Soldaten. Höhepunkt der Demütigung Röhms: Beides sollte ausdrücklich »im Auftrag und unter der Dienstaufsicht der Reichswehr« geschehen.

Auch wenn Röhm anschließend bei einem Sektempfang in seinem Berliner Amtssitz seinem Reichswehr-Gegenspieler feierlich die Hand zur Versöhnung reichte – er war zutiefst enttäuscht über den »Verrat des Freundes«, und vor allem: Er war nicht bereit nachzugeben. Das machte er bei anschließenden Gesprächen im Kreis seiner SA-Vertrauten deutlich.

»Was der lächerliche Gefreite erklärt, gilt nicht für uns«, scheute er auch vor offener Kritik am »Führer« nicht zurück. »Hitler muss mindestens auf Urlaub«, redete er sich in Rage, und dann soll in der Runde nach Genuss von reichlich Alkohol ein folgenschwerer Satz gefallen sein: »Wenn nicht mit, so werden wir die Sache ohne Hitler machen.« Röhm wollte von seinem Ziel nicht lassen und hielt seine Forderungen nach einem Führungsanspruch der SA aufrecht. Dabei schien sich der Stabschef seiner Sache und seiner Männer sehr sicher. Doch ein Teilnehmer der Runde berichtete an anderer Stelle, wie sich Röhms Wut im Alkoholexzess Luft gemacht hatte. SA-Obergruppenführer Viktor Lutze brachte diesen Vorfall sogar dem »Führer« direkt vor. »Wir müssen die Sache ausreifen lassen«, war Hitlers lapidare Antwort. Doch er nahm Lutzes Informationen ernst. Am 19. Juni 1934 verpflichtete er den hohen SA-Funktionär in einem zweiten Gespräch, nur noch seinen Befehlen Folge zu leisten und ansonsten zu schweigen. Von nun an fungierte Lutze als U-Boot im Umfeld Röhms.

Der SA-Chef ahnte nicht, welches Unheil sich über ihm und seiner SA zusammenbraute. Dabei fehlte es nicht an diesbezüglichen öffentlichen und internen Hinweisen. Karl Wolff, Adjutant bei Heinrich Himmler, berichtete, wie der SS-Führer im Frühsommer 1934 seinen alten Vorgesetzten Röhm warnte: »Versetzen Sie mich nicht in die schreckliche Lage, gegen Sie und Ihre SA-Führer vorzugehen.«

Doch der SA-Chef hielt es für unvorstellbar, dass Hitler ihn fallen lassen würde. Dabei hätte Röhm nur sein Gedächtnis bemühen müssen. Schon einmal hatte sein Freund gegen ihn entschieden, 1925, nach seiner Entlassung aus der Festungshaft. Damals war der gescheiterte Putschist beim Neuaufbau der NSDAP bestrebt, möglichst wenig mit dem Gesetz in Konflikt zu geraten. Sein Mitmarschierer Ernst Röhm hingegen war gleich nach seiner Freilassung darangegangen, die nach dem Verbot der SA heimatlos gewordenen Kampfgenossen unter einem neuen Namen zu sammeln. Er gründete den »Frontbann« als Auffangorganisation für die zahlreichen aktiven Wehrverbände. Doch Hitler lehnte solche Planspiele ab. Nach dem gescheiterten Putsch hatte er seine Strategie geändert. Der Weg zur Macht sollte ein legaler sein, zumindest sollte es so aussehen. Über das Parlament wollte er an die Regierung gelangen. Dazu brauchte er keinen paramilitärischen Wehrverband, sondern eine parlamentarische

Massenpartei. Röhm zog die Konsequenzen, trat am 17. April 1925 zurück und ging enttäuscht nach Bolivien, dessen Regierung seine Fähigkeiten als Militärinstrukteur gern in Anspruch nahm. Immerhin: Die Freundschaft zwischen Röhm und Hitler hatte keinen dauerhaften Schaden genommen. »Du brauchst mir nur ausrichten zu lassen: An dem und dem Tag um sechs Uhr morgens am Siegestor! – dann stehe ich dort«, hatte er seinem Freund zum Abschied versprochen. Ende 1930 war es so weit. Auf Bitten Hitlers kehrte Röhm nach Deutschland zurück, um diesen zu unterstützen. Doch nur viereinhalb Jahre später stellte sich für den frisch gebackenen Reichskanzler die Machtfrage erneut. Und wieder verfolgte der »Führer« andere Interessen. Und wieder ließ er dafür seinen alten Kampfgenossen fallen – doch diesmal sollte es keine Rückkehr geben. Röhm, der nach wie vor auf seine Freundschaft zum »Führer« setzte, unterlag einer fatalen Fehleinschätzung: Hitler kannte keine Freundschaft, nur gemeinsame Interessen – und das Reservoir an Übereinstimmungen war erschöpft. Als die von Röhm geforderte zweite Revolution dem »Führer« gefährlich wurde, richtete sich Röhms Rhetorik gegen ihren lautesten Propagandisten. Die Revolution fraß ihre Kinder. Die Planung für die »Nacht der langen Messer« begann.

Einzelnummer 10 Pf.

Extra-Blatt

Oberbayer. Gebirgsbote, Holzkirchen • Miesbacher Anz., Miesbach • Tegernseer Ztg., Tegernsee
Aiblinger Ztg., Bad Aibling • Rosenheimer Tagbl., Rosenheim • Kolbermoorer Volksblatt, Kolbermoor • Chiemgau-Ztg., Prien • Tölzer Ztg., Bad Tölz • Wolfratshauser Tagbl., Wolfratshausen
Wasserburger Anzeiger, Wasserburg a. I. • Grafinger Zeitung, Grafing.

Samstag, 30. Juni

Röhm verhaftet und abgesetzt

Röhm aus Partei und S.A. ausgeschlossen

München, 30. Juni

Die Reichspressestelle der N.S.D.A.P. teilt folgende Verfügung des Führers mit:

Ich habe mit dem heutigen Tage den Stabschef Röhm seiner Stellung enthoben und aus Partei und S.A. ausgestoßen. Ich ernenne zum Chef des Stabes Obergruppenführer Lutze.

S.A.-Führer und S.A.-Männer, die seinen Befehlen nicht nachkommen oder zuwiderhandeln, werden aus S.A. und Partei entfernt bzw. verhaftet und abgeurteilt.

gez. **Adolf Hitler**
Oberster Partei- und S.A.-Führer

Aufruf des neuen Stabschefs

Der Führer hat mich an seine Seite als Chef des Stabes berufen. Das mir dadurch bewiesene Vertrauen muß und werde ich rechtfertigen durch unverbrüchliche Treue zum Führer und restlosen Einsatz für den Nationalsozialismus und dadurch für unser Volk.

Als ich vor etwa 12 Jahren zum erstenmal Führer einer kleinen S.A. war, habe ich drei Tugenden an die Spitze meines Handelns gestellt und sie von der S.A. gefordert. Diese drei Tugenden haben die S.A. groß gemacht und heute, wo ich in schicksalsschwerer Stunde meinem Führer an hervorragender Stelle dienen darf, sollen sie erst recht Richtschnur für die ganze S.A. sein:

Unbedingte Treue!

Schärfste Disziplin!

Hingebender Opfermut!

So wollen wir, die wir Nationalsozialisten sind, gemeinsam marschieren.

Ich bin überzeugt, dann kann es nur ein Marsch zur Freiheit werden.

Es lebe der Führer! Es lebe unser Volk!

Der Chef des Stabes:
gez. Lutze.

Der Führer an den neuen Stabschef

München, 30. Juni

Der Führer hat folgendes Schreiben an den Obergruppenführer der S.A. Lutze gerichtet:

An Obergruppenführer Lutze.

Mein lieber S.A.-Führer Lutze!

Schwerste Verfehlungen meines bisherigen Stabschefs zwangen mich, ihn seiner Stellung zu entheben. Sie, mein lieber Obergruppenführer Lutze, sind seit vielen Jahren **in guten und schlechten Tagen ein immer gleich treuer und vorbildlicher S.A.-Führer gewesen.** Wenn ich Sie mit dem heutigen Tage zum Chef des Stabes ernenne, dann geschieht dies in der festen Ueberzeugung, daß es Ihrer treuen und gehorsamen Arbeit gelingen wird, **aus meiner S.A. das Instrument zu schaffen, das die Nation braucht und ich mir vorstelle.**

Es ist mein Wunsch, daß die S.A. **zu einem treuen und starken Glied der Nationalsozialistischen Bewegung** ausgestaltet wird. Erfüllt von **Gehorsam** und **blinder Disziplin**, muß sie mithelfen, den neuen deutschen Menschen zu bilden und zu formen.

gez. **Adolf Hitler**

Befehl des Obersten S.A.-Führers Adolf Hitler

Adolf Hitler hat an den Chef des Stabes, Lutze, folgenden Befehl gegeben:

Wenn ich Sie heute zum Chef des Stabes der S.A. ernenne, dann erwarte ich, daß Sie sich hier eine Reihe von Aufgaben angelegen sein lassen, die ich Ihnen hiermit stelle:

1. Ich verlange vom S.A.-Führer genau so wie er vom S.A.-Mann blinden Gehorsam und unbedingte Disziplin.

2. Ich verlange, daß jeder S.A.-Führer wie jeder politische Führer sich dessen bewußt ist, daß sein Benehmen und seine Aufführung vorbildlich zu sein haben für seinen Verband, ja für unsere gesamte Gefolgschaft.

3. Ich verlange, daß S.A.-Führer — genau so wie politische Leiter —, die sich in ihrem Benehmen in der Öffentlichkeit etwas zuschulden kommen lassen, unnachsichtlich aus der Partei und der S.A. entfernt werden.

4. Ich verlange insbesondere vom S.A.-Führer, daß er ein Vorbild in der Einfachheit und nicht im Aufwand ist. Ich wünsche nicht, daß der S.A.-Führer kostbare Diners gibt oder an solchen teilnimmt. Man hat uns früher hierzu nicht eingeladen, wir haben auch jetzt dort nichts zu suchen. Millionen unserer Volksgenossen fehlt auch heute noch das Notwendigste zum Leben, sie sind nicht neidig dem, den das Glück mehr gesegnet hat, aber es ist eines Nationalsozialisten unwürdig, den Abstand, der zwischen Not und Glück ohnehin ungeheuer groß ist, noch besonders zu vergrößern. Ich verbiete insbesondere, daß Mittel der Partei, der S.A. oder überhaupt der Öffentlichkeit für Festgelage und dergleichen Verwendung finden. Es ist unverantwortlich, von Geldern, die zum Teil sich aus den Groschen unserer ärmsten Mitbürger ergeben, Schlemmereien abzuhalten. Das luxuriöse Stabs-Quartier in Berlin, in dem, wie nunmehr festgestellt wurde, monatlich bis zu 30 000 Mark für Festessen usw. ausgegeben wurden, ist sofort aufzulösen.

Ich untersage daher für alle Parteiinstanzen die Veranstaltung sogenannter Festessen und Diners aus irgendwelchen öffentlichen Mitteln. Und ich verbiete allen Partei- und S.A.-Führern die Teilnahme an solchen. Ausgenommen davon ist nur die Erfüllung der von Staats we-

Folgende sieben Verräter wurden bereits erschossen:

Im Zusammenhang mit dem aufgedeckten Komplott wurden folgende Meuterer erschossen:

Obergruppenführer A. Schneidhuber;
Obergruppenführer Edmund Heines;
Gruppenführer Ernst, Berlin;
Gruppenführer Schmidt, München;
Gruppenführer Hans Heym;
Gruppenführer Heydebreck;
Standartenführer Graf Spretti, München.

Druck: Münchner Buchgewerbehaus M. Müller & Sohn, G. m. b. H. München. Verantwortlich: Hauptschriftleiter W. Rettich.

Staatsmord

> **Blomberg drängte auf eine Entscheidung zwischen SA und Reichswehr. Die Entscheidung ist Hitler natürlich leicht gefallen, zumal ihm die Machtansprüche der SA immer mehr über den Kopf wuchsen.**
>
> Kirstin Schäfer, Historikerin und Blomberg-Biografin

Am 12. April 1934 tauchte vor Norwegens Küste ein deutsches Panzerschiff auf: die »Deutschland«, der Stolz der deutschen Reichsmarine. Dabei hatte das Schiff bereits vor seiner Indienststellung für ein Kuriosum gesorgt: Beim Stapellauf am 19. Mai 1931 hatte es sich frühzeitig selbstständig gemacht, was die Ehrengäste mit Heiterkeit quittiert hatten. Lakonisch hatte der Taufpate, Reichspräsident Paul von Hindenburg, die »Weigerung« des Schiffes, erst nach der üblichen Sektdusche ins Wasser zu gleiten, mit den Worten kommentiert: »Ich glaube, der Kahn ist Abstinenzler.« Ein anderer Antialkoholiker war an diesem 12. April an Bord der »Deutschland«: Adolf Hitler. In seiner Begleitung: die Spitze der deutschen Armee, bestehend aus Wehrminister Werner von Blomberg sowie den Chefs der Heeresleitung und der Marine, Generalmajor Werner Freiherr von Fritsch und Admiral Ernst Raeder. Gemeinsam waren sie am 10. April in Wilhelmshaven aufgebrochen. Hitler wollte sich ein Bild von der deutschen Marine machen, was die Militärs zum Anlass nahmen, dem »Führer« die Leistungsstärke ihrer neuen Errungenschaft zu demonstrieren. Was Hitler zu sehen bekam, war durchaus beeindruckend. 1100 Mann dienten an Bord des 80 Millionen Reichsmark teuren Kriegsschiffs. 54000 PS sorgten für eine Höchstgeschwindigkeit von 26 Knoten. Sechs 28-Zentimeter-Geschütze in Drillingstürmen, Flaks unterschiedlichen Kalibers und acht Torpedorohre unterstützten die eindeutige Botschaft der Militärs: Wir sind die Profis im Kriegführen.

Dann löste sich die »Deutschland« aus dem Marineverband und nahm Kurs nach Norden, Richtung Sognefjord. Hier, am Lieblingsfjord des deutschen Kaisers, begeisterte sich auch Hitler an der grandiosen Natur.

»Blomberg drängte auf eine Entscheidung«: Der Reichswehrminister (vorn Mitte), Marinechef Raeder (2. von links) und Hitler an Bord des Panzerschiffs »Deutschland«, April 1934

Doch es war kein maritimer Ferienausflug, sondern ein Arbeitsbesuch auf einem Kriegsschiff, und das Ergebnis soll eine entscheidende Weichenstellung auf dem Weg zur Macht gewesen sein. Das meint zumindest der britische Historiker John Wheeler-Bennett. Seine These: An Bord der »Deutschland« habe ein Geheimgespräch stattgefunden. Das Ergebnis: Die Reichswehr ordne sich dem »Führer« unter, verlange dafür aber einen Preis. Konkret habe die Militärführung dem Reichskanzler ihre Unterstützung zugesagt, wenn nach dem Tod Paul von Hindenburgs der Oberbefehl über die Armee vakant sei. Umgekehrt habe sich Hitler bereit erklärt, die SA aufzugeben und die Reichswehr als einzigen Waffenträger der Nation anzuerkennen. Ein machtpolitischer Coup oder ein Kuhhandel? Einige Historiker meinen, in Verbindung mit den Ereignissen auf dem Panzerschiff »Deutschland« von einem »Deutschland-Pakt« reden zu müssen. Andere sind skeptisch. »Für diesen Pakt auf der Deutschland fehlen jegliche Beweise«,

Hitler ist nur sehr ungern auf dieses Schiff gegangen. Er musste sich den Belangen Blombergs erstmals wirklich stellen. Da waren die Machtverhältnisse fast ein wenig umgekehrt.

Kirstin Schäfer, Historikerin und Blomberg-Biografin

konstatiert Kirstin Schäfer in ihrer Blomberg-Biografie. Bis heute ist nicht geklärt, was an diesen drei Tagen im Frühling 1934 genau geschah, denn nichts von dem, was besprochen wurde, wurde protokolliert – wie so häufig, wenn Hitler schicksalhafte Entscheidungen fällte. Natürlich wäre ein solches Angebot für den Reichskanzler verlockend gewesen. Die Reichswehr hatte den Rückhalt der Konservativen, sie genoss das Ansehen des ganzen Volkes – und vor allem: Sie hatte die Waffen und ausgebildete Soldaten. So hält es der Zeithistoriker Sönke Neitzel für vorstellbar, »dass Hitler angedeutet hat, er wird das Problem der SA lösen, möglicherweise auch mit Gewalt. Und es ist auch vorstellbar, dass Hitler dafür der Nachfolger Hindenburgs würde als Reichspräsident, und damit als Oberbefehlshaber der Armee. Doch was genau auf der ›Deutschland‹ besprochen wurde, das wissen wir natürlich nicht.«

Fest steht, dass die Reichswehr im Verlauf der kommenden Ereignisse aktive Unterstützung bei der Ausschaltung eines Konkurrenten leistete und damit ihre politische Neutralität endgültig aufgab. Fest steht auch: Allen Beteiligten war klar, dass die Zeit drängte. Hindenburgs Gesundheitszustand verschlechterte sich zusehends. Der alte Haudegen hatte sich auf sein Gut Neudeck in Ostpreußen zurückgezogen. Sein erwarteter Tod würde noch einmal die Machtfrage stellen. Die Militärs mussten befürchten, dass mit dem Feldmarschall auch die Existenzgarantie der Reichswehr in ihrer bisherigen Form begraben werden würde. Und noch eine ganz andere Seite erkannte, dass mit dem Tod Hindenburgs ihr letzter Rest an politischem Einfluss wegfallen würde: die Nationalkonservativen um Franz von Papen. Fest steht damit schließlich: Der greise Generalfeldmarschall war die letzte Verteidigungsbastion, die Hitlers Alleinherrschaftsanspruch noch im Weg stand, und der Reichspräsident schaltete sich nun persönlich in die Krise um die SA ein.

Lange schon hatte der militärische Ordnung und Disziplin schätzende Feldmarschall das Rowdytum der SA als abstoßend empfunden. Am 28. Mai 1934 brachte er in einem Gespräch mit Hitler sein Missfallen zum Ausdruck. Sein Unwille kam nicht von ungefähr. Auch das Ausland

Unsere Wachsamkeit kann durch das Sprüchlein von Ruhe und Ordnung nicht eingeschüchtert werden, denn wir wissen, dass die Ruhe und Ordnung, welche jenen den Blick trübt, nur so lange besteht, als die SA hart und konsequent die Macht des neuen Deutschland verkörpert.
Röhm, Mai 1934

»Die Sache ohne Hitler machen«: Röhm nimmt im April 1934 einen SA-Appell in Hamburg ab. Unterdessen zog sich die Schlinge um seinen Hals immer weiter zu

hatte verstärkt Anstoß am militärischen Auftreten der SA und deren fortgesetzten Pöbeleien genommen.

Hitler reagierte. Über seinen konservativen Außenminister Konstantin von Neurath als Glaubwürdigkeitsfeigenblatt ließ der deutsche Reichskanzler dem britischen Botschafter mitteilen, dass er die SA in die Sommerfrische schicken werde – ein ungewöhnlicher Vorgang. Der Stein des Anstoßes schien aus dem Weg geräumt, doch endgültig beseitigt war er noch nicht.

Am 4. Juni teilte Hitler seinem Freund in einem persönlichen Gespräch mit, dass er seinem Millionenheer im Juli einen Zwangsurlaub verordnen werde. Röhm selbst solle sich im Oberbayerischen erholen. Dem »Führer« gelang es, seinen Stabschef davon zu überzeugen, dass er noch immer auf seiner Seite stehe, es aber kurzfristig notwendig sei, die SA aus dem Kreuzfeuer der öffentlichen Kritik zu nehmen.

»Der Stabschef hat für den Monat Juli die gesamte SA zur Erholung beurlaubt. Der Schulferienmonat soll den SA-Mann bei seiner Familie, seiner Frau und seinen Kindern finden.«

Aufruf des Berliner SA-Führers Karl Ernst, 26. Juni 1934

Röhm fügte sich. Doch über sein Presseamt ließ der oberste SA-Führer am 7. Juni mitteilen: »Um allen Missdeutungen, die daran etwa geknüpft werden könnten, von vornherein vorzubeugen, lässt der Stabschef erklären, dass er nach Wiederherstellung seiner Gesundheit sein Amt in vollem Umfang weiterführen wird.« Das klang nach einer politischen Krankheit und wie ein Pfeifen im Wald. Immerhin hatte der Stabschef deutlich gemacht, dass er nicht aufgeben würde. Schon seit Mai ließ er zudem Belege für »Feindseligkeiten gegen die SA« sammeln. Und im offiziellen Urlaubsbefehl, den er am 8. Juni unterzeichnete, erklärte er seinen Männern: »Ich erwarte, dass am 1. August die SA wieder voll ausgeruht bereitsteht. ... Wenn die Feinde der SA sich in der Hoffnung wiegen, die SA werde aus ihrem Urlaub nicht mehr oder nur zum Teil wieder einrücken, so wollen wir ihnen diese kurze Hoffnungsfreude lassen.« Und dann die Drohung: »Sie werden zu der Zeit und in der Form, in der es notwendig erscheint, die gebührende Antwort erhalten.«

Die Reichswehrführung konnte mit der Urlaubslösung leben. Die Generalität hielt Hitlers Entscheidung für den Anfang vom Ende: »In maßgeblichen Stellen des Heeres herrscht die Meinung, dass die Stellung des Stabschefs erschüttert ist«, fasste Hauptmann Hermann Höfle die Stimmung zusammen.

Ein anderer Gegner Röhms war weniger zufrieden: die SS und Reinhard Heydrich. Der starke Mann im Hintergrund, ein wahrhaft »böses Genie«,

»Böses Genie«: Der Leiter des »Sicherheitsdiensts« der SS (SD) und Chef der bayerischen politischen Polizei, Reinhard Heydrich, war einer der Hauptgegner Röhms

war in den vergangenen Monaten die treibende Kraft hinter allen Bestrebungen, den unliebsamen Konkurrenten auszuschalten. Die befristete Urlaubslösung passte nicht in sein Konzept, denn ihm war an einer endgültigen Lösung des Problems gelegen. Ein angeblich geplanter Staatsstreich gegen Hitler sollte den Röhm-Gegnern die notwendige Legitimation liefern – doch eine putschende Armee im Urlaub, das war selbst für Nationalsozialisten unglaubwürdig. Das Hauptproblem also blieb: Röhms Kontrahenten mussten den »Führer« überzeugen, damit dieser die Hand, die er noch immer schützend über seinen alten Kampfgefährten hielt, endgültig zurückzog.

Röhms Gegenspieler hatten sich mittlerweile auf einem anderen Feld geeinigt. Heinrich Himmler übernahm am 20. April 1934 als »Inspekteur der Gestapo« die politische Polizei. Als sein Stabsleiter stand Reinhard Heydrich künftig an der Spitze des Geheimen Staatspolizeiamtes. Göring, der zumindest formell Chef der Geheimen Staatspolizei Preußens blieb, hatte sich mit diesem Zugeständnis die Unterstützung Himmlers in der Auseinandersetzung mit Röhm erkauft. Für die SS bedeutete dies

»Erheblicher Machtgewinn«: Im April 1934 ernennt der preußische Ministerpräsident Göring den »Reichsführer SS« Himmler zum Gestapo-Chef einen erheblichen Machtgewinn: Sie konnte über ein Zentralbüro die Arbeit aller politischen Polizeien Deutschlands koordinieren. In Personalunion stand SS-Brigadeführer Heydrich zudem an der Spitze des Sicherheitsdienstes (SD) der SS, der seit 1931 gegnerische Parteien ebenso beobachtet hatte wie oppositionelle Strömungen innerhalb der nationalsozialistischen Bewegung. Nun wurde der SD zum einzigen Nachrichtendienst der NSDAP und war zugleich für die Ermittlung von Gegnern des NS-Regimes zuständig. Es war eine verhängnisvolle Vermischung von Polizei- und Parteiaufgaben, für die Heydrich eine effektive Organisationsstruktur schuf. In der SD-Zentrale gab es eine eigene Abteilung, die für die Beobachtung der SA zuständig war. Dafür hatte Werner Best, der neue Organisationschef des SD, gesorgt, der nun »generalstabsmäßig«, wie er selbst mit einem gewissen Stolz erklärte, das »blutrünstige Revolutionsgeschwafel« der SA-Spitze und die Auswüchse des »braunen Bolschewismus« dokumentierte. Doch bei allen Bemühungen: Eindeutige Beweise für Putschabsichten der Parteiarmee, nach denen SD und Gestapo seit Mai gezielt suchten, fanden sich in den Berichten nicht. Auch die Reichswehr konnte nicht weiterhelfen. Bereits im Februar 1934 waren die Reichswehrdienststellen angewiesen worden, Material gegen die SA zu sammeln. Doch Fregattenkapitän Conrad Patzig, Chef des Nachrichten- und Erkennungsdienst der Reichswehr und des Marinegeheimdiensts, konnte General Reichenau das gewünschte belastende Material nicht liefern. Die Zeit drängte, der Urlaubsantritt der SA nahte. Zudem drohte eine neue Gefahr, die die machtpolitische Konstellation mit der auf die SA fixierten Auseinandersetzung verschärfte.

Im Juni entstand eine »zweite Front« im Kampf um die Macht. Das zumindest glaubten Röhms Gegenspieler. Werner Best beschrieb nach dem Krieg eine Möglichkeit, die für Himmler, Heydrich und Konsorten ein wahres Horrorszenario zu sein schien: Die Millionenarmee der SA und »weitere staatsfeindliche Kreise« der unterschiedlichsten politischen Coleur könnten gemeinsam gegen die NS-Führung vorgehen. Ein Bündnis der Unzufriedenen – reale Gefahr oder bloßer Verfolgungswahn? Die Belege für eine solche Koalition blieben dünn. Eine Rede Röhms vor dem diplomatischen Korps und der Auslandspresse, in der er die SA als »Ausdrucksform des neuen deutschen Lebensstils« darstellte und »Ordnung

»Kein Volk kann sich den ewigen Aufstand von unten leisten«: Die Rede von Vizekanzler Papen in Marburg am 17. Juni 1934 (links) kostete dessen Berater Edgar Jung (rechts) das Leben

und Disziplin« seiner Truppe lobte, kann man als Werben um Unterstützung für seine Position interpretieren. Dokumentiert ist auch die Kontaktaufnahme zu Reichswehrgeneral von Schleicher, der eigene Machtambitionen verfolgte und noch immer von einer Wiedereinführung der Monarchie träumte. Doch selbst in einem Klima gegenseitigen Misstrauens und bei böswilliger Absicht ließen sich daraus keine gemeinsamen Umsturzpläne konstruieren. Immerhin sollte dieses Hirngespinst später als willkommene Ausrede herhalten, als mit der SA auch weitere »unliebsame« Kräfte ausgeschaltet wurden.

Viel realer war eine andere Gefahr, mit der sich Hitler am 20. und 21. Juni 1934 konfrontiert sah. Vizekanzler von Papen, Außenminister von Neurath und Finanzminister Graf Schwerin von Krosigk hatten dem Reichskanzler ihren Rücktritt angeboten. Drei Tage zuvor, am 17. Juni, hatte von Papen vor Marburger Studenten einen Vortrag gehalten, dessen Text von seinem Berater Edgar Jung erstellt worden war. Jung, Rechtsanwalt und konservativer Publizist, hatte für seinen Chef eine geschliffene Rede verfasst, die massive Kritik an den Missständen der NS-Herrschaft anprangerte. Begonnen hatte Papen mit deutlicher Ablehnung der SA-

Revolutionsterminologie: »Einmal muss die Bewegung zu Ende kommen, einmal ein festes soziales Gefüge, zusammengehalten durch eine unbeeinflussbare Rechtspflege und durch eine unbestrittene Staatsgewalt, entstehen. Der Staat ist die alleinige Macht und der letzte Garant für das, worauf jeder Staatsbürger Anspruch hat: auf eiserne Gerechtigkeit.« Hier sprach ein Vertreter der klassischen konservativen Staatstheorie, die so gar nichts zu tun hatte mit dem neuen Denken der Nationalsozialisten. Und von Papen kritisierte nicht nur die SA, sondern auch die NS-Führung, die diesem Treiben scheinbar tatenlos zusah: »Die Regierung ist wohl unterrichtet über all das, was an Eigennutz, Charakterlosigkeit, Unwahrhaftigkeit, Unritterlichkeit und Anmaßung sich unter dem Deckmantel der deutschen Revolution ausbreiten möchte.« Von Papens nächste Worte trafen dann direkt das Mark der nationalsozialistischen Macht: »Die Vorherrschaft einer einzigen Partei anstelle des mit Recht verschwundenen Mehrparteiensystems erscheint mir geschichtlich als ein Übergangszustand, der nur so lange Berechtigung hat, als es die Sicherung des Umbruchs verlangt und bis die neue personelle Auslese in Funktion tritt.« Das staunende Publikum bekam eine Rede zu hören, die ein Fanal gegen den Nationalsozialismus hätte werden können. Alles, was die konservativen Bündnispartner an Hitlers Bewegung störte, wurde angesprochen: »Politische Eingriffe in den religiösen Bezirk zwingen die Betroffenen, aus religiösen Gründen den auf diesem Gebiet widernatürlichen Totalitätsanspruch abzulehnen« – die Zuhörer äußerten Zustimmung. »Das Freiheitsbedürfnis ist der menschlichen Natur eingewurzelt. Die Anwendung militärischer Disziplin auf das Gesamtleben eines Volkes muss sich deshalb in Grenzen halten, die der menschlichen Anlage nicht zuwiderlaufen.« Die

Kein Volk kann sich den ewigen Aufstand von unten leisten, wenn es vor der Geschichte bestehen will. Mit ewiger Dynamik kann nichts gestaltet werden. Deutschland darf nicht einem Zug ins Blaue gleichen, von dem niemand weiß, wann er zum Halten kommt. Einmal muss die Bewegung zu Ende kommen, einmal ein festes soziales Gefüge, zusammengehalten durch eine unbeeinflussbare Rechtspflege und durch eine unbestrittene Staatsgewalt, entstehen.

Papen, 17. Juni 1934

Einforderung von Freiheit, die dem Gehorsam Grenzen setzte – das war in einem System, das bedingungslose Unterwerfung unter den Willen des »Führers« forderte, ein unerhörtes Sakrileg. Und die Studenten spendeten tosenden Beifall. »Das deutsche Volk hat ein feines Gefühl für Gewalt und Unrecht, es lächelt über plumpe Versuche, es durch eine falsche Schönfärberei zu täuschen. Keine noch so laute Propaganda wird auf die Dauer allein imstande sein, das Vertrauen zu erhalten.« Massiver sollte während des »Tausendjährigen Reiches« Goebbels' Propagandamaschinerie öffentlich nicht mehr gerüffelt werden. »Nur Schwächlinge dulden keine Kritik. Große Männer werden nicht durch Propaganda gemacht«, lautete die nächste öffentliche Ohrfeige für den Propagandaminister. Es schien, als wollte der Vizekanzler die unrühmliche Rolle, welche die Konservativen bei der Ernennung Hitlers gespielt hatten, ungeschehen machen. Damals hatte er wie Goethes »Zauberlehrling« geglaubt, die dunklen Mächte beherrschen zu können. Nun war ihm wohl bewusst geworden, dass Hitler als der eigentliche Hexenmeister mit eisernem Besen seine Gegner von der Bildfläche kehren wollte. Es war ein verzweifelter Rettungsversuch in der Hoffnung auf das wohlwollende Eingreifen des Reichspräsidenten.

Papen hatte eine öffentliche Provokation geplant. Und genau das musste die NS-Führung verhindern. Doch obwohl Goebbels die Verbreitung der Rede unverzüglich untersagte und die für den Abend geplante Rundfunkübertragung stoppen ließ, gelangte der Text in die Öffentlichkeit. Von Papen, im politischen Ränkeschmieden geübt, hatte ihn vorab an die Auslandspresse verteilen lassen und so für die gewünschte Aufmerksamkeit gesorgt. Der Skandal schien perfekt.

Hitler schäumte vor Wut, auch wenn er zunächst öffentlich den Gleichmütigen spielte: »Lächerlich, wenn ein kleiner Zwerg sich einbildet, durch ein paar Redensarten die gigantische Erneuerung des Volkes hemmen zu können«, erklärte er in Gera bei einem Gauparteitag. »Sie haben früher die Kraft gehabt, die Erhebung des Nationalsozialismus zu verhindern«, hatte Hitler eingeräumt, um dann selbstsicher fortzufahren:

Hinter dieser Rede stand der Anspruch der Konservativen, nicht einfach abzutreten, sondern unter Umständen im Bündnis mit der Reichswehr eine ganz entscheidende Rolle in diesem neuen Staat zu spielen.

Peter Longerich, Historiker

Lächerlich, wenn solch ein kleiner Wurm gegen eine solche gewaltige Erneuerung eines Volkes ankämpfen will! Lächerlich, wenn solch ein kleiner Zwerg sich einbildet, durch ein paar Redensarten die gigantische Erneuerung des Volkes hemmen zu können.

Hitler, Rede am 17. Juni 1934 in Gera

»Solch ein kleiner Zwerg«: Auf dem thüringischen NSDAP-Gauparteitag in Gera erteilte Hitler von Papen eine eindeutige Abfuhr

»Was ihnen heute gegenübersteht, ist nicht das feige und korrupte Bürgertum von 1918, sondern das ist die Faust des ganzen Volkes.« Doch ganz so sicher konnte er sich dessen noch nicht sein, denn die konserva-

»Das Problem SA lösen«: Hindenburgs Sohn Oskar begrüßt den »Führer« am 21. Juni 1934 auf Gut Neudeck

tiven Kabinettsmitglieder legten nach: Nicht nur von Papen, auch die anderen konservativen Minister drohten als Reaktion auf das Goebbels'sche Veröffentlichungsverbot mit Rücktritt und damit, der NS-Führung öffentlich die Unterstützung zu entziehen. Vor allem machte von Papen deutlich, dass er den Reichspräsidenten einschalten werde. Im persönlichen Gespräch gelang es Hitler, seinen Vizekanzler zu beruhigen. Von Papen erklärte sich bereit, erst einige Tage später beim Reichspräsidenten vorzusprechen.

Das Problem Röhm war damit allerdings nicht in den Hintergrund getreten, denn was mit der SA geschehen sollte, erwies sich weiterhin als Stein, an dem viele Anstoß nahmen. Wenn das Gespenst eines drohenden Bürgerkriegs den Reichspräsidenten nicht zum Handeln zwingen sollte, musste Hitler das Problem SA lösen. Wie dringend dies war, wurde dem »Führer« bei seinem Besuch auf Gut Neudeck am 21. Juni deutlich. Was vor dem Sitz des Reichspräsidenten begann, geisterte später als »Treppenwitz« durch manche Darstellungen. Laut Schilderung des amerikanischen Deutschlandkorrespondenten William Shirer habe Blomberg dem verblüfften »Führer« bereits auf den Eingangsstufen unmissverständlich zu verstehen gegeben, dass »der Reichspräsident den Belagerungszustand verhängen und die Kontrolle der Staatsgeschäfte der Armee übertragen« werde, wenn nicht bald wieder Ruhe und Ordnung einkehre. Blombergs in scharfen Worten vorgetragene Besorgnis des greisen Staatsoberhaupts gipfelte in der Forderung: »Es sei dringend erforderlich, den inneren Frieden des Reiches wiederherzustellen«, denn »für Radikalinskis sei im neuen Deutschland kein Platz«. Das ging eindeutig gegen die SA. Otto Strasser berichtet in seiner Darstellung der »deutschen Bartholomäusnacht«, dass der alte, kranke Reichspräsident persönlich in einer kurzen Audienz, zu der Hitler vorgelassen wurde, deutlich gemacht habe, »er werde, gestützt auf die Reichswehr, den Notstand ausrufen«. Ob nun im direkten Gespräch mit Hindenburg oder über Blomberg – jedenfalls wusste Hitler nach diesem Besuch, dass er nicht mehr länger zögern durfte. Wenn Reichswehr und Reichspräsident am Treiben der SA solchen Anstoß nahmen, dann musste er diesen Missstand beseitigen.

Die einen sagten, das sind Kinderkrankheiten einer nationalen Revolution, das wird sich wieder arrangieren, und die anderen – weitsichtigeren – sagten, das ist der Anfang einer schlimmen Entwicklung.
Ulrich de Maizière, damals Reichwehr

Damit war die im Mai geschmiedete Anti-Röhm-Koalition um Himmler, Göring und Blomberg am Ziel, der äußere Druck der Ereignisse hatte Hitler zum Handeln gezwungen. Und auch der Termin zum Losschlagen sollte von außen vorgegeben werden:

Sechs Tage nach dem denkwürdigen Besuch Hitlers in Ostpreußen fand in Berlin im Palais Borsig, dem Amtssitz des Vizekanzlers, eine Unterredung statt, zu der von Papen seine engsten Vertrauten, Oberregierungsrat Herbert von Bose sowie seinen persönlichen Referenten, Fritz Günther von Tschirschky und Boegendorff, einbestellt hatte. Gemeinsam wollten sie einen Weg suchen, wie man Hitlers Griff zur totalen Macht verhindern konnte. Im Mittelpunkt der Lösung stand der todkranke Reichspräsident. Hindenburg sollte von seinen verbliebenen Rechten Gebrauch machen und den Notstand ausrufen, um das Schlimmste zu verhindern. Die SA sollte als Rechtfertigung herhalten, um das Staatsoberhaupt zum Handeln zu veranlassen. Nachdem es den Konservativen nach der Ernennung Hitlers zum Reichskanzler nicht gelungen war, den Nationalsozialisten »einzurahmen«, wollte man ihn nun mithilfe der Reichswehr »zähmen«.

»Zähmung durch die Reichswehr«: Herbert von Bose gehörte zu den Konservativen im Umfeld Papens, die durch eine Intervention beim Reichspräsidenten Hitlers Macht begrenzen wollten

Bei einer persönlichen Audienz wollte Papen den greisen Generalfeldmarschall davon überzeugen, dass nur die Armee den Bürgerkrieg verhindern könne. Doch vor den alten Herrn hatten die Umstände seinen Sohn gesetzt: Oskar von Hindenburg. Der Spötter Kurt Tucholsky hatte ihn mit dem nicht als Kompliment gedachten Titel »Von der Verfassung nicht vorgesehener Sohn des Reichspräsidenten« bedacht. Hindenburg junior gehörte zum engsten Beraterstab des Reichspräsidenten und hatte als Mitglied der berüchtigten »Kamarilla« bereits bei der Ernennung Hitlers zum Reichskanzler eine zweifelhafte Rolle gespielt. Ihn hatte von Papen bei einem persönlichen Gespräch am 28. Juni im Palais Borsig von der Dringlichkeit seines Anliegens zu überzeugen versucht und um eine persönliche Unterredung mit dem Reichspräsidenten gebeten. In der für ihn typischen Mischung aus Arroganz und Unverständnis wollte der junge Hindenburg sich bei der Generalität rückversichern und geriet genau an den falschen Mann: Reichswehrminister von Blomberg. Was Oskar von Hindenburg dem General im Detail erzählt hatte und was über Generalmajor Walther von Reichenau, den Verbindungsmann der Reichswehr, zu SD-Chef Reinhard Heydrich gelangte, bleibt unklar. Klar war jedoch: Heydrich wusste, welche Gefahr von den Jungkonservativen um von Papen ausging, und er kannte das Datum, an dem der Besuch beim Reichspräsidenten stattfinden sollte: der 30. Juni 1934. Die Zeit drängte.

Die Enthauptung des konservativen Widerstands war für Hitler zentral. Der konservative Widerstand konnte leicht ausstrahlen auf die Bürokratien, auf die Reichswehr; das war das eigentliche Problem.
Götz Aly, Historiker

Im Mittelpunkt des Interesses stand dabei nicht Hitlers Vizekanzler, er hatte unfreiwillig nur den Termin gesetzt. »Wenn Papen keine Disziplin halten kann, dann muss er eben die Konsequenzen tragen«, machte Hitler gegenüber seinem Reichspressechef eine nur vage Andeutung: Dringlicher war die Lösung des Problems SA, das im Hintergrund aller Auseinandersetzungen um die Macht stand. Röhms Gegner in der NS-Spitze gossen noch Öl ins Feuer und malten in immer grelleren Farben die Gefahr eines Putsches. Bis zu diesem Zeitpunkt wären, wie die Urlaubsvariante zeigte, auch andere Lösungsansätze denkbar gewesen. Doch nun, als die eigene Position auf dem Spiel stand, traf der »Führer« seine Entscheidung: gegen die SA und gegen Ernst Röhm.

Hitler war als Ehrengast zur Hochzeit des Essener Gauleiters Josef Terboven nach Essen gereist. Während der Feier wurde Hitler immer wieder

»Trügerische Normalität«: Am 28. Juni 1934 ist Hitler Ehrengast bei der Hochzeit des Essener NSDAP-Gauleiters Josef Terboven

ans Telefon gerufen. Himmler berichtete über die angeblich eskalierenden Ereignisse in Berlin, wo die SA zum Putsch bereitstehe. Auch Goebbels hatte nach seiner Ankunft aus der Reichshauptstadt das Bedrohungspotenzial mit drastischen Worten geschildert. Zwar waren diese Putschgerüchte sämtlich falsch, doch was, wenn auch von Papen den Reichspräsidenten von der Gefahr eines drohenden Bürgerkriegs überzeugen konnte? Göring, Goebbels, Lutze und Hitler verließen schließlich das Fest, um sich in einem Essener Hotel zu beraten. Hier fiel die endgültige Entscheidung. »Ich habe genug. Ich werde ein Exempel statuieren«, erklärte der »Führer«.

Die Einzelheiten waren schnell festgelegt. »Führertreffen in Wiessee« lautete der Befehl, mit dem am nächsten Tag alle SA-Obergruppenführer, Gruppenführer und Inspekteure für den 30. Juni an den Tegernsee bestellt wurden. Als Anlass für die kurzfristig anberaumte Sitzung wurden »Übergriffe der SA im Rheinland« und ein Zwischenfall mit ausländischen Diplomaten genannt. Unterzeichnet hatte den Befehl die »Oberste SA-Führung« – das war Adolf Hitler, der offiziell über dem SA-Stabschef stand. Nur in einem Punkt schwieg sich Hitler noch immer aus: Was sollte mit Ernst Röhm geschehen? Verhaftung, Absetzung oder Tod? Noch schien sogar eine Versöhnung möglich. Zumindest soll der »Führer« dies in einem Gespräch mit SA-Obergruppenführer Fritz Ritter von Kraußer, am 29. Juni angedeutet haben. Röhm selbst zeigte sich, als er telefonisch in Bayern von dem geplanten Treffen erfuhr, kämpferisch-optimistisch: »Adolf kommt, da können wir uns in Ruhe aussprechen.« Er wollte seinerseits die Runde zur Abrechnung nutzen. »Der Goebbels kommt auch, dem werden wir die Maske vom Gesicht reißen.«

Hitler war es gelungen, Röhm unmittelbar vor dem 30. Juni in einer gewissen Sicherheit zu wiegen.

Peter Longerich, Historiker

Im Hintergrund hatten die kalten Krieger der Anti-Röhm-Koalition um Heydrich und Himmler gute Vorarbeit geleistet. Zum ersten Mal in ihrer blutigen Geschichte hatte die SS einen Massenmord organisiert. Von Anfang an war geplant, bei dieser »Aufräumaktion« nicht nur den SA-Führer auszuschalten. Der harmlose Deckname: »Operation Kolibri«.

Im ganzen Reich hatten SD-Funktionäre die Namen von SA-Führern oder Personen, die man dem konservativen Zirkel zurechnete, aufgelistet. Für Bayern war es Werner Best, Heydrichs Amtsleiter und oberster Rechtsberater der Gestapo, der in wochenlanger Arbeit die Bezirksliste erstellt und nach Berlin gebracht hatte. Dort hatten Himmler und Heydrich aus den regionalen Listen eine überarbeitete »Reichsliste« zusammengestellt und an Göring und Reichenau weitergeleitet. Reichswehrminister Blomberg signalisierte sein Einverständnis, bei dieser Gelegenheit auch General von Schleicher festnehmen zu lassen. Ein unvorstellbarer Vorgang: Die Reichswehrführung akzeptierte, dass ein preußischer General von der SS verhaftet werden sollte, und traf Vorkehrungen gegen den angeblichen Putsch. Bereits am 24. Juni ordnete Fritsch über die Wehrkreisbefehlshaber eine Teilmobilmachung an. Truppen wurden zusammengezogen.

Parallel hatten Himmler und Heydrich die Führer von SS und SD am 25. Juni nach Berlin beordert, um sie über einen bevorstehenden Schlag gegen die SA zu informieren. Es gelte, einem Putsch der Braunhemden zuvorzukommen, wurde ihnen mitgeteilt und diese Gefahr mit einer kruden Mischung aus Gerüchten, Falschmeldungen und fingierten Beweisen dargestellt. Dazu gehörten unter anderen ein Bericht von Abwehrchef Patzig über eine Besprechung, in welcher der Berliner SA-Führer Karl Ernst seine Männer über eine geplante Aktion informiert haben soll, oder der angebliche Bewaffnungsbefehl Röhms an die SA. Tatsächlich wurde in dieser aufgeheizten Stimmung jeder normaler SA-Marsch als sichtbare Bestätigung eines drohenden Aufstands interpretiert, etwa als 3000 Braunhemden durch München zogen und grölend ihre Bereitschaft kundtaten, einem »Verrat« an der SA entgegenzutreten: »Der Führer ist gegen uns, die Reichswehr ist gegen uns. SA, heraus auf die Straße!«, brüllten sie. Bei manchem Aufmarsch handelte es sich um eine spontane, unorganisierte Aktion untergeordneter SA-Funktionäre, die sich Luft machen wollten, bei anderen Aufmärschen waren es gefälschte Befehle, die von Himmler selbst in Umlauf gebracht wurden. In keinem Fall war es eine koordinierte Operation der SA-Führung mit dem Ziel eines Putsches.

Wehe dem, der die Treue bricht im Glauben, durch eine Revolte der Revolution dienen zu können! Adolf Hitler ist der große Stratege der Revolution. Wehe dem, der plump zwischen die feinen Fäden seiner strategischen Pläne hineintrampelt im Wahne, alles schneller machen zu können. Er ist ein Feind der Revolution.

Heß, Rundfunkrede 25. Juni 1934

»Gerüchte, Falschmeldungen und fingierte Beweise«: Himmler besichtigt kurz vor dem geplanten Schlag gegen die SA im Juni 1934 SS-Einheiten

Die Zusammenarbeit zwischen SS und Reichswehr funktionierte ruhig und reibungslos. Sepp Dietrich, Kommandeur der »SS-Leibstandarte Adolf Hitler« in Berlin, der mit seinen Männern die Aktion durchführen sollte, bat am 27. Juni im Heeresgeneralstab um logistische Unterstützung: Waffen, Transportmöglichkeiten – es mangelte der damals noch unbedeutenden SS an vielem. Bereitwillig half die Reichswehr aus. In Reichswehrkasernen untergebracht, erhielten die SS-Männer Gewehre und Pistolen der offiziellen Armee und später in München anderweitige Hilfeleistung. Militärlastwagen karrten die SS-Männer am frühen Morgen zum Tegernsee. Diese Maßnahmen dokumentieren, wie tief die Verstrickung der Reichswehr in die Röhm-Affäre war. »Die Reichswehr hat nicht selbst geschossen, aber sie hat die SS ausgerüstet«, bestätigt der Zeithistoriker Sönke Neitzel. »Ohne die Reichswehr wäre diese Mordaktion nicht möglich gewesen.«

Während in Berlin und München die Vorbereitungen auf Hochtouren liefen, saß der »Führer« mit seinen engsten Vertrauten im Bad Godesberger

Hotel »Dreesen«, um die letzten Dinge für den Schlag gegen die SA zu regeln. SS-Gruppenführer Sepp Dietrich sollte mit zwei SS-Kompanien aus Berlin nach Wiessee kommen, um die SA-Führung zu verhaften. In München standen zudem SS-Einheiten aus dem KZ Dachau unter Leitung von SS-Oberführer Theodor Eicke bereit.

Göring flog anschließend nach Berlin, um dort nach dem Startschuss am Tegernsee die »Aktion Kolibri« auszulösen. Hitler persönlich machte sich mit seiner Entourage in der Nacht zum 30. Juni auf den Weg nach München. Die »Nacht der langen Messer« hatte begonnen.

Es dämmerte bereits, als die Ju 52 auf dem Münchener Flugplatz Oberwiesenfeld landete. Zwei Reichswehroffiziere erstatteten Meldung über die Ereignisse der Nacht, Gauleiter Wagner berichtete von SA-Protestmärschen und sich daran anschließenden Rangeleien mit der Polizei. Ausgerechnet die Feldherrnhalle hatten die Braunhemden auserkoren, um ihre Unzufriedenheit zum Ausdruck zu bringen. Schon einmal hatte Hitler an diesem symbolträchtigen Ort seine Pläne begraben müssen. Ein zweiter November 1923 sollte ihm nicht widerfahren: »Ich werde nicht warten, sondern sofort handeln«, beschied er die Vertreter der Reichswehr und dankte dafür, »dass ich in dieser schweren Stunde in General von Blomberg einen echten Freund gefunden habe«. Sollte Hitler noch Zweifel gehabt haben, dass Röhm und seine SA tatsächlich einen Putsch gegen ihn geplant hatten, so war er nun endgültig von der drohenden Gefahr überzeugt und fest entschlossen, ihr zu begegnen: »Dies ist der schwärzeste Tag meines Lebens. Aber ich werde nach Bad Wiessee fahren und strenges Gericht halten.«

Der erste Weg führte Hitler ins bayerische Innenministerium. Dorthin hatte er die Münchener SA-Führer, Wilhelm Schmid sowie August Schneidhuber, den Münchner Polizeipräsidenten, bestellt. Den überrumpelten Funktionären, die zur nachtschlafenden Zeit herbeizitiert worden waren, warf er Verrat vor und steigerte sich dabei in einen echten Wutanfall. Persönlich riss er dem konsternierten Schmid die SA-Rangabzeichen von der Uniform und erklärte: »Sie sind verhaftet und werden erschossen.« Ohne sich verteidigen zu können wurde Schmid abgeführt und ins Münchener Gefängnis Stadelheim gebracht. Er sollte nicht der einzige hohe SA-Funktionär bleiben, der sich in den nächsten 24 Stunden hier wiederfand.

»Röhm, du bist verhaftet!« Die Wagenkolonne Hitlers am 30. Juni 1934 vor der Pension Hanselbauer in Bad Wiessee

Nachdem sich Hitler Gewissheit verschafft hatte, dass die Situation in München in seinem Sinne geklärt und unter Kontrolle war, brach er auf, um den Drahtzieher des vermeintlichen Putsches zur Rechenschaft zu ziehen: »Auf schnellstem Weg nach Wiessee!«, lautete sein Befehl an seinen Fahrer. Noch immer kannte Erich Kempka nicht den Grund der Fahrt. Erst kurz vor dem Kurort am Tegernsee erhielt er mit neuen Anweisungen eine Erklärung, die er in seinen Erinnerungen schilderte: »›Fahren Sie vorsichtig, wenn wir zum Hotel Hanselbauer kommen‹, sagte der Führer. ›Falls Sie eine SA-Wache sehen, warten Sie nicht ab, bis mir die Wache Meldung erstattet, sondern fahren Sie weiter, und halten Sie erst vor dem Hoteleingang.‹« Und nach einer Weile unheilvollen Schweigens die Erklärung: »Röhm will putschen!«

Der Wagen hatte kaum vor dem Hoteleingang gehalten, als Hitler aus dem Fahrzeug sprang und, dicht gefolgt von Goebbels, Lutze und den jeweiligen Adjutanten, das Hotel betrat. Es war noch keine sieben Uhr, Wochenend- und Urlaubsstimmung. Die Hotelgäste schliefen noch, das Personal bereitete für die SA-Führung das Frühstück. Die überraschte Hotelchefin hatte die Ankömmlinge sofort erkannt, der »hohe Besuch« hatte jedoch keine Zeit für formelle Begrüßungen. Hitler stürmte, eine Reitpeitsche in der Hand, nach oben. Ein Kriminalbeamter klopfte an der Tür zu Röhms Zimmer. Die frühen Besucher warteten mit entsicherten Pistolen. Es dauerte eine Weile, bis ein verschlafener SA-Stabschef die Tür öffnete. »Röhm, du bist verhaftet!«, soll der »Führer« seinen Freund angebrüllt haben. So jedenfalls schilderte Hitlers Fahrer die bizarre Situation. Die verwirrte Antwort: »Heil, mein Führer.« Es war das einzige Mal, dass Hitler persönlich dabei war, als es darum ging, die Drecksarbeit des Regimes zu erledigen. Schlaftrunken tappten nach und nach die einzelnen SA-Funktionäre auf den Flur, vom Lärm geweckt oder von den ungeduldigen Beamten aus ihren Zimmern geholt. Hitlers Chauffeur beschrieb Szenen, denen etwas Tragikomisches anhaftete. »Aus dem Röhms Schlafzimmer gegenüberliegenden Raum kommen zwei Kriminalbeamte. Einer von ihnen erstattet Hitler Meldung: ›Mein Führer, der Polizeipräsident von Breslau weigert sich, sich anzuziehen!‹« Hitler stürmte in das Zimmer und schrie: »Heines, wenn Sie nicht in fünf Minuten angezogen sind, lasse ich Sie an Ort und Stelle erschießen!«

Das Zögern hatte seinen Grund. Was Hitler und seine Gefolgschaft

Ich erinnere mich noch ganz genau an den 30. Juni 1934 aus dem einfachen Grunde, dass der Führer der SA in Breslau Edmund Heines hieß und ein ganz gemeines Biest war. Zu einem gewissen Teil freute man sich zunächst und gab sich kurz der Illusion hin, jetzt ermorden sie sich schon gegenseitig. Aber das war eine reine Illusion, die man sehr schnell auch wieder überwunden hat.

Fritz Stern, Historiker, lebte damals in Breslau

zu Gesicht bekamen, wurde später von der Propaganda weidlich ausgeschlachtet: Heines hatte mit einem achtzehnjährigen SA-Obertruppführer im Bett gelegen. Das »Verschwörernest«, von dem Goebbels nun ständig sprach, war schnell ausgehoben. Standartenführer Uhl, der Kommandeur von Röhms Stabswache, war wie fast alle anderen SA-Führer in die Waschküche des Hotels geführt worden, das für die nächste Stunde zu ihrem ersten Gefängnis wurde. Nur wenige Funktionäre waren dieser ersten Verhaftungswelle entgangen. Röhms Leibarzt gehörte zu den Glücklichen. Auch SA-Gruppenführer Emil Ketterer, der spätere Schwiegervater des von der RAF ermordeten Hanns-Martin Schleyer, hatte sich mit seiner Frau einquartiert. Hitler riet dem Ehepaar, die Pension zu verlassen: »Das ist an diesem Tag kein angenehmer Aufenthaltsort«, soll er laut Erich Kempka gesagt haben.

Ernst Röhm, inzwischen in einem blauen Straßenanzug, befand sich zu diesem Zeitpunkt noch auf freiem Fuß. Er hatte sich von dem Schock noch nicht erholt und saß etwas apathisch im Vestibül des Hotels und trank Kaffee, während die Verhaftungsaktion reibungslos fortgesetzt wurde.

Doch es kam auch zu kritischen Momenten, in denen sich das Blatt hätte wenden können: so etwa, als ein Lastwagen voller bewaffneter SA-Männer bei der Pension vorfuhr. Der »Führer« persönlich klärte die Situation und befahl dem Truppführer: »Sie fahren augenblicklich nach München zurück! Wenn Sie unterwegs von SS angehalten werden, so haben Sie sich widerstandslos entwaffnen zu lassen!« Auch Goebbels berichtet von »dramatischen Umständen« bei der Rückfahrt. »Manchmal begegnen uns die Wagen der zur Tagung nach Wiessee fahrenden SA-Führer. Die alten und treuen Kampfgefährten unter ihnen, die von allem keine

Ahnung haben, werden kurz orientiert; die ins Komplott verwickelten schuldigen Hochverräter verhaftet der Führer persönlich.«

Hätte Röhm sich tatsächlich seiner Festnahme widersetzen wollen – vielleicht wäre es ihm zu diesem Zeitpunkt noch möglich gewesen. »Wenn man mich anfasst, dann marschieren Hunderttausende«, hatte er einst großspurig geprahlt. Nun war er verhaftet, doch die SA rührte keinen Finger, und ihr Stabschef schwieg. Wem die Loyalität der SA-Männer in einer solchen Ausnahmesituation gegolten hätte, erweist sich als akademische Frage. Röhm trank Kaffee, bis er abtransportiert wurde. Auch Hitler gab Befehl zur Abfahrt. Er hatte die Weichen gestellt. Nun lief die NS-Mordmaschinerie ohne ihn.

Stadelheim hieß das unfreiwillige Ziel der in Bad Wiessee verhafteten rund dreißigköpfigen SA-Spitze. Das Münchener Gefängnis oder Dachau, das waren die Bestimmungsorte für andere SA-Führer, die an diesem Morgen in der bayerischen Landeshauptstadt ankamen, um sich von dort aus auf den Weg nach Wiessee zur anberaumten Führerbesprechung zu machen. Am Bahnsteig kontrollierte die bayerische Polizei die Anreisenden. Wessen Name auf einer Liste stand, der wurde unverzüglich verhaftet und abtransportiert. In der »Prominentenzelle« 71 von Stadelheim hatte 1906 Ludwig Thoma seine Haftstrafe verbüßt, und hier schmiedete später Bayerns erster Ministerpräsident Kurt Eisner Revolutionspläne. 1919 saß dort sein Mörder, Anton Graf von Arco auf Valley. 1922 verbrachte Adolf Hitler hier vier unfreiwillige Wochen, und auch Ernst Röhm kannte Stadelheim bereits von innen, weil er sich während der »Kampfzeit« geweigert hatte, vor einem jüdischen Richter auszusagen. Nun saß er wieder in Stadelheim und wartete.

Am Abend des 30. Juni erschien SS-Gruppenführer Dietrich mit seinen SS-Männern und überreichte Gefängnisdirektor Dr. Robert Koch eine Liste mit den Namen der zur Erschießung bestimmten SA-Führer. Hitler persönlich hatte am Vormittag im »Braunen Haus«, der Münchener NSDAP-Parteizentrale, vor Funktionären aus Partei, SS und SA den Befehl zur »rücksichtslosen Aufräumung dieser Pestbeule« gegeben und die Todesliste abge-

Ich habe dann gesehen, dass Hitler sich einen halben Bogen Papier geben ließ, auf den er mit Bleistift oder Füllfederhalter Namen schrieb und erklärte, dass diese Leute erschossen werden.

Simon Füss, am 30. Juni 1934
Augenzeuge im Braunen Haus

Etwa gegen 3 Uhr machte Hitler die Türe zum Adjutantenzimmer auf und sagte dann zu mir: »Kommen Sie herein!« Er sagte zu mir: »Stellen Sie sechs Mann und einen Offizier für Stadelheim für die Röhm-Leute!« Ich antwortete: »Jawohl, mein Führer!«, und verließ das Zimmer... Unmittelbar darauf erhielt ich von Bormann einen Zettel, auf dem die Namen der zu Erschießenden mit Bleistift oder Tinte geschrieben waren.

Sepp Dietrich in einer Vernehmung 1953

zeichnet. Ein einfacher Bleistiftstrich entschied über das Schicksal der nun als »Röhm-Putschisten« denunzierten Männer. Der Name des abgesetzten SA-Stabschef war nicht markiert. Dietrich forderte die Herausgabe der Gefangenen, um von seinen Männern das Todesurteil vollstrecken zu lassen. Doch bei der Exekution gab es Hindernisse und Probleme, die trotz aller Planung den improvisierten Charakter der Mordaktion belegten.

Zunächst weigerte sich der Gefängnischef Dr. Robert Koch, ohne offizielles Urteil die Exekution durchführen zu lassen. Ordnung muss sein in deutschen Gefängnissen – sogar im Mord-Chaos. Der evangelische Gefängnispfarrer Karl Alt beschrieb, wie sich der Direktor verzweifelt bemühte, die offizielle Genehmigung der Staatsführung einzuholen: »Endlich erreichte er fernmündlich den Stellvertreter des Führers. Als er diesem gegenüber sein Befremden aussprach, brüllte Heß ins Telefon hinein, es sei alles in Ordnung und vom Führer ausdrücklich so befohlen. Vielmehr sei er erstaunt, ja geradezu erbost darüber, dass die angezeichneten Personen noch unter den Lebenden weilten und nicht längst erledigt seien. Die Erschießung habe sofort zu erfolgen.« Daraufhin gab Koch seinen Widerstand auf und ließ die Gefangenen holen.

Die nächste Hürde: Der Gefängnisarzt weilte in Urlaub. Ein Wachtmeister sollte an dessen Stelle offiziell den Tod der Erschossenen bestätigen. Doch dieser weigerte sich – er sei kein Arzt. »Wenn wir jemanden erschießen, dann ist der tot. Und das werden Sie wohl feststellen können«, herrschte ihn der Kommandierende des Exekutionskommandos an.

Dann nahm das Morden seinen Lauf. Koch ließ die Kandidaten der Todesliste in den Hinrichtungshof gegenüber der Gefängniskirche bringen: »Ich eröffnete den Gefangenen unter namentlicher Verlesung, dass sie im

Auftrage des Führers an Herrn Gruppenführer Dietrich auszuliefern seien, und übergab sie. Hierauf wurden sie einzeln in den Hinrichtungshof geführt und durch 14 SS-Leute erschossen. Die Erschießungen nahmen etwa 20 Minuten Zeit in Anspruch«, heißt es in den Notizen des Direktors.

Der Tod eines der Delinquenten war eine besondere Tragödie. Der Mann war Opfer einer fatalen Verwechslung geworden: Auf der Todesliste stand der Name des Arztes Ludwig Schmitt, der als Fluchthelfer von Otto Strasser dem Kreis der Hitler-Gegner zugerechnet wurde. Die SS-Männer, die den Mediziner verhaften sollten, gerieten jedoch an einen gänzlich Unbeteiligten, der dreifaches Pech hatte: Er wohnte in unmittelbarer Nachbarschaft des Gesuchten, war ebenfalls promoviert und trug den gleichen Nachnamen. Dass er nicht Ludwig, sondern Wilhelm Eduard hieß, sich Schmid und nicht Schmitt schrieb und kein Doktor der Medizin, sondern der Philosophie war, scherte die SS-Schergen nicht. Sie lieferten den falschen Schmitt auftragsgemäß nach Stadelheim, wo er – ohne vorher in einem Verhör Gelegenheit bekommen zu haben, das Missverständnis aufzuklären – erschossen wurde. Seine Angehörigen erhielten den Leichnam einige Tage später in einem versiegelten Sarg mit dem Verbot ausgehändigt, diesen zu öffnen. Mittlerweile hatte die SS ihren Irrtum bemerkt und alles versucht, ihren Missgriff zu vertuschen. Doch die Witwe glaubte die Geschichte vom Selbstmord nicht und drängte auf Klärung. Die Gestapo bot ihr schließlich eine Leibrente als Schweigegeld. Der eigentlich gesuchte Schmitt entkam der Ermordung. Sein Glück war, dass er sich schon in Polizeigewahrsam befand, als die SS hinter ihm her war. Als er entdeckt wurde, hatte Hitler die Mordaktion bereits abbrechen lassen. Schmitt blieb zwar noch bis zum Oktober 1935 in Haft, durfte nach seiner Entlassung aber wieder praktizieren. Andere waren schlechter dran, denn Goebbels hatte von München aus das Codewort für die »Aktion Kolibiri« nach Berlin gegeben. Damit weitete sich das Morden von der bayerischen Hauptstadt auf Berlin und das Reichsgebiet, von der SA-Führung auf weitere prominente äußere und innere Gegner des Regimes aus.

Sie sind vom Führer zum Tode verurteilt worden! Heil Hitler!
Sepp Dietrich zu den Gefangenen in Stadelheim, 30. Juni 1934

Die zuvor in Alarmbereitschaft versetzten SS-Einheiten hatten in der Reichshauptstadt versiegelte Umschläge mit Geheimbefehlen erhalten.

»Bedauerlicher Irrtum«: Die Ermordung des katholischen Politikers Erich Klausener wurde später von Göring als Missverständnis hingestellt

Nun schwärmten ihre Todeskommandos aus, um die vermeintlichen »Reaktionäre« zu »erledigen«. Die Mörder erfüllten ihre blutige Aufgabe, ohne lange Fragen zu stellen, mancher aus den SS-Killertrupps erfuhr erst im Nachhinein, wen er umgebracht hatte. Auf der Liste, die Himmlers und Görings Schergen in der Hauptstadt abarbeiteten, standen auch die Namen von Herbert von Bose und Edgar Julius Jung, den engsten Mitarbeitern des Vizekanzlers Franz von Papen. Während ihr Chef dem Morden entging, wurden seine Vertrauten ohne langes Zögern erschossen. Das gleiche Schicksal ereilte Mitglieder des katholischen Widerstands, wie Eugen von Kessel und Erich Klausener. Der frühere Chef der Polizeiabteilung im preußischen Innenministerium wurde bei der Verhaftung voreilig

»Aufgabe erweitert«: Auch der ehemalige bayerische Generalstaatskommissar Gustav von Kahr gehörte zu den Opfern des 30. Juni 1934

von einem SS-Mann getötet. Heydrich ordnete daraufhin telefonisch an, einen Selbstmord vorzutäuschen. »Selbstmord« lautete auch die offizielle Lesart, mit welcher der Tod Gregor Strassers erklärt wurde. Strasser war lange Zeit der profilierteste innerparteiliche Gegenspieler Hitlers, bevor er im Dezember 1932 alle Parteiämter niederlegte und sich völlig aus der Politik zurückzog. Noch Anfang Juni 1934 hatte der ehemalige Reichsorganisationsleiter der Partei für seine »Verdienste« das goldene NSDAP-Parteiabzeichen erhalten. Als er am 30. Juni von Gestapo-Beamten abgeholt wurde, machte sich der Vater von Hitlers Patenkindern ernsthaft Hoffnungen auf eine Rehabilitierung – eine tödliche Illusion, denn einige Stunden nach seiner Verhaftung wurde er in seiner Zelle im Hauptquartier der Geheimen Staatspolizei in der Berliner Prinz-Albrecht-Straße von einem SS-Mann hinterrücks erschossen. Himmler und Göring hatten nicht vergessen, dass Strasser ihren »Führer« vor den »Anhimmlern« gewarnt hatte, und nahmen nun persönliche Rache. »Bei dieser Gelegenheit wird sauber gemacht, und wir werden solche Schweinehunde umlegen«, erklärte SS-Oberführer Theodor Berkelmann unverblümt, wie unter dem Deckmantel der »Niederschlagung des SA-Putsches« auch persönliche Rechnungen beglichen wurden. Karl Zehnter, Wirt des Münchener »Bratwurstglöckl«, wurde, angeblich auf Wunsch Goebbels', liquidiert. Auch andere Unschuldige und eines Putschversuchs gänzlich Unverdächtige wurden liquidiert, wie etwa Pater Bernhard Stempfle, der Lektor von Hitlers Pamphlet *Mein Kampf*, der zu viel von privaten Angelegenheiten des »Führers« wusste und mit drei Herzschüssen im Dachauer Moos gefunden wurde. Oder Gustav von Kahr, ehemals bayerischer Generalsstaatskommissar, der am 9. November 1923 den Hitler-Ludendorff-Putsch zuerst unterstützte, dann jedoch gewaltsam beenden ließ. Ein SS-Kommando holte den Einundsiebzigjährigen aus seiner Münchner Wohnung und brachte ihn ins KZ Dachau, wo er auf Befehl des Kommandanten Theodor Eicke erschossen wurde. Ob dafür eine explizite Anweisung des »Führers« vorlag oder ob der SS-Brigadeführer eigenmächtig handelte, weil er wusste, dass Hitler von Kahr für das Scheitern seines Putsches verantwortlich machte, ist ungeklärt. Möglicherweise trifft hier, wie auch in einer Reihe anderer Fälle, in denen die SS-Mordkommandos eigenmächtig missliebige Personen aus dem Weg räumten, das zu, womit auch Hermann Göring am Abend des 30. Juni vor der versammelten Presse in Berlin prahlte: »Ich habe meine Aufgabe erweitert, indem ich auch gegen diese Unzufriedenen einen Schlag führte.«

Unzufriedenheit als Vergehen – ganz so einfach konnten es sich die Nazis nicht bei allen Opfern machen. In drei Mordfällen musste sich die NS-Führung zur Rechtfertigung mehr Mühe geben. Sie griff zu Lügen. Dabei war der wahre Ablauf aktenkundig. Marie Güntel, Köchin im Hause Generals von Schleicher, war Augenzeugin der Tat, die sich um die Mittagszeit des 30. Juni in der Privatwohnung des ehemaligen Kanzlers und Ministers abspielte. Auf Befragung eines Berliner Polizeibeamten gab sie unmittelbar nach den blutigen Ereignissen zu Protokoll, was geschehen war: »Zwei Herren verlangten, Herrn General von Schleicher zu sprechen. Ich begab mich in das Arbeitszimmer des Herrn General, während einer der fremden Herren auf dem Fuße folgte. Dort angelangt, stand der Herr dicht hinter mir und fragte den am Schreibtisch sitzenden Herrn von Schleicher, ob er der General von Schleicher sei. Auf die an ihn gerichtete Frage wandte der General seinen Körper etwas um, um den Herrn zu sehen und sagte, jawohl. In diesem Augenblick krachten auch schon die Schüsse.«

Der Tod Schleichers, unseres früheren Chefs, hat uns Schmerz bereitet, aber wir sind der Ansicht, dass er seit längerer Zeit aufgehört hatte, Soldat zu sein.

Walther von Reichenau, August 1934

»In Berlin programmgemäß. Keine Panne als die, dass Frau Schleicher mitfiel. Schade, aber nicht zu ändern.«

Goebbels, Tagebuch, 1. Juli 1934

Im offiziellen Pressekommuniqué der Reichswehr, das General von Reichenau entworfen und mit Göring abgestimmt hatte, las sich das ganz anders: »General a. D. von Schleicher hat mit staatsfeindlichen Kreisen der SA-Führung staatsgefährdende Verbindungen unterhalten. Diese Tatsache machte seine Verhaftung im Zusammenhang mit der gesamten Säuberungsaktion notwendig. Bei der Verhaftung durch Kriminalbeamte widersetzte sich General a. D. Schleicher mit der Waffe. Durch den dabei erfolgten Schusswechsel wurden er und seine dazwischentretende Frau tödlich verletzt.«

Die Reichswehr musste derartige Vorwürfe konstruieren, um die befürchteten Reaktionen in Offizierskreisen zu vermeiden. Man brauchte eine Rechtfertigung für den einmaligen Vorgang, dass hohe Armeeangehörige im staatlichen Auftrag erschossen wurden. Tatsächlich gab es fragende Stimmen unter den Militärs: »Wir hörten mit Verwunderung, dass die Reichswehr es sich gefallen ließ, dass auch die Generale Schleicher und von Bredow Opfer des 30. Juni wurden«, erinnerte sich General von Weichs. Die Reichswehrführung erstickte jedoch schon früh alle Zweifel im Keim: »Es war unumgänglich notwendig, dass mit dem Schlag gegen die Meuterer der SA auch ein Schlag gegen die Kreise geführt wurde, die man heute mit Reaktion zu bezeichnen pflegt«, erklärte Blomberg am 5. Juli gegenüber den Wehrkreisbefehlshabern. Die Armeeführung erwies sich als gelehriger Schüler, der im Fach Lügen viel von der NS-Führung gelernt hatte, und sie zog diese bewusste Irreführung nun konsequent durch. Blomberg verbot dem Generalstab die Teilnahme an der Beerdigung seines Vorgängers im Ministeramt. Der Widerstand der hohen Generalität war überschaubar. Lediglich Kurt von Hammerstein-Equord widersetzte sich diesem Befehl. Und den Bemühungen ehemaliger Kameraden, Schleicher und von Bredow nachträglich zu rehabilitieren, erteilte Blomberg eine Absage, als er am 2. April 1935 allen Offizieren der Wehrmacht mitteilen ließ: »Die interne Behandlung der Frage Schleicher und von Bredow hat vielfach den Eindruck erweckt, als ob eine Rehabilitierung der beiden Generäle beabsichtigt und durchgeführt sei. Dies ist ein Missverständnis.« Dann wiederholte er die offiziellen Lügen: »Was den Tod der genannten Generäle betrifft, so ist festgestellt, dass sie Wege beschritten, die als regierungsfeindlich angesehen worden sind und daher zu den verhängnisvollen Folgen führten.«

Blomberg hatte nichts dagegen einzuwenden, dass Schleicher umgebracht wurde, denn er war ein alter Intimfeind von Schleicher.

Sönke Neitzel, Historiker

»Eine innerliche und ehrliche Sympathie für die Wehrmacht und ihre Führer war weder der Anlass noch die Folge des 30. 6.«

Maximilian Freiherr von Weichs, *»Erinnerungen«*

Während die beiden Generäle wie viele andere bereits bei der Verhaftung erschossen wurden, war der Mann, mit dessen Namen das Gemetzel in der NS-Propaganda künftig verbunden war, noch am Leben. Ernst Röhm saß am Nachmittag des 1. Juli, als die Mordwelle in Berlin bereits wieder abgeklungen war, in Zelle 747 in Stadelheim. Am Vortag, als Hitler vom Münchener Flugplatz Oberwiesenfeld zur Rückreise nach Berlin aufbrach, soll er noch erklärt haben: »Ich habe Röhm begnadigt wegen seiner Verdienste.« So erinnerte sich jedenfalls Ferdinand Karl zu Ysenburg, SA-Standartenführer und SA-Adjutant des früheren Freikorpsführers Ritter von Epp, der seit 1933 Hitlers Statthalter in Bayern war. Ob Hitler tatsächlich aus einem noch verbliebenen Rest von Mitgefühl vor dem Mord an dem einstigen Freund zurückschreckte oder ob er aus machttaktischem Kalkül diese letzte Konsequenz verweigerte, um Röhm bei Bedarf wieder als Gegengewicht zu Göring, Goebbels und Himmler reaktivieren zu können – darüber spekulieren manche Historiker noch heute, wenn sie berichten, dass erst die Männer der zweiten Reihe ihren »Führer« in Berlin davon überzeugten, auch den abgesetzten SA-Stabschef erschießen zu lassen. In den Nachmittagsstunden des 1. Juli gab Hitler den Befehl zum letzten Akt:

Gegen 17 Uhr erschien hoher Besuch in Stadelheim. SS-Brigadeführer Theodor Eicke, der Kommandant des Konzentrationslagers Dachau,

»Sympathien des Führers beim Volk bedeutend erhöht«: Im Schaufenster eines pommerschen Zeitungsverlags informieren Extrablätter über die Niederschlagung des »Röhm-Putschs«

sein Stellvertreter, SS-Hauptsturmführer Michel Lippert, und ein weiterer SS-Mann verlangten, den Inhaftierten zu sehen. Nach kurzer, aber heftiger Diskussion ließ der Gefängnisdirektor die drei SS-Männer zu seinem prominenten Gefangenen vor. Röhm saß in seiner Zelle, schwitzend und noch immer lethargisch. Auf dem Tisch lag ein Extrablatt des *Völkischen Beobachters* mit der Schlagzeile »Röhm verhaftet und abgesetzt«. Eicke hielt sich nicht lange mit Vorreden auf: »Sie haben Ihr Leben verwirkt. Der Führer gibt Ihnen noch eine Chance, die Konsequenzen zu ziehen. Sie haben zehn Minuten Zeit«, erklärte er und legte eine Pistole auf den Tisch. Röhm sollte den »ehrenhaften« Freitod wählen – ein zweifelhaftes Privileg, gedacht als letzter »Freundesdienst« Hitlers. Eine Viertelstunde warteten die drei SS-Männer vor der verschlossenen Tür – nichts geschah. Die Mörder verloren die Geduld. Eicke stieß die Zellentür auf und brüllte den Gefangenen an: »Stabschef,

Eicke sagte damals sinngemäß zu Röhm, er komme im Auftrag des Führers, er habe sein Leben verwirkt, und der Führer gebe ihm die Möglichkeit, selbst die Konsequenzen zu ziehen.

Michael Lippert in einer Vernehmung 1953

machen Sie sich fertig!« Dann fielen zwei Schüsse aus der Dienstpistole Lipperts. Mit den Worten »Mein Führer, mein Führer« soll Röhm zu Boden gefallen sein, wo ihn ein dritter Schuss in die Brust traf. Um 18 Uhr war der abgesetzte Stabschef der SA tot.

Die Anzahl der Ermordeten, die dieses Staatsmassaker insgesamt gefordert hatte, blieb ein Staatsgeheimnis. Offiziellen Angaben zufolge waren 82 SA-Mitglieder liquidiert worden. Nach heutigem Wissensstand waren es mindestens 200 Personen, die in diesen Tagen ermordet wurden, weil sie der NS-Spitze ein Dorn im Auge waren.

Ein einziger Satz genügte dem deutschen Diktator, um den niederträchtigen Mordcoup zu rechtfertigen: »Die zur Niederschlagung hoch- und landesverräterischer Angriffe am 30. Juni, 1. und 2. Juli 1934 vollzogenen Maßnahmen sind als Staatsnotwehr rechtens«, hieß es in einem Beschluss des Reichskabinetts vom 3. Juli, der beinahe nebensächlich zum Ende einer ausführlichen Tagesordnung abgehandelt wurde.

Pathetischere Worte fand Hitler bei der offiziellen Erklärung, die er

»Des deutschen Volkes oberster Gerichtsherr«: Vor dem Reichstag gerierte sich der Diktator am 13. Juli 1934 als Saubermann, der den drohenden Bürgerkrieg verhindert habe

als Reichskanzler am 13. Juli vor dem deutschen Parlament in der Berliner Krolloper abgab: »In dieser Stunde war ich verantwortlich für das Schicksal der deutschen Nation und damit des deutschen Volkes oberster Gerichtsherr!«, sagte er und gab den Ankläger und Saubermann, der die SA-Führung für ihr »manchesmal geradezu abstoßendes Verhalten« zur Rechenschaft habe ziehen müssen. Hitlers Liste mit Verstößen umfasste tatsächlich alles, was die Bevölkerung am Verhalten der SA gestört hatte: »Belästigung friedlicher anständiger Menschen, Trunkenheitsexzesse, hetzende Reden, unerträgliche Ausschreitungen«. Geschickt verstand er es, sich als Anwalt bürgerlicher Werte zu präsentieren, der natürlich kein Wort darüber verlor, dass er es war, auf dessen Befehl die SA die Bürger terrorisiert hatte. Nach der Anklage sprach er sein Urteil: »Meuternde Divisionen hat man zu allen Zeiten durch Dezimierung wieder zur Ordnung gerufen. Ich habe Befehl gegeben, die Hauptschuldigen an diesem Verrat zu erschießen, und ich gab weiter den Befehl, die Geschwüre unserer inneren Brunnenvergiftung auszubrennen bis auf das rohe Fleisch.«

Die brutale Ausdrucksweise, ebenso brutal wie das Ereignis, das sie rechtfertigte, störte den Reichspräsidenten nicht: In einem persönlichen Telegramm dankte Paul von Hindenburg dem einstmals von ihm so gering geschätzten »böhmischen Gefreiten«: »Sie haben das deutsche Volk aus einer schweren Gefahr gerettet.« Und den Ritterschlag erteilte der Generalfeldmarschall dem Reichskanzler mit seiner Zustimmung: »Wer Geschichte machen will, muss auch Blut fließen lassen können.«

Tatsächlich war Erleichterung und nicht Entsetzen das Gefühl, das die Stimmungslage in weiten Teilen der Bevölkerung kennzeichnete – Erleichterung darüber, dass der »Führer« mit dem »Bonzen- und Verbrechertum« seiner eigenen Partei aufzuräumen schien. Dazu beigetragen hatte ein publizistisches Trommelfeuer der Goebbels-Presse, die nicht nur gebetsmühlenartig das falsche Gerücht eines bevorstehenden Putsches als Rechtfertigung nannte, sondern mit erstaunlicher Offenheit auch die realen Vergehen der SA-Führung kritisierte: den verschwenderischen Lebensstil, ihr unflätiges Auftreten und nicht zuletzt die »unnatürliche« Homosexualität des obersten SA-Mannes. Propagandachef Goebbels persönlich berichtete in gespieltem Entsetzen von der Verhaftung in Bad Wiessee, von »widerlichen und fast Brechreiz verursachenden Bildern, die sich dabei unseren Augen bieten«. Die darauf aufbauenden Schilderungen in den gleichgeschalteten deutschen Zeitungen wurden in der Schweizer Presse bei deren Berichterstattung über die Ereignisse durch Auslassungszeichen ersetzt – den Eidgenossen war das, was da passiert sein sollte, zu »pornografisch«.

Zur Erleichterung darüber, dass Hitler diese »unerträglichen Ausschreitungen« nun beendet hatte, kam in weiten Kreisen der deutschen Bevölkerung die Hoffnung hinzu, dass sich mit dem Schlag gegen die SA auch die Aussicht auf ein Ende des Straßenterrors abzeichnete. Nur wenige hatten genauer hingehört und hingesehen: »Nun, immerhin nach wenig mehr als einem Jahr, beginnt sich der Hitlerismus als das zu erweisen, als was man ihn von jeher empfand: als das Letzte an Niedrigkeit, entarteter Dummheit und blutiger Schmach«, schrieb der Nobelpreisträger Thomas Mann. Und Victor Klemperer notierte bestürzt in sein Tagebuch: »Ein Kanzler verurteilt und erschießt Leute seiner Privatarmee! Er fühlt sich nicht als Mörder. Das Grässliche ist, das ein europäisches Volk sich solch einer Bande von Geisteskranken und Verbrechern ausgeliefert hat und sie noch immer erträgt.« Es dauerte, bis auch der Mann auf der Straße begriff, was sich abgespielt hatte, und ein Flüsterwitz kursierte, der sich auf die Ereignisse des 30. Juni und seine Folgen bezog: »Die deutsche Verfassung ist vereinfacht worden und hat nur noch drei Paragrafen: 1) Das deutsche Volk besteht aus dem Führer und den Angeführten. 2) Der Führer ernennt und erschießt seine Minister persönlich. 3) Alle Stände sind abgeschafft, insbesondere der Anstand. Zugelassen ist nur der Notstand.«

»Die Art der Liquidierung der Röhm-Revolte hat die Sympathien, die der Führer beim Volk genießt, ganz bedeutend erhöht. Unumwunden wird zugegeben, dass der Führer jederzeit ohne Rücksicht auf Rang und Stand der Schuldigen bereit ist, das zu tun, was zum Wohle des Volkes nötig ist.«

Polizeilicher Stimmungsbericht aus Ingolstadt, Juli 1934

Es war ein bitterer Spott, der ein Unrecht anprangerte, das dann sogar wissenschaftliche Rechtfertigung erfuhr. Denn nicht nur die militärische Spitze ließ sich in das NS-Lügengebäude verstricken, auch andere Eliten steckten zu diesem Zeitpunkt bereits tief im NS-Sumpf. Das traurigste Beispiel lieferte Carl Schmitt, einer der begabtesten juristischen Köpfe seiner Zeit, der in der Weimarer Republik berühmt war und nun in der Nazi-Ära berüchtigt wurde. Denn der Staatsrechtslehrer war verantwortlich für eine der schwärzesten Stunden der deutschen Jurisprudenz, als er

»Der Führer schützt das Recht«: Der Staatsrechtler Carl Schmitt rechtfertigte den Staatsmord

die staatlich sanktionierten politischen Morde als »höchste Form administrativer Justiz« rechtfertigte. Dass dieser Gewaltorgie auch sein Freund Kurt von Schleicher zum Opfer gefallen war, interessierte Carl Schmitt, der Anfang 1933 noch Berater des Generals war, nicht, als er in der *Deutschen-Juristen-Zeitung* die juristische Verteidigung für das geschehene Unrecht formulierte: »Der Führer schützt das Recht vor dem schlimmsten Missbrauch, wenn er im Augenblick der Gefahr kraft seines Führertums als oberster Gerichtsherr unmittelbar Recht schafft. Das Richtertum des Führers entspringt derselben Rechtsquelle, der alles Recht jedes Volkes entspringt. Alles Recht stammt aus dem Lebensrecht des Volkes.«

Das lasen die Nazis gern: Dem »Führertum« entspringt das »Richtertum«! Die logische Fortsetzung dieser Argumentationsstrategie lieferte Schmitt in der juristischen Fachliteratur im Jahr 1935: »Gesetz ist für uns nicht mehr eine abstrakte, auf einen vergangenen Willen bezogene Norm; Gesetz ist Wille und Plan des Führers.« Etwas schlichter formulierte Göring den gleichen Tatbestand: »Ich habe kein Gewissen! Mein Gewissen heißt Adolf Hitler«, verkündete der Zweite Mann im »Dritten Reich« und schärfte seinen preußischen Staatsanwälten ein, es gehe sie nichts an, ob hier richtig gehandelt wurde: »Das Recht und der Wille des Führers sind eins.«

Doch nicht nur mit der scheinbar wissenschaftlich sanktionierten Blutjustiz stellte Carl Schmitt sein juristisches Talent als »Kronjurist des Dritten Reiches« in den Dienst eines menschenverachtenden Systems. Recht war für ihn vor allem ein Machtinstrument, das er nüchtern analysierte und wertfrei funktionalisierte. Schon Ende der zwanziger Jahre hatte er mit seiner Schrift »Der Begriff des Politischen« und der zentralen These einer alles bestimmenden Unterscheidung von »Freund und Feind« für Aufsehen gesorgt. Während des »Dritten Reiches« fand sich sein altes »Freund-Feind-Schema« in einer Reihe von antisemitischen Schriften. Als jüdische Juristen aus Deutschland vertrieben wurden, rühmte Schmitt die »Reinigung des öffentlichen Lebens von nichtarischen Elementen« in seinem bekannten Duktus: »Wir lernen wieder zu unterscheiden. Wir lernen vor allem Freund und Feind zu unterscheiden.« Der »deutsche Geist muss von allen jüdischen Fälschungen« befreit werden, denn der »Jude hat zu unserer Arbeit eine parasitäre Beziehung«. Auch wegen solcher Tiraden nannte ihn der Philosoph Karl Jaspers einen »Prätorianer Hitlers«, der sein geistiges Können eingesetzt habe, um an die Spitze zu gelangen. In der Tat dankte das Regime Carl Schmitt mit einer beispiellosen Karriere. Hermann Göring, sein wichtigster Förderer, ernannte ihn zum preußischen Staatsrat, und bald wurde der Professor der Rechte an der Universität zu Berlin auch Präsident der »Vereinigung nationalsozialistischer Juristen«. Doch Schmitts Opportunismus sollte sich nicht dauerhaft lohnen. Ende 1936 verlor Görings Günstling aufgrund einer Intrige alle politischen Ämter. Nach dem Krieg wurde Carl Schmitt als jemand, der sich nicht vom Nationalsozialismus abwandte, sondern von den Nazis fallen gelassen wurde, verhaftet, aber nicht angeklagt. Nach seiner Entlassung 1947 zog er sich in seine Geburtsstadt Plettenberg zurück. Sein Haus nannte er »San Casciano« – nach dem Exil von Niccolò Machiavelli, einem anderen Theoretiker der wertfreien machtpolitischen Lehre.

Und von der machtpolitischen Warte aus war die »Nacht der langen Messer«, wie das Morden verharmlosend genannt wurde, ein voller Erfolg – so glaubten alle Akteure. Insbesondere die Reichswehrführung feierte es als großen Erfolg, dass mit der Entmachtung der SA ein gefährlicher Konkurrent ausgeschaltet war und die Reichswehr nun

Der 30. Juni wurde zunächst von uns allen so aufgefasst, dass Hitler sich endgültig für die Armee und gegen die SA entschieden hätte – was aber so nicht stimmte. Aber wir haben das damals tatsächlich empfunden.

Johann Adolf Graf von Kielmansegg

Oben: »Marschieren statt diskutieren«: Hitlers treuer Gefolgsmann Viktor Lutze beerbte Röhm an der Spitze der SA
Unten: »Wahrer Sieger des Staatsterrors«: Himmlers SS wurde nach dem 30. Juli von Hitler aufgewertet

der »einzige Waffenträger« sein sollte. Doch es war ein Pyrrhussieg, für den die deutsche Generalität einen hohen Preis zahlen musste. Das Waffenträgermonopol war nicht von langer Dauer, denn auch wenn das Militär sich als Gewinner des Machtkampfs fühlte – die eigentlichen Nutznießer waren andere.

Ein kleiner Gewinner war Viktor Lutze, der für seine Spitzeldienste in der alten SA-Spitze bereits am 1. Juli Ernst Röhm als Stabschef beerben durfte. Anders als sein Vorgänger hatte er keinerlei Ambitionen, die Parteiarmee als eigenständige Machtbasis zu nutzen. Sein Auftrag bei der Reorganisation der SA bestand darin, das Millionenheer von SA-Männern im Sinne des Regimes gleichermaßen zu aktivieren und ruhig zu stellen. »Marschieren ist das beste Gegenmittel gegen Diskussionen« lautete das Rezept, mit dem er die SA in die machtpolitische Bedeutungslosigkeit führte und zugleich als Mobilisierungsreservoir der NS-Führung erhielt.

»Die Erschütterungen seelischer Art durch den 30. 6. sind bei den meisten der Männer und Führer verebbt, seitdem der Dienst wieder aufgenommen ist. … Marschieren ist das beste Gegenmittel gegen Diskussionen.«

Bericht der SA-Gruppe Kurpfalz, 9. August 1934

Einen anderen, viel größeren Gewinner hatte die militärische Führung im Gefühl ihres »Sieges« über die SA und Ernst Röhm übersehen: Im Spiel um die künftige Macht mischte nun ein anderer mit: Heinrich Himmler und seine SS. Sie waren weitaus gefährlicher, weil effizienter, intelligenter und skrupelloser, als es Röhm mit seiner SA je war. Als die wahre Siegerin des Staatsterrors vom 30. Juni erhielt die SS die erhoffte Aufwertung, als Hitler sie zur eigenständigen Organisation machte und aus der Unterordnung und Einbindung der nun bedeutungslos gewordenen SA löste. Als »Reichsführer SS« erhielt Himmler die angestrebte unmittelbare Unterstellung unter den »Führer«, dem allein er künftig rechenschaftspflichtig war. Seine SS würde schon bald das Waffenmonopol der Reichswehr brechen. Und auch ein anderer ehemaliger Partner der Anti-Röhm-Koalition sollte seine Zugeständnisse kurze Zeit später bereuen: Göring hatte im Zuge der Auseinandersetzungen mit der SA dem SS-Chef Himmler den Aufbau der Gestapo ermöglicht. Mit der Verschmelzung der SS und des Polizeiapparats wurde die Machtposition Himmlers erst unumstritten und vollkommen. Diese organisatorischen Veränderungen im Sommer 1934 legten den Grundstein für das, was Historiker später den »SS-Staat« nannten und als Charakteristikum für das Herrschaftssystem des »Dritten

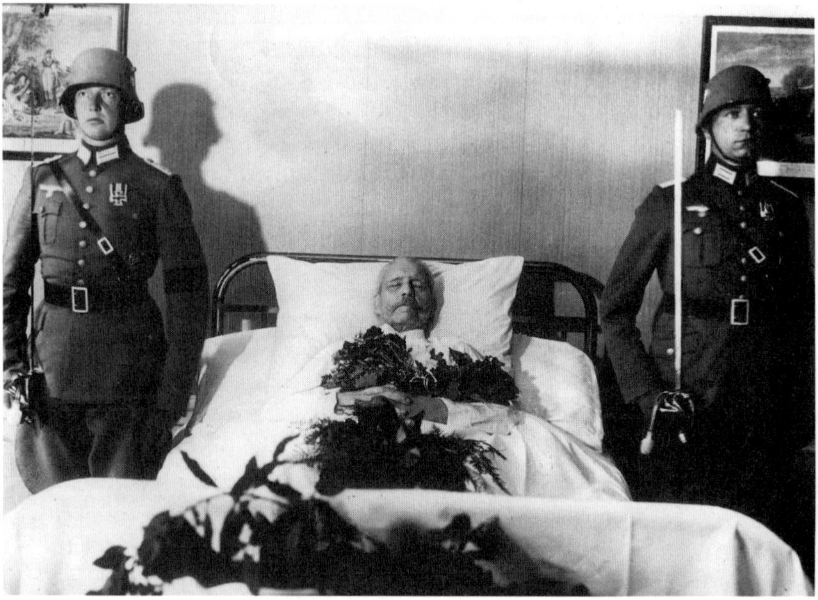

»Der große Tote«: Als Reichspräsident Hindenburg am 2. August 1934 starb, hatte sich Hitler bereits selbst zum Nachfolger bestimmt

Reiches« beschrieben. Die SS sollte zur mächtigsten Waffe in der Hand des Mannes werden, der der größte Nutznießer des 30. Juni 1934 war: Adolf Hitler. Der »Führer« war nicht nur Gewinner oder Sieger – er sollte zum Triumphator werden.

Zu diesem Triumph des »Führers« hatte die Reichswehrführung einen wesentlichen Teil beigetragen, als sie signalisierte, dass die Armee ihn als Oberbefehlshaber akzeptiere. Als Paul von Hindenburg am 2. August 1934 starb, war sein politisches Erbe bereits verteilt. Am Tag vor Hindenburgs Tod hatte ein »Erlass des Reichskanzlers zum Vollzug des Gesetzes über das Staatsoberhaupt des Deutschen Reiches« die Nachfolge geregelt. Heuchlerisch hieß es darin: »Die Größe des Dahingeschiedenen hat dem Titel Reichspräsident eine einmalige Bedeutung gegeben. Er ist unzertrennlich verbunden mit dem Namen des großen Toten. Ich bitte daher, Vorsorge treffen zu wollen, dass ich im amtlichen und außeramtlichen Verkehr wie bisher nur als Führer und Reichskanzler angesprochen werde.« Was im Gewand der Demut daherkam, war tatsächlich ein Maßanzug, mit dem sich Hitler die letzte ihm noch fehlende Machtbefugnis auf den Leib schneiderte, denn schon im nächsten Absatz hieß es: »Ich will, dass die vom Kabinett beschlossene und verfassungsrechtlich gültige Betrauung meiner Person und damit des Reichskanzleramtes an sich mit den Funktionen des früheren Reichspräsidenten die ausdrückliche Sanktion des deutschen Volkes erhält.« Auch hier achtete Hitler wieder darauf, den Verfassungsbruch mit dem Anstrich von Legalität zu übertünchen.

Am 19. August fand eine »freie Volksabstimmung« statt, die den Hitler-Erlass absegnen sollte. Dass sich nach dem gigantischen Propagandaterror im Vorfeld der Volksabstimmung 96,7 Prozent der rund 45 Millionen Wahlberechtigten beteiligten, kann nicht verwundern. Doch gab es neben 870 000 ungültigen Stimmen 4 294 654 deutsche Männer und Frauen, die mit »Nein« votierten – immerhin 10,1 Prozent. Diese für eine ganz und gar unfreie Abstimmung ungewöhnlich große Zahl änderte jedoch nichts

»Alle sagen Ja«: Mit einer Volksabstimmung ließ sich Hitler seine neue Machtfülle bestätigen – wiederum scheinbar legal

Nach der Ermordung von Röhm und von Schleicher, dem Tod Hindenburgs und der Verbindung von Reichspräsidentschaft und Reichskanzlerschaft war ich der Überzeugung, Hitler ist nicht mehr abzusetzen.
Theodor Eschenburg

am Ergebnis, und Alfred Rosenberg konnte am Abend in sein Tagebuch schreiben: »Jetzt ist der Führer alleiniger Herr über Deutschland.«

Mit dem amtlichen Endergebnis verkündete Hitler am 20. August 1934 zugleich das Ende eines fünfzehnjährigen Kampfes »unserer Bewegung um die Macht in Deutschland. Angefangen von der obersten Spitze des Reiches über die gesamte Verwaltung bis zur Führung des letzten Ortes befindet sich das Deutsche Reich in der Hand der Nationalsozialistischen Partei.«

Scheinbar legal hatte sich Hitler mit dem Titel »Führer und Reichskanzler« seine neue Machtfülle vom deutschen Volk bestätigen lassen. Zwei Tatsachen entlarven den scheinlegalen Charakter dieser Vollendung der Machtergreifung: Zum einen war der Erlass von Anfang an verfassungswidrig. Der Reichstag hatte am 17. Dezember 1932 mit der notwendigen Zweidrittelmehrheit Artikel 51 der Verfassung geändert, der damit eindeutig besagte: »Der Reichspräsident wird im Falle seiner Verhinderung durch den Präsidenten des Reichsgerichts vertreten.« Das galt auch für den Todesfall bis zur Durchführung der neuen Wahl. Auch wenn das Ermächtigungsgesetz viele rechtliche Regelungen außer Kraft gesetzt hatte – die Befugnisse des Reichspräsidenten waren davon explizit ausgenommen. Nach geltendem Recht hätte somit Dr. Erwin Bumke als Interimspräsident an der Spitze des Reiches gestanden, bis ein Nachfolger gewählt worden wäre. Eine Änderung formal noch immer geltenden Verfassungsrechts hielt Hitler nicht für erforderlich – und einen Kläger gegen diesen Rechtsbruch gab es nicht.

Da störte auch der zeitliche Ablauf, der zu diesem Verfassungsverstoß führte, nicht weiter. Hindenburg lebte noch, als Hitler sich zum Nachfolger bestimmte. Und bereits am Todestag Hindenburgs – und somit lange bevor das deutsche Volk eine Entscheidung über die Nachfolge treffen konnte – wurden die Konsequenzen aus dem Tod des Staatsoberhaupts gezogen: Die Reichswehrführung konnte es nicht abwarten, die Armee auf den »Führer« zu vereidigen. Reichswehrminister von Blomberg hatte den Text der neuen Eidesformel selbst formuliert. Und der verstorbene Oberbefehlshaber war noch nicht beerdigt, als der Minister die Weisung erließ, die Truppe mit diesem Text auf Adolf Hitler einzuschwören: »Ich

»Dem Führer unbedingten Gehorsam leisten«: Die Reichswehrführung ließ die Armee bereits unmittelbar nach Hindenburgs Tod auf die Person Hitlers vereidigen schwöre bei Gott diesen heiligen Eid, dass ich dem Führer des deutschen Reiches und Volkes, Adolf Hitler, dem Obersten Befehlshaber der Wehrmacht, unbedingten Gehorsam leisten und als tapferer Soldat bereit sein will, jederzeit für diesen Eid mein Leben einzusetzen.«

Victor Klemperer erlebte in Dresden, wie die Soldaten den Eid auf ihren neuen Oberbefehlshaber leisteten: »Der vollkommene Staatsstreich wird vom Volk kaum gemerkt, das spielt sich alles lautlos ab, übertont von Hymnen auf den toten Hindenburg. Ich mochte schwören, dass aber Millionen gar nicht ahnen, was Ungeheuers geschehen ist.«

Die Tatsache, dass zwei Generäle der Reichswehr ermordet werden konnten und dass die Reichswehr dann sechs Wochen später den Eid auf den Mörder geschworen hat, war für mich der moralische Bankrott der Reichswehr. Damit hatte sie das Rückgrat verloren.

Fritz Stern, Historiker, lebte damals in Breslau

Doch auch insgeheimes Unbehagen war in der Armee zu spüren. Oberst Heinz Guderian, der »Schöpfer« der deutschen Panzerwaffe, schrieb am 2. August 1934 an seine Frau: »Morgen werden wir den Eid auf Hitler leisten. Einen folgenschweren Eid! Gebe Gott, dass er beiderseitig mit der gleichen Treue gehalten wird zum Wohle Deutschlands. Die Armee ist gewohnt, ihren Eid zu halten. Möge sie es in Ehren tun können.«

Dass sich die deutschen Offiziere genau damit während des kommenden Krieges schwertaten, hing auch mit dieser Eidesformel zusammen. Ein Mann wie Erich von Manstein erklärte rückblickend, man müsse berücksichtigen, »dass traditionsgemäß der Fahneneid immer eine persönliche Bindung bedeutet hatte, weniger eine solche an einen abstrakten Begriff wie eine Verfassung«. Tatsächlich hatte der Soldateneid im 19. Jahrhundert, als in den deutschen Ländern die Rufe nach Parlament und Nation lauter wurden, eine innenpolitische Dimension gewonnen. Schon für die Regierung Preußens war es problematisch, ihre Soldaten auf eine Verfassung zu vereidigen. Aus Angst, dass sich das Parlament zwischen den Monarchen und die Armee stellen könnte, ließ etwa König Friedrich Wilhelm IV. nach der gescheiterten Revolution von 1848 die Armee nicht, wie versprochen, den Eid auf die Verfassung leisten. Preußens Soldaten sollten Soldaten des Monarchen bleiben. Erst in der Weimarer Republik verordnete Reichspräsident Friedrich Ebert dem Berufsheer am 14. August 1919 mit einer neuen Eidesformel auch einen neuen Loyalitätsbezug: »Ich schwöre Treue der Reichsverfassung...«, lauteten die ersten Worte. Doch mit der Loyalität der Reichswehr zur Weimarer Verfassung war es nicht weit her. Viele Offiziere betrachteten weder die Republik noch die parlamentarische Staatsform als echte Herzensangelegenheit. Dennoch dauerte es nach Hitlers Machtergreifung bis zum 2. Dezember 1933, bis Paul von Hindenburg den Eid auf die Verfassung wieder abschaffte. Jeder Soldaten schwor nun bei Gott, »dass ich Volk und Vaterland allzeit treu und redlich diene«.

Der Tag der Vereidigung war im Grunde genommen eine Überrumpelung. Die eigentliche Bedeutung des Eides ist uns erst später klar geworden.
Ulrich de Maizière, damals Reichwehr

Mit der neuen Eidesformel vom 2. August 1934, die auch alle bereits vereidigten Soldaten nachträglich zu leisten hatten, sollte diese inhaltliche Bindung aufgegeben werden. Und genau darin lag das Problem: Der Soldat unterwarf sich mit seinem Eid bedingungslos der Verfügungsgewalt des »Führers«. Was NS-Verfassungstheoretiker wie Carl Schmitt zum Grundsatz erhoben, nämlich dass alle Vorschriften im Führerstaat einen neuen Sinn erhielten, setzten die Generäle mit dieser Eidesformel um. Diese neue Form erzeugte wieder eine persönliche Bindung, die zudem ohne inhaltliche Konkretisierung war und der jeder Bezug auf ethische Normen fehlte. Richtschnur sollte allein der Wille des »Führers« sein – der geforderte Gehorsam war bedingungslos und galt damit auch für den Fall verbrecherischer Befehle. Die Folgen waren fatal: Der Bezug auf die Person des »Führers« stellte vor allem den militärischen Widerstand vor ein Dilemma. Bei der Gedenkfeier zur 25. Wiederkehr des Attentats auf Hitler in der Gedenkstätte Plötzensee beschrieb der damalige Bundespräsident Gustav Heinemann am 19. Juli 1969 das Problem dieser »besonderen Gewissenbeschwerung«: »Viele von ihnen hatten vor Gott ebendem Mann einen unverbrüchlichen persönlichen Gehorsam gelobt, den sie mit ihrem Anschlag aus dem Leben räumen wollten. Es sagt sich heute leicht, dass der von Hitler auferlegte Eid ein Missbrauch öffentlicher Gewalt war. Die Bindung der Schwörenden an Gott hebt auch im Grunde die Bindung an den Menschen Adolf Hitler auf. Das alles wurde damals anders interpretiert. Das alles mussten die Soldaten, die sich am 20. Juli 1944 beteiligten, erst in sich selbst und gegen ihre Umwelt zu der Klarheit bringen, die ihnen für den Anschlag auf Hitler das gute Gewissen verschaffte.«

Was sie mit ihrer eilfertigen Unterwerfung gegenüber dem »Führer«

langfristig auslösen würden, lag für die Verantwortlichen der Reichswehrführung 1934 außerhalb jeder Vorstellungskraft. Blomberg und seine Generäle waren sichtbar stolz auf ihren kurzfristigen Erfolg, mit der SA einen unbequemen Konkurrenten losgeworden zu sein und der Reichswehr die Position als »einzigem Waffenträger der Nation« gesichert zu haben. In völliger Verkennung der Machtverhältnisse glaubte Blomberg sogar, durch die Vereidigung der Armee auf die Person Hitlers, den »Führer«, mehr Einfluss im nationalsozialistischen Staat nehmen zu können: »Bisher hatten Wehrmacht und Partei als zwei Säulen des Staates nebeneinandergestanden. Nun sollten beide Teile bis zum Verschmelzen zusammengebracht werden.« Doch es sollte nicht die erhoffte Einheit von Volk und der Armee des Volkes werden, sondern eine Komplizenschaft mit einem verbrecherischen Regime, dem sich die Generalität freiwillig ausgeliefert hatte. Man wollte den »Führer« an die Armee binden – und lieferte die Armee dem »Führer« aus.

Gut einen Monat nach dem Tod des Reichspräsidenten und vierzehn Tage nach der Vereidigung der Armee auf Adolf Hitler ließ sich der unumschränkte Triumphator dieses Sommers vom 5. bis zum 10. September 1934 auf dem Reichsparteitag in Nürnberg von seinem Volk huldigen. Es war die Zeit der Lichterdome und Massenaufmärsche. Zwar steckte die NS-Einschüchterungs- und Inszenierungsarchitektur noch in den Kinderschuhen, doch ihr gigantomanischer Anspruch war bereits spürbar, als 1933 am Stadtrand Nürnbergs auf einem 16 Quadratkilometer großen Gelände mit der Errichtung von Parteitagsbauten begonnen wurde. Auf der laut NS-Propaganda größten Baustelle Europas entstand die Bühne, auf der sich die neuen Herren in Deutschland künftig der Welt präsentieren wollten. Parteitage waren Medienereignisse mit einem für die Zeit gigantischen Presserummel, für den in Spitzenzeiten rund 750 akkreditierte Journalisten sorgen sollten. Der Rundfunk übertrug die wichtigsten Reden, dokumentierte die Aufmärsche und lieferte Berichte über das bunte Geschehen rund um den Parteitag. Via Kurzwelle konnten sogar die Auslandsdeutschen in aller Welt das Massenspektakel verfolgen.

Der 6. Parteitag der NSDAP sollte eine ganz besondere Veranstaltung werden. Dafür sorgte nicht zuletzt der Film von Leni Riefenstahl, »Triumph des Willens«. Mit einem Budget von 300 000 Reichsmark und 16 Kamerateams entstand ein »Meisterwerk der Filmkunst« – meisterhaft jedoch nur, wenn man außer Acht ließe, dass auch die Kunst moralischen Kriterien genügen sollte. Die Bilder waren so wirkungsmächtig, dass die Regisseurin vor dem Krieg den Deutschen Filmpreis und die Goldmedaille in Venedig erhielt und die Aufführung des Films nach 1945 wegen Verherrlichung des Nazi-Regimes in Deutschland verboten wurde beziehungsweise nur zu wissenschaftlichen Zwecken erlaubt ist.

Millionen deutscher Kinobesucher hörten Anfang 1935 in allen Lichtspielhäusern des Reiches den Anfangskommentar: »Am 5. September 1934 – 20 Jahre nach Ausbruch des Weltkrieges, 16 Jahre nach dem Anfang deutschen Leidens, 19 Monate nach dem Beginn der deutschen Wiedergeburt – ... flog Adolf Hitler wiederum nach Nürnberg, um Heerschau abzuhalten über seine Getreuen.« Es folgte ein filmisches Propagandafeuerwerk, das zur Verführung der Massen im Interesse eines menschenverachtenden Systems auf symbolhafte Bilder setzte:

Die Zuschauer sahen zunächst Wolken, durch die sich die Kamera ihren Weg bahnte, um über Menschenmassen hinwegzugleiten. Dann erschien ein Schatten, der sich über die winzigen Marschierenden am Boden bewegte, bis man ein Junkers-Flugzeug erkennen konnte. Untermalt von Musik aus Wagners »Meistersinger von Nürnberg«, die langsam in das Lied »Deutschland, erwache!« überging, schwebte Hitler durch die Wolken. Messiasgleich schien er über den Dingen zu stehen und hatte doch alles unter Kontrolle, zum Beispiel wenn er am vierten Tag des Massenspektakels, begleitet von Heinrich Himmler und Viktor Lutze, eine Phalanx von über 150 000 SA- und SS-Männern durchschritt und anschließend noch einmal den 30. Juni 1934, die »Nacht der langen Messer«, rechtfertigte.

In dieser Nacht, die eigentlich ein Tag war, hatte Hitler die blutige Saat gelegt, deren Ernte er nun auf diesem Parteitag einbrachte. Mit einem Schlag hatte er eine Vielzahl von Problemen gelöst: Die SA war entmachtet, ein möglicher Bürgerkrieg vermieden, mit den innerparteilichen Rivalen waren zugleich die konservativen Gegner ermordet worden. Und nicht nur das: Als größte Frucht des Staatsterrors konnte er im Sommer 1934 allum-

Diese Röhm-Putsch-Geschichte wurde sehr schnell mit einem Tabu versehen, da durfte niemand drüber sprechen.
Isa Vermehren, damals Kabarettistin

»Der schöne Schein«: Die Regisseurin Leni Riefenstahl bei den Dreharbeiten zum Parteitagsfilm »Triumph des Willens«

fassende Machtbefugnisse einfahren. Zu den Erntehelfern zählten dabei die konservativen deutschen Eliten in Armee, Wirtschaft und Wissenschaft, die Hitlers Griff nach der totalen Herrschaft ermöglicht oder sogar unterstützt hatten und die damit ihre größte Chance verspielten, das zu verhindern, was in die Katastrophe des Weltkriegs und Völkermords führen sollte.

Die verfassungsrechtlichen Folgen der schrittweisen Machtübernahme der Jahre 1933/34 bis hin zur totalen Herrschaft hätten kaum einschneidender sein können: Der Rechtsstaat: zerstört; die parlamentarische Demokratie: beseitigt; die Gewaltenteilung: aufgehoben. Binnen gerade einmal 20 Monaten hatten die Nationalsozialisten die Errungenschaften von mehr als 200 Jahren moderner europäischer Staatsgeschichte eliminiert. Im selbst proklamierten »Tausendjährigen Reich« war das Parlament als Legislative zu einem bloßen Akklamationsorgan verkommen, das Reichskabinett als Exekutive bestand nur noch als hohle Hülle; stattdessen gab es Sonderbeauftragte und neue Organisationen, die weder dem Staat noch der Partei, sondern ausschließlich dem »Führer«-Willen untergeordnet waren. Die einzige und unumschränkte Quelle aller Macht war der »Führer«, der in seiner Person alles vereinte. Erst am 2. August hatte der deutsche Diktator die höchste Stufe der totalitären Herrschaft erklommen. Als »Führer und Reichskanzler« war er Regierungschef, oberster Gerichtsherr, Staatsoberhaupt und vor allem: Oberbefehlshaber der Reichswehr.

Bei der Machtergreifung, die zunächst eine »Machterschleichung« war, weil Hitler die Kanzlerschaft in den Schoß geworfen bekam, hatten die konservativen deutschen Eliten den nationalsozialistischen Reichskanzler bei seinen nächsten Schritten auf dem Weg zum großen Diktator unterstützt. Seinen Machtinstinkt und die Brutalität bei der Umsetzung seiner Ziele hatten sie zunächst nicht erkannt, dann unterschätzt und sich ihm schließlich ausgeliefert. Hohe Offiziere waren es, die dem nationalsozialistischen »Führer« das letzte, entscheidende Stück auf seinem Weg zur totalen Macht geebnet hatten. Minister und Militärs wurden so zu Mordkomplizen und Hitlers hilflosen Helfern. Die Einzigen, die zu diesem Zeitpunkt die Möglichkeit gehabt hätten, das Schlimmste zu verhindern, hatten auf der ganzen Linie versagt. Sie hatten wohl die Kraft, aber nicht den Willen.

»Ein Volk, ein Reich, ein Führer«: Nach dem 30. Juni 1934 war Hitlers Macht unangreifbar geworden

Die Ausschaltung Röhms, der SA-Führung und in deren Schatten der konservativen Gegner des NS-Regimes bildete den grausamen Auftakt, einen tödlichen Prolog auf das Kommende – den Massenmord im Namen von Ehre und Treue. Auch wenn sie sich bei dem blutigen Geschäft nicht selbst die Hände schmutzig machte – die Militärführung hatte lange vor dem Überfall auf die Sowjetunion und den Morden der SS-Einsatzgruppen unter den Augen von Soldaten der Wehrmacht ihre Unschuld verloren. Die Mordkumpanei der deutschen Generalität mit dem »Führer« begann im Juni 1934, als sie Hitlers Griff nach der totalen Macht unterstützte. Die Armee, die sich um kurzfristiger Vorteile willen diesem »Führer« andiente und auslieferte, wurde zum entscheidenden Instrument einer Politik, die in Weltkrieg und Völkermord endete.

Literatur

Allgemein

Becker, Josef und Ruth (Hrsg.): Hitlers Machtergreifung 1933. Dokumente vom Machtantritt Hitlers 30. Januar 1933 bis zur Besiegelung des Einparteienstaates 14. Juli 1933. München 1993.

Evans, Richard J.: Das Dritte Reich. Aufstieg. München 2004.

Falter, Jürgen W.: Hitlers Wähler. Darmstadt 1991.

Fest, Joachim C.: Hitler. Eine Biographie. Berlin 2005.

Frei, Norbert: Der Führerstaat. München 2001.

Höhne, Heinz: »Gebt mir vier Jahre Zeit«. Hitler und die Anfänge des Dritten Reiches. Berlin 1999.

Kershaw, Ian: Hitler. 1889–1936. München 2002.

Knopp, Guido: Hitler. Eine Bilanz. München 2005.

Michalka, Wolfgang (Hrsg.): Die nationalsozialistische Machtergreifung. Paderborn u. a. 1984.

Pyta, Wolfram: Hindenburg. Herrschaft zwischen Hohenzollern und Hitler. München 2007.

Schäfer, Kirstin: Werner von Blomberg. Hitlers erster Feldmarschall. Eine Biographie. Paderborn u. a. 2006.

Thamer, Hans-Ulrich: Verführung und Gewalt. Deutschland 1933–1945. Berlin 1994.

Zum Kapitel »Komplott«

Bracher, Karl Dietrich: Die Auflösung der Weimarer Republik. Villingen 1955.

Broszat, Martin: Die Machtergreifung. Der Aufstieg der NSDAP und die Zerstörung der Weimarer Republik. München 1984.

Buchheim, Christoph: »Die Erholung von der Weltwirtschaftskrise 1932/33 in Deutschland«. In: Jahrbuch für Wirtschaftsgeschichte 2003/1. S. 13–26.
Muth, Heinrich: ›Das »Kölner Gespräch am 4. Januar 1933«. In: Geschichte in Wissenschaft und Unterricht 37 (1986). S. 463–480 u. 529–541.
Roth, Karl-Heinz: »Franz von Papen und der Faschismus«. In: Zeitschrift für Geschichtswissenschaft, 51 (2003), S. 589–625.
Roussel, Stéphane: Die Hügel von Berlin. Erinnerungen an Deutschland. Reinbek 1986.
Strenge, Irene: Kurt von Schleicher. Politik im Reichswehrministerium am Ende der Weimarer Republik. Berlin 2006.
Turner, Henry Ashby: Die Großunternehmer und der Aufstieg Hitlers. Berlin 1985.
Ders.: Hitlers Weg zur Macht. Der Januar 1933. München 1996.
Winkler, Heinrich August: Der Weg in die Katastrophe. Berlin 1987.

Zum Kapitel »Schicksalstag«

Enzensberger, Hans Magnus: Hammerstein oder Der Eigensinn. Eine deutsche Geschichte. Frankfurt am Main 2008.
Janßen, Karl-Heinz: Der 30. Januar. Ein Report über den Tag, der die Welt veränderte. Frankfurt am Main 1983.
Jones, Larry Eugene: »The Greatest Stupidity of My Life. Alfred Hugenberg and the Formation of the Hitler Cabinet«. In: Journal of Contemporary History 27 (1992), S. 63–87.
Wirsching, Andreas: »›Man kann nur Boden gewinnen‹. Eine neue Quelle zu Hitlers Rede vor den Spitzen der Reichswehr am 2. Februar 1933«. In: Vierteljahreshefte für Zeitgeschichte 49 (2001), S. 517–550.

Zum Kapitel »Reichstagsbrand«

Benz, Wolfgang/Distel, Barbara (Hrsg.): Der Ort des Terrors. Geschichte der nationalsozialistischen Konzentrationslager. Band 1: Die Organisation des Terrors; Band 2: Frühe Lager. Dachau. Emslandlager. München 2005.

Hanfstaengl, Ernst: Zwischen Weißem und Braunem Haus. Memoiren eines politischen Außenseiters. München 1970.
Hoegner, Wilhelm: Flucht vor Hitler. Erinnerungen an die Kapitulation der ersten deutschen Republik 1933. Frankfurt am Main/Berlin 1989.
Kellerhoff, Sven Felix: Der Reichstagsbrand. Die Karriere eines Kriminalfalls. Berlin 2008.
Kießling, Wolfgang: Ernst Schneller. Lebensbild eines Revolutionärs. Berlin (Ost) 1972.
Schwarzmüller, Theo: Hauenstein gegen Hitler. Die Geschichte einer konfessionellen Lebenswelt. Kaiserslautern 2007.
Tuchel, Johannes: Konzentrationslager. Organisationsgeschichte und Funktion der »Inspektion der Konzentrationslager« 1934–1938. Boppard 1991.

Zum Kapitel »Ermächtigung«

Longerich, Peter: Politik der Vernichtung. Eine Gesamtdarstellung der nationalsozialistischen Judenverfolgung. München/Zürich 1998.
Matthias, Erich/Morsey, Rudolf (Hrsg.): Das Ende der Parteien 1933. Darstellungen und Dokumente. Düsseldorf 1984.
Morsey, Rudolf (Hrsg.): Das »Ermächtigungsgesetz« vom 24. März 1933. Quellen zur Geschichte und Interpretation des »Gesetzes zur Behebung der Not von Volk und Reich«. Düsseldorf 1992.
Scheel, Klaus: Das Tagebuch Europas. 1933. Der Tag von Potsdam. Berlin 1996.
Wildt, Michael: Volksgemeinschaft als Selbstermächtigung. Gewalt gegen Juden in der deutschen Provinz 1919 bis 1939. Hamburg 2007.

Zum Kapitel »Machtkampf«

Buchheim, Hans, u. a.: Anatomie des SS-Staates. München 1994.
Fest, Joachim C.: Das Gesicht des Dritten Reiches. Profile einer totalitären Herrschaft. München/Zürich1996.
Höhne, Heinz: Mordsache Röhm: Hitlers Durchbruch zur Alleinherrschaft 1933–1934. Reinbek 1984.

Ders.: Der Orden unter dem Totenkopf. Die Geschichte der SS. München 2008.
Longerich, Peter: Die braunen Bataillone. Geschichte der SA. München 2003.
Ders.: Heinrich Himmler. Biographie. München 2008.
Müller, Klaus-Jürgen: Das Heer und Hitler. Armee und nationalsozialistisches Regime 1933–1940. Stuttgart 1988.
Müller, Rolf-Dieter (Hrsg.)/Volkmann, Hans-Erich (Hrsg): Die Wehrmacht. Mythos und Realität. München 1999.
Seligmann, Rafael: Hitler. Die Deutschen und ihr Führer. München 2004.
Smelser, Ronald (Hrsg.): Die braune Elite. 22 biographische Skizzen. Darmstadt 1994.
Ueberschär, Gerd R. (Hrsg.): Hitlers militärische Elite. Bd.1: Von den Anfängen des Regimes bis Kriegsbeginn. Darmstadt 1998.

Zum Kapitel »Staatsmord«

Bloch, Charles: Die SA und die Krise des NS-Regimes 1934. Frankfurt am Main 1970.
Fallois, Immo von: Kalkül und Illusion. Der Machtkampf zwischen Reichswehr und SA während der Röhm-Krise 1934. Berlin 1994.
Gossweiler, Kurt: Die Röhm-Affäre. Hintergründe – Zusammenhänge – Auswirkungen. Köln 1983.
Gritschneder, Otto: »Der Führer hat Sie zum Tode verurteilt...«. Hitlers »Röhm-Putsch«-Morde vor Gericht. München 1993.
Herbert, Ulrich: Best. Biographische Studien über Radikalismus, Weltanschauung und Vernunft. 1903–1989. Bonn 2001.
Knopp, Guido: Die SS. Eine Warnung der Geschichte. München 2002.

Personenregister

Kursive Seitenangaben verweisen auf Abbildungen.

Orts- und Sachregister

Kursive Seitenangaben verweisen auf Abbildungen.

Abbildungsnachweis

akg-images, Berlin: 93, 107 l., 123, 154, 205, 224
Archiv der sozialen Demokratie der Friedrich-Ebert-Stiftung: 121 u., 179, 183
Walter Ballhause Archiv: 25 u.
Bildarchiv Preußischer Kulturbesitz, Berlin: 14, 31 o., 36, 140, 142, 147 u., 167, 170, 173, 184, 237 l., 247; -/Atelier Bieber/Nather: 64; -/Bayerische Staatsbibliothek/Heinrich Hoffmann: 33 o., 79 u., 82, 85, 96, 105, 109, 118, 122, 131 u., 146 o., 156 r., 190 u., 200, 203 o., 203 u., 207, 213, 218 o., 218 u., 219 o., 219 u., 221, 240, 241, 244, 249; -/Geheimes Staatsarchiv Stiftung Preußischer Kulturbesitz/W. Israel: 163; -/J. Groß: 255; -/Ostermann: 190 o.; -/H. Schaller: 25 o., 197; -/J. Schorer: 30, 131 o., 181 o., 232; -/Staatsbibliothek zu Berlin, Preußischer Kulturbesitz: 74; -/C. Weinrother: 15 o., 27; -/Wolff u. Tritschler: 278; -/Zeitungsabteilung Staatsbibliothek zu Berlin/D. Katz: 62, 71, 111
Bundesarchiv, Koblenz: 12, 21, 49 o., 79 o., 107 r., 132, 136, 147 o., 160 o., 193 r., 234
Corbis/Bettmann: 103, 171
Deutsches Historisches Archiv, Berlin: 180 (BA110871), 269 (BA007235)
Generallandesarchiv Karlsruhe: 162 (N. Siebert 11)
Getty Images/Hulton Archive: 67 u., 256
Imagno: 57 o., 57 u. (Austrian Archives)
Interfoto, München: 121 o.
Keystone: 101 o.
Landesmedienzentrum Baden Württemberg: 130
Lippische Landesbibliothek Detmold: 44 (Fotosammlung des Landesverbandes Lippe, LE20-17, Urheber: Presse Illustrationen Hoffmann, Berlin)
LWL Medienzentrum für Westfalen: 33 u.

Picture Alliance, Frankfurt/akg-images: 199; -/dpa: 260
Schmitt, Otto; Waldfischbach: 15 u.
Stadtarchiv Bielefeld: 45 (Bestand 400, 9/Plakate Nr. 2100)
Stadtarchiv Münster: 185
Stadtgeschichtliches Museum, Leipzig: 101 u. r.
SZ-Photo, München: 60, 168; -/E. Jung: 237 r.; -/Scherl: 35, 37, 67 o., 77 u. l., 77 u. r., 91 l., 135 o., 146 u., 160 u., 188, 230, 235, 266 o., 266 u., 268, 271
Ullstein Bild, Berlin: 17, 31 u., 49 u., 65, 69, 77 o., 88, 91 r., 101 u. l., 112, 135 u., 156 l., 181 u., 193 l., 196, 228, 243, 261, 264, 276; -/Imagno: 115; -/Roger Viollet: 98
© VG Bild-Kunst, Bonn 2008: 14 (Gulbransson, Olaf, Karikatur)

Leider konnten nicht alle Rechtegeber der Abbildungen ermittelt werden. Der Verlag bittet Personen oder Institutionen, die die Rechte an diesen Fotos haben, sich wegen einer angemessenen Vergütung zu melden.